제4판

환경 사회 회계

Corporate Social Accounting

이윤규

www.tamjin.co.kr

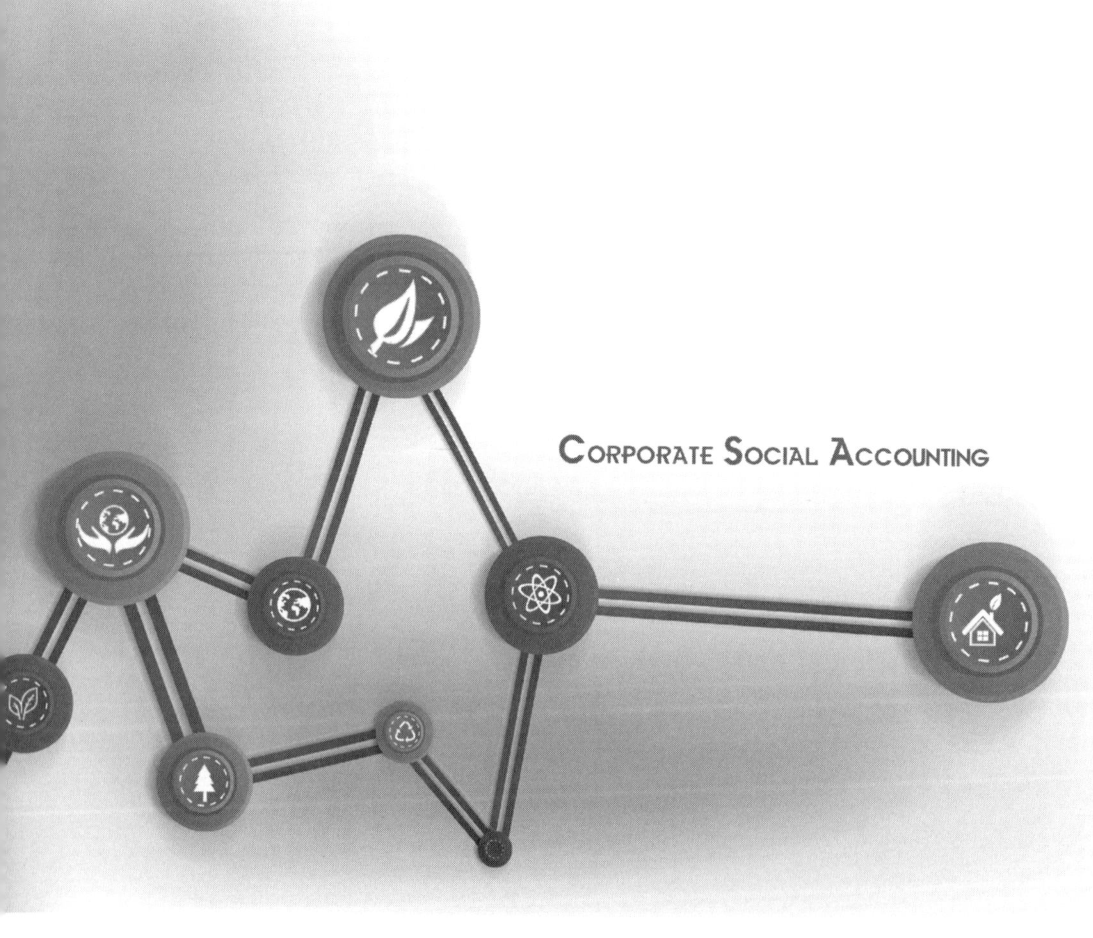
Corporate Social Accounting

머리말

회계정보시스템의 개념을 적극적으로 구현해 나감으로써 눈부신 성장을 해온 회계분야는 경제적 의사결정에 유용한 정보의 제공이라는 측면을 지나치게 강조한 결과, 의사결정에 지대한 영향을 미치는 사회적 정보, 환경적 정보의 제공에는 소홀하였다. 물론 선진국들에서는 이러한 문제에 대하여 지속적으로 해결책을 논의해 왔으나, 우리나라의 경우 크게 주의를 기울이지 않았으며 따라서 환경사회회계 내지는 기업사회회계에 대한 연구가 매우 미흡한 상태일 수 밖에 없었다.

돌이켜보면 90년대 말의 국가부도사태의 초래도 기업의 사회적 정보와 환경적 정보 제공에 둔감했던 결과라고 말할 수 있다. 우리가 회계를 단순히 기업의 재무적 성과를 나열하는 언어로서가 아니라, 선진국들처럼 기업의 사회적 성과와 환경적 성과도 표현하는 고급의 언어로 인식하였다면 그러한 불행한 사태는 결코 없었을 것이다.

학부에서 회계학을 전공하는 고급학년, 대학원에서 회계학을 전공하는 학생들, 그리고 공사기업의 경영자, 공무원, 정치인, 언론이나 비영리단체에 종사하는 분들이 본서를 읽어 둔다면 사회적 이익, 비용, 효익 등 회계언어의 고급성과 다양성을 이해하게 되고, 사회성, 환경성, 경제성을 동시에 고려한 의사결정이 사회경제전반의 질적인 발전을 위하여 매우 유용하고도 중요한 수단이라는 것을 알게 되는 데 도움이 될 수 있을 것이라는 생각을 해본다.

이에, 2000년에 환경 및 사회공헌회계론, 2010년에 환경사회회계를 출간하였었고 이번에 환경사회회계를 다시 수정하였다. 학생들의 학습편의를 위하여 저자의 양해 하에 7장, 8장은 도꼬로 노부유끼, 12장은 고동원의 논문을 인용하고, 수록하였다. 상업성이 전혀 없는 본서의 발간을 도와주신 탐진의 최재범 사장님, 김영훈 과장님을 비롯한 출판관계자에게 진심으로 감사드린다.

2022. 2. 광교 연구실에서

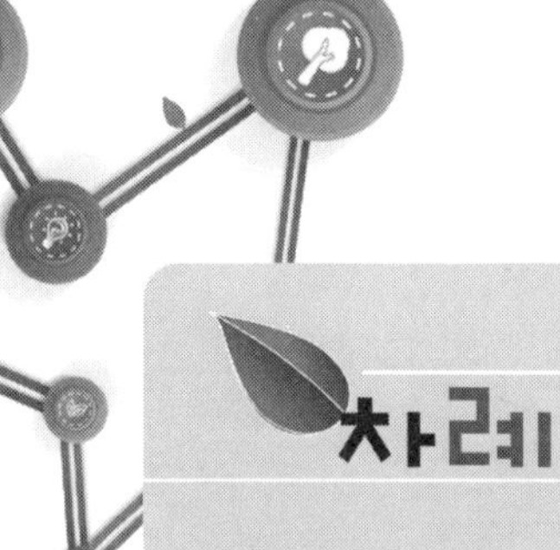

차례

Chapter 1 기업사회회계의 전개

Chapter 2 기업사회회계의 측정

Chapter 3 기업사회회계의 보고

Chapter 4 사회보고회계의 교육과 연구

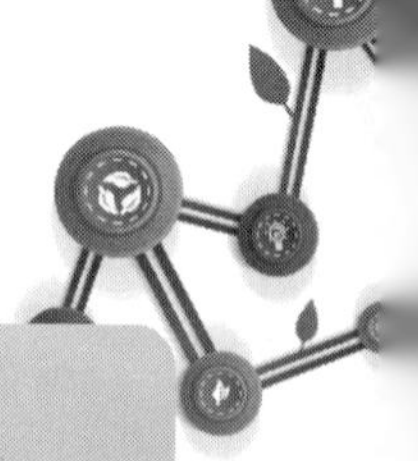

Chapter 5 사회적 업적의 회계정보화

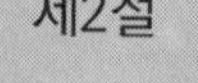

Chapter 6 사회경제회계의 발전

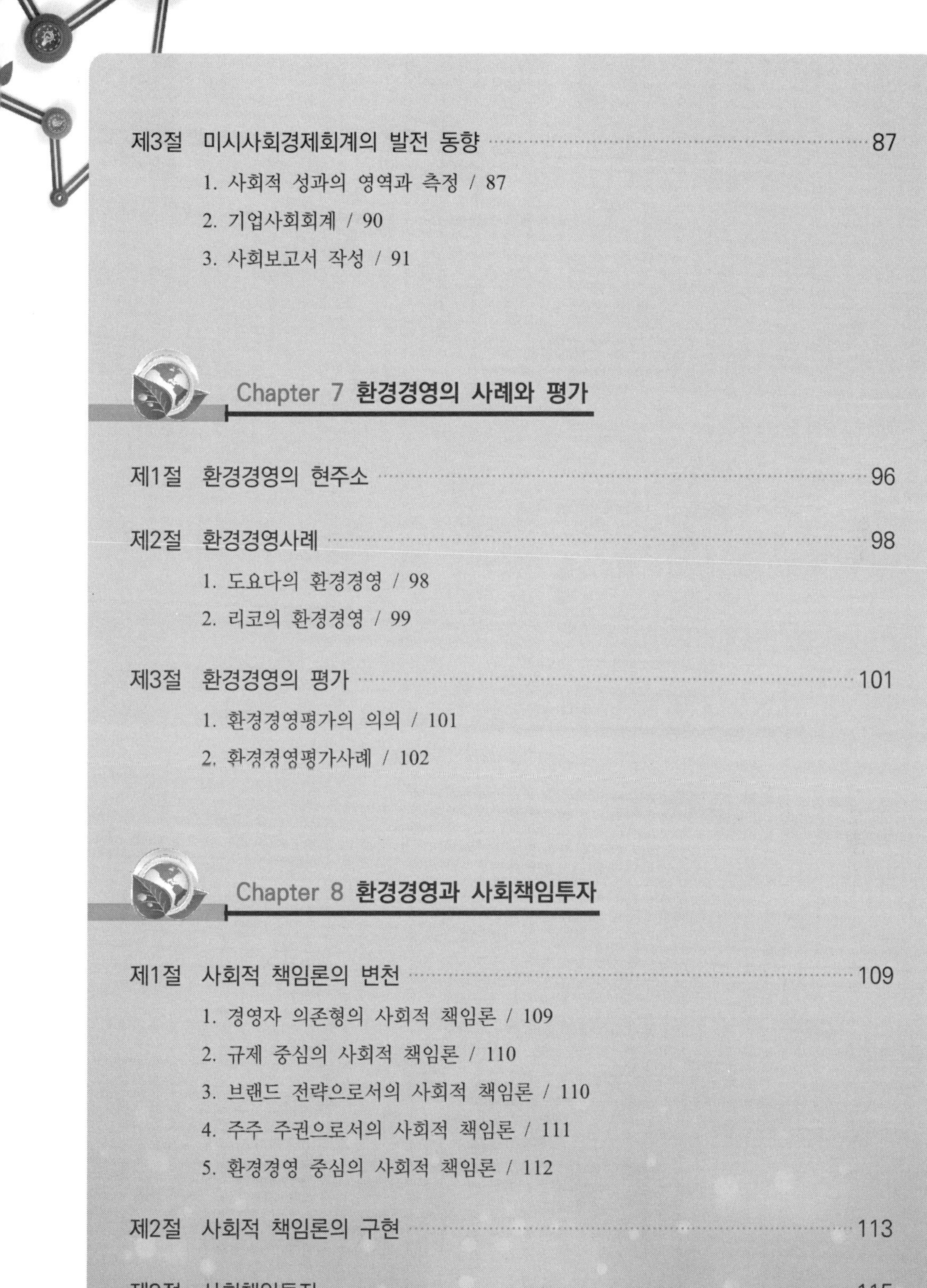

Chapter 7 환경경영의 사례와 평가

Chapter 8 환경경영과 사회책임투자

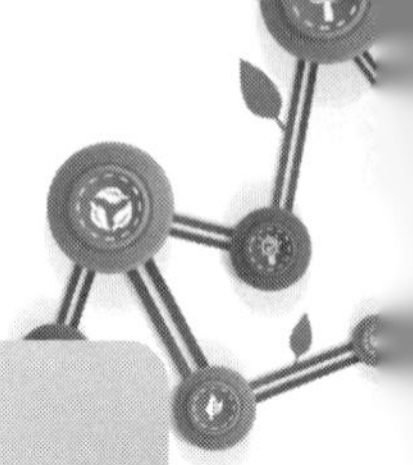

Chapter 9 환경보전비용의 측정

Chapter 10 환경보전비용의 공시

Chapter 11 환경보전비용 측정과 공시에 관한 연구

Chapter 12 환경회계정보 공시와 자본시장에 관한 연구

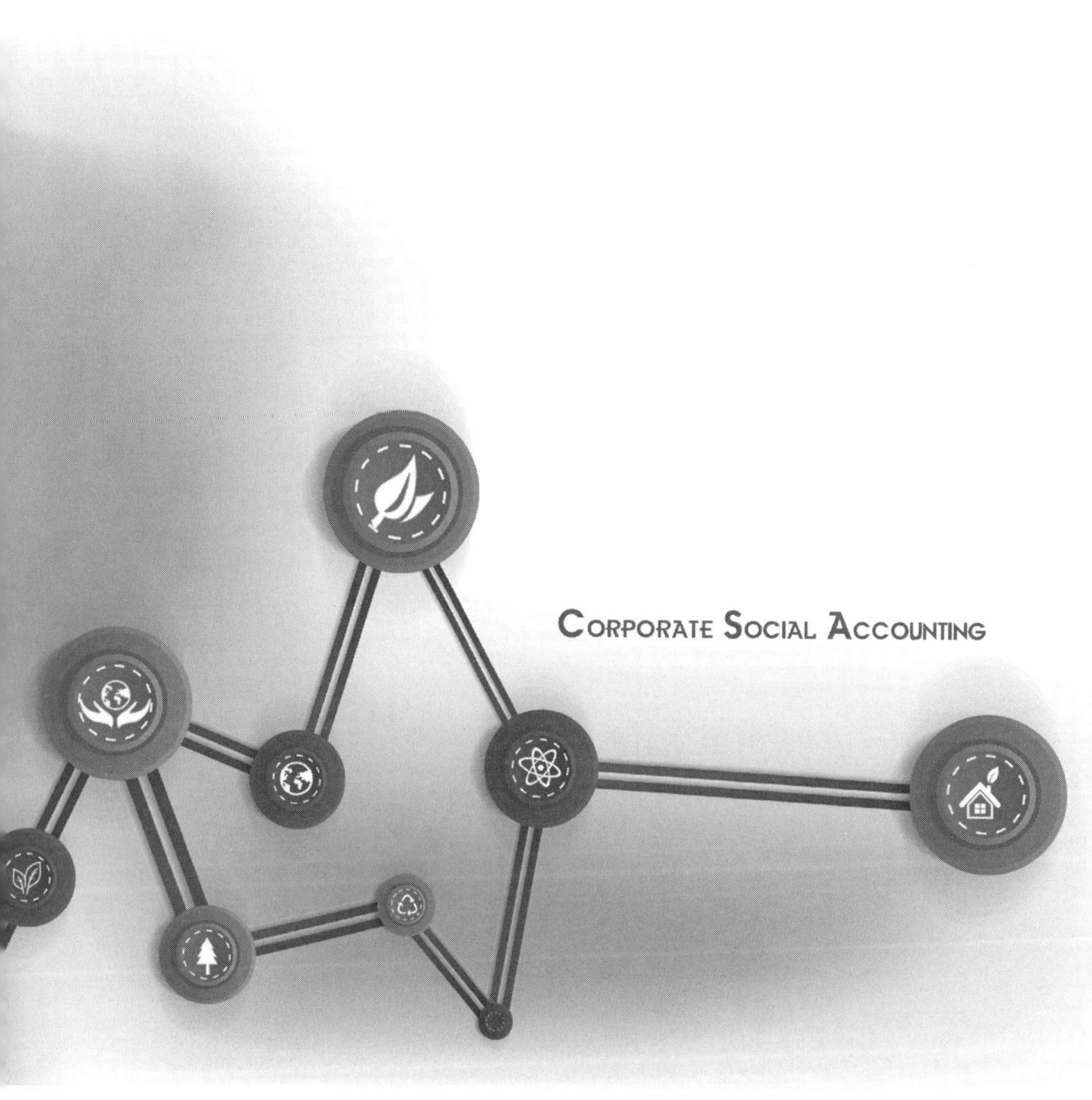

CORPORATE SOCIAL ACCOUNTING

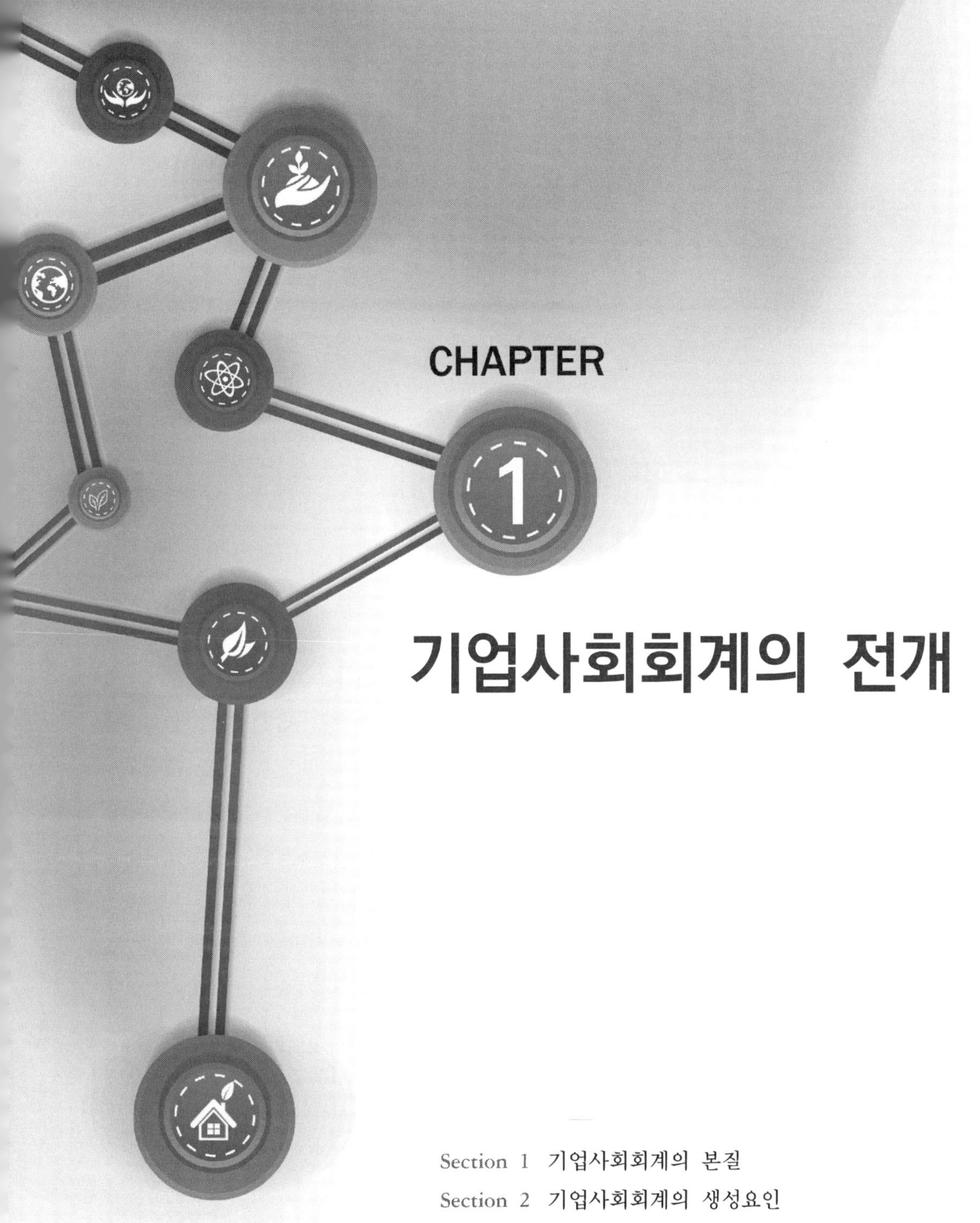

CHAPTER

1

기업사회회계의 전개

Section 1 기업사회회계의 본질

Section 2 기업사회회계의 생성요인

Section 3 기업사회회계의 전개과정

기업사회회계의 전개

기업사회회계의 본질

1. 기업사회회계의 성격

기업이 사회에 미치는 영향이 크게 증대되면서 이러한 영향을 측정 · 보고하는 문제가 1970년대 미국을 중심으로 활발히 연구되어 오고 있다.

즉 환경문제, 소비자 보호문제, 지역사회 개발문제, 인적자원에 관한 문제 등이 사회에 미치는 영향을 측정 · 공시하는 기업사회회계는 기업을 둘러싸고 있는 많은 이해관계자의 관심을 불러일으키고 있으나 기업이윤의 극대화를 추구하는 것을 보고하는 전통회계에서는 문제시되지 않는다.

즉 이윤추구나 재무구조의 안정을 기하기 위해서는 사회환경을 파괴하는 등의 극단적인 문제도 전통적인 회계정보에서는 관심 밖의 일이다. 그렇지만 오늘날에 와서는 이와 같은 문제를 등한시할 수 없을 것이며, 이에 이러한 문제를 측정 · 보고하는 기업사회회계가 대두하게 되었으며 이에 대한 관심이 높아가고 있는 상황이다.

Estes는 기업사회회계를 경제적 실체의 사회에 대한 영향, 활동과 관련된 회계정보의 측정 · 보고를 다루며 경제적 실체의 내적 · 외적문제를 다루는 것으로 이해하고 있다.[1] 이로부터 기업사회회계의 성격을 요약하면

첫째, 기업사회회계는 기업을 중심으로 기업과 사회와의 상호작용을 다루는 것이다.[2] 즉 기업의 사회경제적 관점 또는 사회적 책임에 관계되는 분야를 다루는 것이다.

둘째, 기업의 사회에 관한 영향, 활동 등을 측정 · 보고하는 문제를 다룬다. 즉 기업활동을 사회적인 관점에서 측정 · 보고 · 평가하는 문제를 다룬다.

---

1) Ralph W.Estes, *Corporate Social Accounting*, New York, John Willey & Sons Inc., 1976, p.3.
2) 남상오, 『회계이론』, 다산출판사, 2009, pp.193~199.

오늘날 많은 기업들은 기업과 사회와의 상호작용 즉 산업의 기계화에 의한 환경오염, 소비자에 대한 피해 같은 것을 거의 무시하고 이윤 극대화를 추구하는 방향으로 기업경영을 하려는 경향이 있기 때문에 많은 사회적 문제를 야기시키고 있다.

원래 기업의 활동에는 두 가지의 측면이 있다. 그 하나는 기업이 추구하는 경제적 측면과 또 하나는 사회적 측면이다. 이러한 양면성을 추구해야 할 기업이 종래에는 경제적 측면만을 주로 추구하고 이를 재무회계절차에 의하여 측정 · 보고하는데 중점을 두었다.

기업사회회계는 기업의 사회적 활동 또는 사회적 측면에서 기업의 행동이 사회에 미치는 영향이나 충격을 사회적 관점에서 평가하는 것이다.

2. 기업사회회계의 영역

기업사회회계는 기업을 중심으로 발생하는 경제사회문제, 사회적 책임에 관련된 문제 또는 사회적 관점에서 기업의 성과를 평가하는 것이다.

부루메트(Brummet)는 사회적 목적을 달성하기 위한 기업의 사회적 성과로서 다음 다섯 가지를 들고 있다.[3] 여기서의 공헌이란 기업활동에 관련하여 발생하는 비용과 효익 모두를 포함하는 것이다.

① 순이익(Net Income)

순이익은 주주들에게 효익을 주며 기업을 성장시킬 수 있는 자원이다. 보다 나은 생활환경, 보다 나은 제품을 제공하기 위해 사회적 목적의 달성이 고려된 이익목표를 추구하여야 한다.

② 인적 자원공헌(Human Resource Contribution)

기업의 인적 자원에 대한 기업활동의 영향을 다루는 것으로 조직 내의 개개인이 새로운 지식 또는 기능을 개발하는데 도움을 주는 것이다.

③ 공공적 공헌(Public Contribution)

한 조직이 속해 있는 공동체가 공동체 구성원을 위해서 기능을 수행하고 서비스하도록 도움을 주는 것이다.

---

3) R.L. Brummet, *Total Performance Measurement, Management Accounting*, November 1973, pp.11~ 15.

④ 환경적 공헌(Environmental Contribution)

환경적 공헌이란 사회생활의 질(quality of life for society)에 영향을 주는 것이다. 기업은 환경을 파괴하는 부정적 사회적 영향을 극소화하거나 제거하여야 한다.

⑤ 제품 또는 서비스공헌(Product or Service Contribution)

기업이 생산한 제품 또는 용역의 질적 측면에 관련되고 있는데, 이것은 고객의 복리와 만족에 도움을 준다.

미국회계사협회(NAA)의 보고서에서는 기업사회회계의 사회적 업적을 ①지역사회와의 관계 ②인적 자원 ③물적 자원 및 환경상의 공헌 ④제품 및 서비스 면에서의 공헌으로 규정하고 있다.[4] 사회원가측정위원회가 제시한 기업의 사회적 성과 역시 내용은 동일한 것으로 평가된다.[5]

한편, 기업사회회계의 체계에 관해서는 논자에 따라 상당한 견해의 차이를 가지고 있으나[6] 회계의 영역 확대에 따라 회계의 체계도 새로이 정립할 필요가 있다.

왜냐하면 「기업사회회계가 기업활동의 사회적 영향을 측정하고 보고하고자 하는 회계」[7] 라고 해서 기업회계의 일부로서 해석한다면 회계적 평가방법을 — 기업회계의 평가방법 — 도입하여 경제분석을 시도한 사회회계도 기업회계의 일종으로 보아야 할 것이며, 근본적으로 학문의 어떤 분야도 존재할 수 없을 것이다.

따라서 기업회계와 현저히 다른 기업과 사회의 관련 하에서 기업과 사회각각의 입장에서의 회계평가라는 점에서의 체계정립이 필요하다고 본다.

---

4) NAA, "Report of the National Association of Accountants Committee on Accounting for Corporate Social Performance" *Management Accounting*, Feb. 1974. 참조.
5) AAA, The Committee on the Measurement of Social Costs, Report of the Committee on the Measurement of Social Costs, *Supplement to Accounting Review*, Vol. 49, 1974, pp. 101~ 102.
M.W.E. Glautier and B.Underdown, *Accounting Theory and Practice*, 1971, pp. 680~693.
6) 德谷昌勇, 『企業社會會計論』, 東京, 白桃書房, 1979, pp.30~ 34.
7) 上揭書, p.30.

<표 1> 기업사회회계의 영역

구분	내용	
환경문제 (Environmental Issues)	• 대기오염 • 소음공해 • 미적공해	• 수질오염 • 고체성 물체의 처분공해 • 에너지 자원
소비자문제 (Consumer Issues)	• 제품의 품질 • 제품에 대한 보증이행 • 약품공해	• 제품의 안전도 • 소비자 불평의 신속처리 • 광고의 내용과 회수
지역사회문제 (Communitive Issues)	• 자선행위 • 도시문제해결을 위한 기여 • 성별 · 인종별 차별철폐를 위한 기여	• 문화 교육활동 촉진 • 사회복지시설 • 위락시설의 설치
인적자원문제 (Human Resource Issues)	• 취업 · 승진 · 보수의 평등 • 작업환경개선 • 커뮤니케이션 설치(상 · 하간)	• 취업안전 • 직업훈련

여기에서 기업사회회계의 영역을 사회업적면과 관련하여 보면 <표 1>과 같이 정리할 수 있으며[8] 목적면에서 기업사회회계의 영역을 구분하면 <표 2>와 같다.[9]

<표 2> 기업사회회계의 영역

구분	내용
기업사회회계의 영역	• 회계공준이나 회계원칙 속에 사회책임을 도입한 영역 • 사회지향적 공시제도의 영역 • 회계원가계산의 영역 • 사회감사의 영역 • 사회적응활동의 적부에 관한 재무분석 영역

8) NAA, *op.cit.*, pp.41~42.

9) 德谷昌勇, 前揭書, p.34.

3. 기업사회회계의 주체와 객체

회계주체이론이란 회계를 행하는 주체가 누구인가 하는 점과 어떤 이해관계자를 중심으로 행할 것인가의 문제에 대한 접근이다. 전통적으로 인정되어온 이론으로 자본주이론과 기업실체이론을 들 수 있다. 기업실체이론은 기업을 행위주체로서의 사회적 실체로서 이해한다.

이를 지속하는 이론적 기초는 채권자나 자본주 등 이해관계자가 아닌 중립의 공정한 입장에서 회계를 객관적으로 행하게 된다는 점을 들고 있다. 이에 비하여 기업은 사회적 제도로서의 산물이며 사회조직의 하부시스템으로서의 사회적 영향력은 광범위한 영역으로 확대되고 그 사회적 책임이 강조되는 오늘날 회계주체는 사회경제실체이어야 한다는 사회경제실체이론(socioeconomic entity theory)이 제시되고 있다.[10)]

만약 사회경제실체에서 회계가 행하여지고 사회경제입장에서 인식 · 측정 · 보고된다면 이는 이미 사회경제학의 영역에 속하게 된다. 따라서 이 문제는 사회구성원의 관점에서 인식 · 측정되느냐, 기업의 관점에서 인식 · 측정되느냐의 문제와 같은 것이다. 즉 기업이 목적의식을 갖고 기업의 능력으로 행한 기업의 활동과 그 업적이 누구의 입장에서 측정될 것이냐 하는 것이다.

기업실체이론의 타당성을 인정하면서도 현실적으로 자본주위주의 성과 측정이 이루어지는 것처럼 사회경제실체이론의 타당성이 인정받는다 하더라도 현실적으로 이는 불가능한 형편이다.

기업사회회계는 기업이 사회적 영향을 측정 · 보고하는 것이므로 그 주체는 기업으로 이해된다. 사실상 사회회계는 그 주체가 사회이므로 거시적 입장의 제보고서가 작성되지만 기업사회회계는 그 일부분을 형성하면서도 기업의 입장에서 사회적 영향을 평가한다. 따라서 기업사회회계에서의 객체는 회계정보로서 그 정보는 기업의 사회적 책임에 관한 정보라 할 수 있다.

회계정보는 정보이용자에게 목적적합한 정보이어야 한다. 따라서 기업사회회계에서의 회계정보도 정보이용자의 대상에 따라 그 내용이 달라지게 될 것이지만 현재의 기업회계정보에서 다루지 못하고 있는 기업의 사회적 책임영역의 내용이 포함된다.

---

10) 上揭書, pp.35~ 36.

4. 기업사회회계의 연구방법

회계학의 접근방법으로는 윤리적 접근방법, 커뮤니케이션 이론적 접근방법, 행동과학적 접근방법, 사회적 접근방법, 거시경제적 접근방법, 실용적 접근방법, 사상적 접근방법 등이 사용되어 왔다.[11)]

기업사회회계도 연구대상, 연구목적, 측정내용과 요소, 책임의 성격 등에 따라 적당한 연구방법을 채택할 수 있다. 우선 그 연구태도에 따라 급진적인 접근방법(radical approach)과 점진적 접근방법(modest approach)으로 나눌 수 있다. 점진적 접근방법이란 진화적 과정을 거쳐 발전해 가므로 다윈식 접근방법(Darwinian approach)이라고도 하며 기업사회회계의 이상적 실현을 위해서 급격한 변화보다 점진적으로 현재의 회계이론과 실무를 개선해가자는 연구 태도이다.

기업사회회계의 연구방법은 다른 사회과학분야와 마찬가지로 논리적 연구방법과 아울러 경험적 연구방법을 중요시하고 있다. 또한 사회환경에 대해 아주 밀접한 학문적 성격 때문에 시대와 사회에 따라 나타나는 현상이 많은 차이를 가져오므로 실제적인 조사연구는 논리적인 방법 못지않게 중요하다고 할 수 있을 것이다.

또한 기업사회회계는 사회적 책임문제가 회계학영역에서 나타남과 동시에 체계적인 회계관리에 앞서 회계실무가 이루어졌고 회계실무에 대한 경험적 연구가 진행되면서 논리적 연구가 병행되었음을 알 수 있다.

1970년대 초부터 본격적으로 이루어졌던 기업사회회계의 연구 중에서 많은 부분이 경험적 연구였으며 1970년대 후반기부터 현재까지 각 영역에서 수학, 통계학, 행동과학 등에 입각한 경험적 연구가 더욱 증대되고 있는 실정이다.

---

11) 남상오, 전게서, pp.125~ 147.

기업사회회계의 생성요인

1. 사회회계의 의의

사회회계(social accounting)는 최초 국민소득회계를 중심으로 발전하였다. 1930년 이후 국민경제의 통계자료가 정부의 경제진단 및 통제의 자료로서 요구됨에 따라서 한 나라의 경제수치를 회계적 접근에 의한 계정체계로 표시한 형태의 사회회계가 출현하였으며, 이는 국민경제활동의 전반적 계산시스템으로 거시적 경제분석과 국민경제진단에 사용되는 거시적 회계(macro accounting)라고 볼 수 있다.

사회회계는 1940년대 초에는 국민소득회계를 의미하였으나 이후 투입산출회계, 자금순환회계, 국민대차대조표, 국제수지표 등을 포함하여 국민경제계산시스템으로 발전하였으며 경제회계, 국민회계, 거시적 회계라고도 한다.

기업회계와 사회회계를 비교하면 다음과 같다.[12)]

① 기업회계가 개별기업자본을 운용한 결과 획득된 기업이익을 계산하는 데 중점을 두고 있다면 사회회계는 한 나라의 사회에 존재하는 회계주체의 통계 즉 사회총자본의 운용결과로서의 국민소득의 형성, 배분 및 국민자본의 추가분을 계산 · 표시함을 과제로 한다.

② 기업회계의 손익계산이 기업회계적 공준 내지는 가정위에 성립한 회계규정에 의거하여 행해지며, 출자한 자본의 유지에 목적이 있는데 반하여 사회회계에 있어서의 국민소득계산은 경제학적 자본 및 소득의 개념에 입각하여 행하여지므로 경제학에서처럼 실물자본의 유지에 그 목적이 있다.

③ 기업회계의 산출치는 기업의 거래기록의 자료에 의거하여 직접 산출된다. 그러나 사회회계에 있어서는 생산통계, 세무통계 등의 경제통계자료에 의하여 산출치를 구한다.

이와 같이 사회회계는 기업회계의 계산구조와는 매우 상이하나, 그 성립 자체는 회계학적 접근에 의한 국민경제의 계산이라는 점이 경제학자와 회계학자의 공동 관심사가 될 수 있었고 이것이 국가전체를 하나의 회계단위로써 조명 가능하게 하였을 것이다.

---

12) 『現代會計學體系』, 第三券, 同文館出版株式會社, 東京, 1968, p.823.

따라서 사회회계의 태동은 수백년 전으로 거슬러 올라가야 할 것이나 Stone의 「국민소득의 측정과 사회계정의 작성」[13] 등에서 본격적인 계정설정을 볼 수 있다. 1950년대 이후에는 투입산출분석, 자금순환회계 등 각각의 분야가 정립되었는바 사회회계의 중심분야는 국민소득회계이며 국민소득회계의 계정을 산업부문에 분할한 체계가 투입산출회계, 소득지출계정과 자본계정을 금융기관 중심으로 분할한 체계가 자금순환회계, 해외부분계정을 국제수지회계라 할 수 있으며, 또한 자본의 운용을 국민대차대조표에 분할하였다. 비록 사회회계의 계산구조가 기업회계와 상이하다고는 하나 위 사회회계의 체계는 각각 재무회계의 계산방법을 응용한 것으로 볼 수 있다.

사회회계의 각 부분은 형식에 차이는 있으나 기업재무제표의 작성원리를 응용하여 나라 전체의 경제구조를 진단하는 계정을 발전시키고 있다.

그러면 이러한 국가경제 전체를 하나의 계정체계로 검토하게 되는 사회회계의 유용성을 다음과 같이 보아도 무방할 것이다.

첫째, 정부의 경제계획과 경제보고를 위하여 이용한다.[14] 특히 사회회계의 계정형식을 사용하여 정책변수인 정부의 예산을 중심으로 국제수지수준의 예상표를 작성하는 방식을 국민경제계산 혹은 국민예산이라 부르며 이것은 경제계획을 위하여 유용한 접근방식이다. 또한 사회회계에 의한 경제보고는 당해년도의 국민경제에 관한 정보를 국민에게 전달하는 수단이 된다.

둘째, 사회회계는 일반인에 제공되어 경제분석용, 교육용으로 사용되어지며 기업에 의하여 유용하게 사용되어진다. 특히 투자가, 금융기관 등이 의사결정의 용구로서 사용하고 있다.

이상에서 살펴본 바와 같이 사회회계는 기업회계와 상이한 거시적 계산구조를 가지고 있으나 그 기법이 기존 기업회계방식의 응용 내지는 거시적 접근이라는 본질적인 동질성을 가지고 있다. 1950년 이후 사회회계는 새로운 정보체계로서의 인식이 점차 커지면서 이용의 방향이 훨씬 다면화되어 가고 있다.

---

13) Morton Backer, *Modern Accounting Theory*, Prentice-Hall, Inc. Englewood Cliffs, New Jersey, 1966, p.502.
14) 『會計學大辭典』, 中央經濟社, 東京, 1971, p.479.

2. 사회문제와 사회회계

1960년대에 이르러 미국사회는 사회경제제도의 업적 및 정부의 능률, 생활의 질에 관한 문제에 지대한 관심을 갖게 되었으며, 이러한 관심은 사회회계에 영향을 미치게 되면서 사회문제해결을 위하여 전통적 회계기법을 적용하기 위한 방안을 모색하기 시작하였다. 1970년대에 이르러서는 본격적으로 회계학자들에 의하여 사회문제 해결을 위한 회계적 기법이 연구되었다. 이렇게 사회문제를 취급하기 위한 회계를 사회경제회계(socioeconomic accounting), 사회책임회계(social responsibility accounting) 등으로 부르게 된다.

한편 1969년에 미국회계학회는 「사회적 개념의 이익」을 개발할 것을 회계 전문가들에게 의뢰하였다.[15] 1970년대에 이르러 회계학은 전통적인 회계, 즉 재무회계와 관리회계의 기능을 초월하여 회계기술과 기법을 사회문제에 광범위하게 적용하려는 노력에 의하여 회계의 목적도 회계정보의 작성에서 나아가 사회적 기능으로 인식하게 되었다.[16]

사회회계의 영역에 관하여서는 「현재의 전통적 회계는 두 실체 즉 기업과 정부에 초점을 두고 있는데, 전자는 재무회계와 관리회계, 후자는 국민소득회계를 말한다. 따라서 상이한 두 실체의 중간에 위치한 영역이다」라고 주장하기도 하며,[17] 「정부와 기업가의 행동에 대한 사회적 · 경제적 결과를 정리, 측정, 분석하는 것」[18] 이라고 사회경제회계를 정의하는 데서도 알 수 있듯이 국민소득회계를 중심으로 한 국민경제문제에서 경제개발, 사회발전, 인간생활 및 인적자원, 물적자원, 도시문제, 범죄통제, 환경, 노사관계, 지역사회 등에 이르는 광범위한 사회문제를 포함한 것으로 생각할 수 있다.

15) Lee J. Seidler and Lynn L.Seidler, *Social Accounting*, Melville Publishing Company, LosAngeles, California, 1975, p.2.
16) Ralph W.Estes, *Accounting and Society*, Melvile Publishing Co., L.A. California, 1973, p.5.
17) Lee J. Seidle1r and Lynn L.Seidler. *op.cit.*, p.3.
18) Ralph W.Estes, 1973, op.cit., p.16.

3. 기업과 사회회계의 인식

오늘날의 기업은 그 활동의 경제적 · 사회적 중요성 때문에 소유주의 전유물로서가 아닌 「사회적 기구(instrument of society)」 또는 「사회적 제도(institution in society)」로서 여겨지게 되었다. 따라서 기업과 사회는 상호밀접한 관련을 가지면서 사회는 기업에 대하여 새로운 요구를 하고 있다.[19)]

첫째, 기업은 사회목표를 달성하도록 사회에 공헌해야 한다.

둘째, 기업은 일반인들의 생활의 질을 유지하는데 협력해야 한다.

이와 같은 사회성이 기업에 강조되면서 기업의 사회적 책임수행, 사회적 업적에 관한 정보 제공문제가 인식되게 되었으며 이에 따라 사회회계는 사회전반의 문제를 한정하여 하나의 사회적 제도로서의 기업과 관련하여 발생하는 사회문제를 취급하게 되었으며 그것은 지역사회, 인적자원, 물적자원 및 환경, 제품, 서비스 등에 관한 것이다.

사회가 기업에 요구하는 이른바 사회적 공헌이 강조되면서 많은 기업에서는 기업의 사회성과 관련한 사회회계에 깊은 관심을 가지게 되었고, 1970년대에 이르러 이의 주창자들은 고용문제, 공해문제, 자원보호, 소비자보호 등의 사회문제 등에 관한 정보를 기업과 관련하여 측정하고 보고하려는 노력을 경주하였다. 즉 기존의 사회회계는 기업의 사회성과 관련하여 관점이 변화한 것으로 볼 수 있으며 사회정보를 오히려 기업에서 더욱 필요로 하게 되었다.

사회정보를 필요로 하는 자, 즉 사회회계를 필요로 하는 자를 이해하기 위하여 다음 두 가지로 생각할 수 있다.

첫째, 기업내부에서 사회정보를 필요로 하는 사람은 경영자라 할 수 있다.[20)] 비판적인 언론기관에 답변하기 위하여, 국회 등에 소환되었을 때 알기 쉽게 증언하기 위하여 주주의 질문에 응하고, 기업정책에 입각하여 경영에 수행되고 있다는 것을 증명하기 위하여 필요한 것이다. 경영자는 기업이 사회에 미친 영향에 관한 완벽한 정보를 필요로 한다.

둘째, 기업외부에서 사회회계에 관한 정보를 필요로 하는 사람은 주주, 기관투자가, 종교단체, 대학, 보험회사, 은행, 정부기관, 공공단체 등이다. 예를 들면 미국

---

19) George.A. Steiner, *Business and Society*, 2nd ed., Random House, New York, 1975, p.153.
20) Ralph W. Estes, 1976, *op.cit.*, p.3.

의 「전국교회연합회」(The National Council of Churches)의 기업정보센터는 5가지 분야에 걸쳐 기업을 평가하는데[21] 그것은 환경, 소비자의 건강, 복지, 안전, 해외투자, 군수제품생산과 이익, 미성년자와 여성고용 등이다. 즉 외부에서 기업의 사회적 책임을 설정하고 평가하려는 경향은 앞으로 점점 증가할 추세인 것이다.

4. 기업사회회계의 생성요인

전술한 바와 같은 추이에 의하여, 기업의 사회적 성과를 측정하고 보고하도록 하는 기업사회회계에 대한 제안은 몇 가지 관점들에 의하여 생성되었다고 판단할 수 있다.

첫째, 사람들은 인간생활의 질이 반드시 물질적인 부와 직접적인 관계가 있는 것은 아니라고 생각하며, 사회적 · 정치적 · 경제적 · 환경적인 문제와 관련한 전반적인 건강과 복지를 추구하고자 한다.[22]

둘째, 사람들의 사회변화에 대한 관심이 고조되면서 사회변화를 기술하고 감사하는데 도움이 되며, 또 사회변화를 평가하고 통제할 수 있는 더 좋은 방법을 개발하고 적용하는 기준을 제공하는 사회적 정보가 요구되기에 이르렀다고 볼 수 있다.[23]

셋째, 이러한 인식의 변화는 기업으로 하여금 환경보전, 고용과 승진의 차별, 국민의 건강과 안전, 제품의 안전, 소비자정책 등과 같은 사회적 관심사에 더 많은 주의를 기울이도록 하게 하였다.

---

21) *Ibid.*, p.6.

22) Ben Chieh Liu, "Quality of Life Indicators: A Preliminary Investigation.," *Social Indicators Research*, September 1974, p.187.

23) Barry H. Spicer, "Accounting for Corporate Social Performance: Some problems and Issues," *Journal of Contemporary Business*, Winter 1978, p.151.

 기업사회회계의 전개과정

Hicks가 사회회계라는 용어를 1942년에 처음 사용한 이래[24] 경제학분야에서는 이를 Economic Accounting, Aggregate Accounting, Macro Accounting, National Accounting 등으로 부르고 있으며, 이후 기업의 사회적 기능의 증대, 사회에 대한 인간행동의 변화와 더불어 사회회계는 사회경제회계(Socio-Economic Accounting), 사회감사(Social Audit), 기업사회회계(Corporate Social Accounting), 사회책임회계(Social Responsibility Accounting) 등으로 세분화되어졌으며 각각의 용어에 따라 정의되어지고 있다.

1. 미국에 있어서의 전개 동향

미국에서는 제2차세계대전 이후 기업의 사회적 책임에 대한 문제가 제기되기 시작했다. 기업의 사회적 책임은 교육, 고용, 공해, 도시개발, 자연보호, 문화예술, 의료보호 등 여러 분야에서 독자적으로 때로는 정부와의 협조를 통해 이루어졌으나 1970년대까지 기업의 자발적인 책임수행은 미미하였다.

이에 미국정부는 사회정책입법과 통제라는 강압적인 수단을 동원하기에 이르렀다. 미국에서는 제2차대전 이후에 기업의 사회적 책임 인식의 기본적인 방향은 제1차적으로 경제성장과 효율화라는 경제영역을 중심으로 진행되었다.

다시 말하면 그것은 '기업이익과 사회이익의 조화' 라는 대원칙 하에서 논의가 되었으며,[25] 특히 Barnett와 Caldwell의 연구[26], Eilbirt와 Parket의 연구[27], Corson과 Steiner의 연구[28] 등으로 고조되어 갔다.

한편 미국회계학회의 각 위원회는 사회책임회계에 관한 연구결과를 보고서로 밝힌 바 있으며[29], 또한 미국회계학회는 1979년에 주요 연구제목의 하나로 사회책임회계

---

24) John Richard Hicks, The Social Framework An Introduction to Economics, Isted., Oxford England: Oxford University Press, 1942. 참조.

25) 전국경제인연합회, 경제기술조사센터, 『기업의 사회적책임과 새경영이념』, 1981, 제3부, p.110.

26) A.H. Barnett, "Accounting for Corporate Social Performance, A Survey," *Management Accounting*, Nov.1974, p.25.

27) H. Eilbirt and I. R. Parket, "The Current Status of Social Responsibility," *Business Horizons*, 1973, p.10.

28) J.J. Corson and G.A. Steiner, "Measuring Business's Social Performance," *The Corporate Social Audit*, New York:The Committee for Economic Development, 1974, pp.27~29.

29) 山形休司, 『社會責任會計論』, 東京:同文官, 1977, p.159.

를 들었다.[30)]

미국공인회계사회는 1970년에 생태학에 관한 위원회와 사회적 측정에 관한 위원회를 두었고, 1972년에 사회학자, 사업가, 정치학자, 정부요원, 경제학자 및 공인회계사 등 각각의 입장을 표명할 수 있는 관계자의 참석으로 사회책임회계에 관한 수차의 토론회를 개최했다. 이 일련의 회의에서 회사와 소비자와의 관계, 회사와 종업원과의 관계, 회사와 지역사회와의 관계, 물적 환경에 미치는 생산과정의 영향을 포함한 사회계정의 제문제가 거론되었다.

2. 일본과 서독에서의 전개 동향

일본은 미국의 영향을 받아 1950년대부터 기업의 사회적 책임 문제가 대두되었다. 그 대표적인 예가 1956년에 있었던 일본의 대표적인 예로 사기업경영자의 단체인 사단법인 경제동우회가 「경영자의 사회적 책임의 자각과 실천」[31)]이라는 제목 하에 결의 · 발표한 것을 들 수 있다.

그 후 동회는 1973년에 「사회와 기업이 상호신뢰의 확립을 위하여」를 공포하였으며, 1974년에는 「새로운 자유경제와 기업의 혁신」, 1978년에는 「저성장 경제하의 신질서를 위하여」 등을 공포하였다.

사회책임회계의 발전에 있어서 기업체의 측면에서는 부사은행이 금융기관으로는 처음으로 1978년 9월에 「부사은행의 현상」이라는 표제와 94면으로 된 소책자를 발간하였다. 1979년 6월에 공표된 은행법 개정의 내용은 경제 · 사회환경의 변화로 이용자의 은행에 대한 욕구가 다양화되고 은행의 사회적 책임이 강조되는 경향에 있음을 명백히 하였다.

또한 1979년 5월에 일본통산성 산업정책국 기업제도연구회가 기업의 사회적 책임에 대해서 상장회사의 사업보고서에 기재하고 있는 실태를 조사하고 있는데,[32)] 이에 따르면 사회적 책임에 대해 설명식으로나 양적으로 공시하고 있는 기업의 수는 조사대상기업 724개사 중 252개사로 약 35%에 이르고 있다.

한편 서독에서는 70년대 말 이미 70% 이상의 기업이 사회보고서를 제시하고 있으

30) 山形休司, 「社會責任會計の最近の動向」, 『會計學研究所編』 日本大學, 1979, p.111.
31) 日本通産省 産業政策局, 「企業行動の現状と問題點」, 1977, pp.204~205.
32) 日本通産 政策局, 企業制度研究會, 事業報告書の實態, 大藏省印刷局, 商事法務, No. 776, 1978, p.29.

며, 전력회사인 Steag사는 1971년 영업년도부터 영업보고서와 함께 사회대차대조표를 공표하고 있다.[33)]

사회대차대조표는 그 주 내용이 ① 사회보고, 즉 기업과 사회, 기업과 국가 · 공중, 기업과 공시, 기업과 환경보전, 기업과 종업원, 기업체강화 및 유지, 기업과 자본제공자 ② 부가가치계산서, 즉 부가가치의 창출과 부가가치의 분배 ③ 사회계산서 등으로 나누어져 있다. 사회대차대조표에 부속되고 있는 사회대차대조표를 위한 급부계산은 현행회계방법을 변경하지 않고 전통적인 손익계산서의 수익항목과 비용항목을 사회적 영역에 적합하도록 재분류한 것이다.

3. 우리나라에 있어서의 전개 동향

우리나라에서 기업의 사회적 책임이 논의된 것은 1960년대에 들어와서이다. 특히 산업이 급성장함에 따라 기업의 공해 내지 환경오염문제는 공업단지의 조성과 도시확장계획에 따라 발생하였으며, 경영의 애로와 관련하여 고용의 불안전, 임금의 체불문제도 기업의 사회적 문제로 제기되었다. 또한 제품이나 서비스의 불량 등 고객과의 관계에서도 문제가 계속되어 왔고, 종업원의 작업조건, 위해방지와 관련된 책임문제도 거론되면서 그 규제법률이 제정되기도 하였다. 최근에는 기술개발과 인력의 자체 개발이 기업의 사회적 책임으로 논의되는 예도 볼 수 있는데, 이와 같은 기업고유의 활동영역에 이르기까지 광범위한 범주의 사항이 기업의 사회적 책임으로 논의된 것이 그 특징으로 지적될 수 있다.[34)] 이와 같은 기업의 사회적 책임의식의 적극적인 발로는 1980년 7월 16일의 경제 4단체의 「기업윤리강령」, 1981년 2월 16일의 전국경제인연합회 제20회 정기총회의 「새 기업의 사회선언」에서 나타나고 있다.

우리나라는 선진국에 비하여 기업의 사회적 책임의 인식수준은 상당히 높아도 이를 측정하여 사회에 공시 내지 보고하려는 의사는 별로 없는 것으로 생각된다. 즉 기업의 사회적 책임에 대한 회계공시 내지 사회적 보고제도에 대하여는 어느 단체 또는 어느 기관에서도 어떤 선언이나 의견의 표명이 없다는 점에서 이를 증명할 수가 있다.

80년대 이후 기업사회회계 내지는 사회책임회계는 <표 1>에서 분류된 바와 같은 영역별로 발전을 하고 있다. 즉 환경문제는 환경회계로, 소비자문제는 제품총원가와

33) 山形休司, 1979, 前揭論文, p.101.
34) 전국경제인연합회, 경제기술조사센터, 전게서, pp.118~119.

관련한 원가정보시스템으로, 지역사회문제는 기업의 질적평가기법으로, 인적자원문제는 인적자원회계로 적용 · 발전되고 있다.

90년대 이후에는 사회책임투자의 전제조건으로서 기업사회책임회계가 기업시스템에 적용되고 있으며 최근 미국의 사회책임투자규모는 3조에 이른다. 따라서 향후 재무적 성과, 환경적 성과, 사회적 성과를 고려한 투자의사결정 행태(行態)가 보편화될 것으로 전망된다.

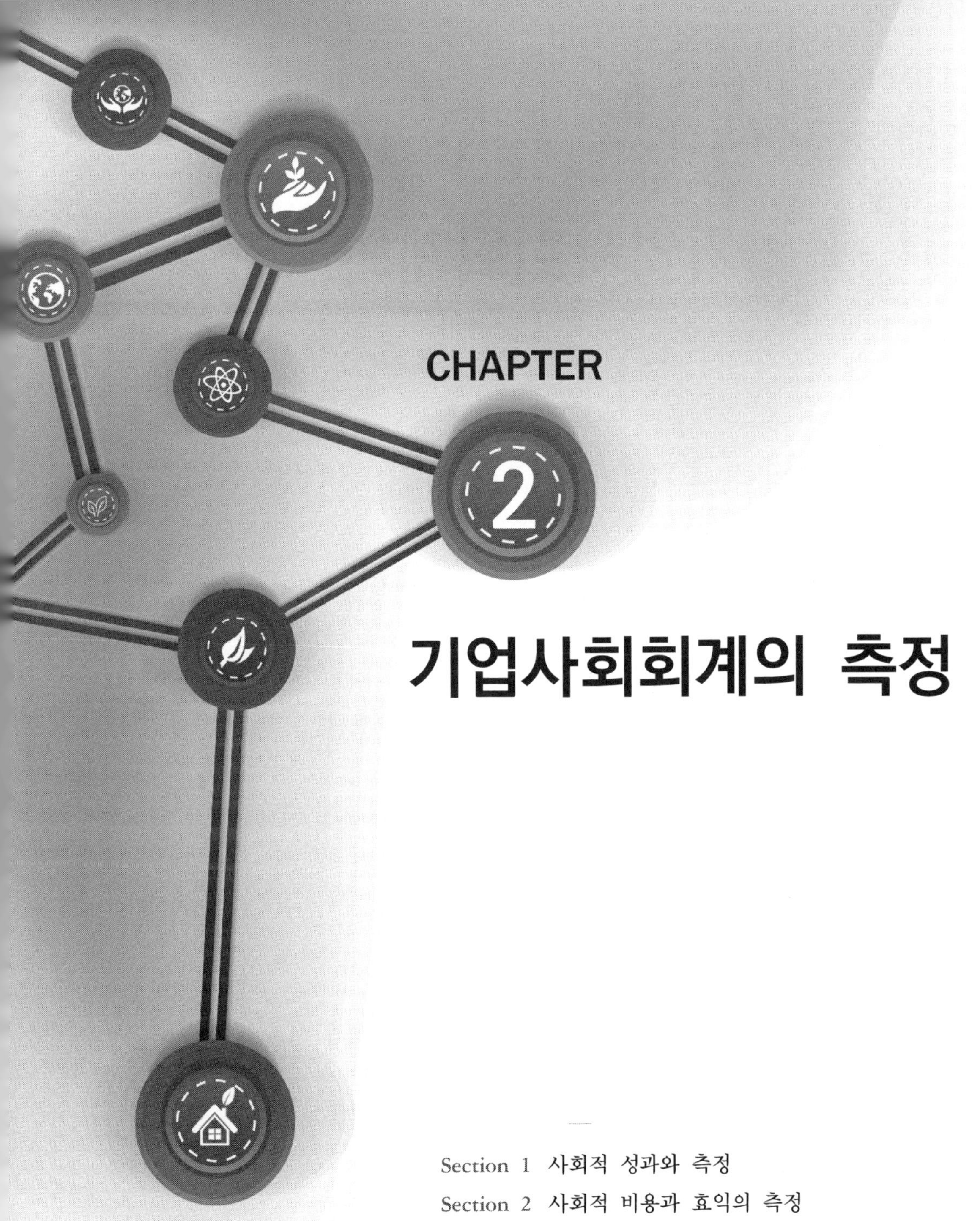

CHAPTER 2

기업사회회계의 측정

기업사회회계의 측정

사회적 성과의 측정

1. 사회측정의 문제점

기업사회회계의 가장 중요한 문제점으로서 그 성패를 좌우하는 것은 측정문제라 할 수 있다. 그 이유는 기업사회회계에 이용되는 회계자료가 전통회계와는 달리 비거래적 · 비화폐적 · 질적 자료가 많기 때문이다. 그리하여 새로운 측정개념과 측정방법이 정립되어야 할 필요가 있다.

사회측정은 재화와 용역이 시장거래를 통하지 않고도 자산이나 수익 등으로 계상될 수 있다는 측정방법의 혁신을 수반하고 있으며, 그리하여 사회측정은 객관적 검증이 가능한 교환가격 즉 역사적 원가를 기본으로 하던 전통적 회계사고에서 크게 벗어나는 것이 된다.[1)]

기업의 사회적 성과를 측정하는 것을 사회측정이라 하며, 이것은 주로 사회비용과 사회효익을 측정하는 것을 말하는데 즉 기업의 사회적 노력과 사회에 대해 미치는 사회적 영향을 측정하는 것이다.

사회측정은 회계측정에 속하는 것으로 측정이란 어떤 규칙에 따라 사상 또는 대상에 수치를 부여하는 것이므로 사회측정은 이러한 측정개념을 사회적 차원으로 확대한 것이다.

회계측정에는 여러 문제점이 있으며 이러한 문제점은 사회측정에도 똑같이 적용되는 경우가 많다. 예를 들면 측정대상의 확인, 측정방법의 모호성, 원체(principal)측정의 곤란으로 인해 사체(surrogate)를 측정함으로써 발생되는 문제 등이 있다. 오늘날 사회인, 기업인, 회계실무자 모두가 사회회계의 필요성을 인정하고는 있지만 사회측정의 곤란성으로 인하여 기업회계에의 도입에는 회의적이다. 사회측정의 문제점은 특히

1) 남상오, 회계이론, 다산출판사, 1998, pp.199~206.

다음 세 가지 이유에 기인한다.

① 정확하고 객관적이며 신뢰할 만한 측정기법이 존재하지 않는다. 따라서 사회원가와 사회효익을 계량화하는데 문제점이 있다.

② 재화와 용역의 평가 또는 사회에 대한 영향의 측정에 있어서 시장에서 결정되는 교환가치에 입각하지 않고 측정하는 수가 많으므로 그 자료는 객관적이고 검증가능한 회계자료로 보기 어렵다.

③ 공인회계사의 의견표명에 있어서 사회측정에 대한 감사인의 책임이 문제된다. 즉 기업의 사회적 책임에 대한 정의와 함께 감사인의 책임범위도 결정되어야 한다. 또 적절한 측정기법이 개발되지 않았고 객관적이고 검증가능한 자료에 입각하지 않고 측정이 이루어질 수 있어 감사인이 이러한 책임을 져야 하는지에 대해 논란이 있을 수 있다.

이러한 점에서 볼 때 사회측정의 실행가능성에는 문제가 있으며, 이에 따라 사회보고서의 작성은 현시점에서는 어려운 점이 많다고 본다.

2. 사회측정의 접근방법

사회측정의 접근방법중 대표적인 것을 요약하면 다음과 같다.

1) Dilley-Weygandt 교수의 견해[2)]

첫째, 명세표 접근법(inventory approach)으로, 이는 사회적 책임활동에 관한 명세표를 작성하고 이의 공시방법을 다루는 접근법이다. 즉 영업보고서나 재무제표의 각주 등을 이용하여 당해 기업과 관련이 있는 공해문제, 소비자문제, 종업원문제, 지역사회문제 등에 대하여 경영자의 노력을 설명하고 그것을 회계적으로 측정해 가는 방법이다.

둘째, 비용지출 접근법(cost or outlay approach)인데, 이는 사회적 책임활동에 관한 비용 및 지출액을 표시하는 방법이다.

2) S.C. Dilley and J.J. Weygandt, "Measuring Social Responsibility, An Empirical Test," *Journal of Accountancy* : Vol 136(3), Sep 1973., pp.62 ~ 70.

셋째, 경영관리적 접근법(program management approach)인데 이는 사회적 책임활동에 관한 경영자의 프로그램과 그 달성도를 보고하는 방법이다.

넷째, 비용효익적 접근법(cost-benefit approach)로, 이는 기업의 사회적 책임활동에 관한 비용과 효익의 비교계산서를 공시하는 방법이다.

2) 德谷교수의 견해[3]

첫째, 사회적 비용문제로서의 접근방법(social cost approach)은 사회비용의 내부에 관한 이론을 확립하고 그 내부화된 사회비용을 기업회계상 처리에 있어서 어떻게 취급하여 처리할 것인가에 초점을 두는 것이다. 이 방법은 사회비용뿐만 아니라 사회효익(social benefit)의 개념에 관한 이론도 포함시키는데, 가장 난점은 그 측정문제이다.

둘째, 사회책임으로부터의 접근방법(social responsibility approach)으로 이는 기업에 의한 환경오염, 불공정거래, 결합상품 등의 문제와 더불어 기업의 사회적 문제가 강하게 요구됨에 따라 사회책임의 달성상황을 명백하게 하기 위한 회계, 즉 사회책임회계라는 명칭으로 접근하는 방법이다. 이 방법은 사회적 책임의 개념에 통일성이 없고, 또 사회책임의 회계학적 측정에 문제가 있다.

셋째, 환경문제로부터의 접근방법(environmental approach)으로서 이는 기업의 외부환경변화를 적극적으로 끌어들여 포괄적으로 전개하려는 방법이다. 즉 공해문제, 물가변동문제, 국제통화 내지 외환문제, 인적자원 등에 관한 회계를 모두 포괄적으로 논하고자 하는 것이다.

넷째, 사회감사접근법(social audit approach)으로서 기업의 사회적 활동을 외부의 제3자인 사회감사인 내지 내부의 감사인 등에 감사시켜 그 양(+)부(−)나 업적을 판단케 하는 방법이다.

3) 德谷昌勇, 企業社會會計論, 白桃書房, pp.3~23.

3. 사회측정의 단계

1) 측정수준별 단계

AAA의 사회원가에 관한 위원회에서는 사회측정을 측정수준별로 다음의 3단계로 서술하고 있다.[4)]

① 측정수준 1단계: 사회적 활동의 식별

기업이 수행할 사회적 활동을 확인하는 단계로 사회목록조사(social inventories)의 단계라고도 한다.

② 측정수준 2단계: 사회적 활동을 비재무적 측정치로 측정

비재무적 측정치란 화폐적 재무적 성격으로 나타낼 수 없는 측정치로서 기업의 효과성을 평가하기 위한 제측정치를 가르킨다.

이 단계에서는 측정대상이 되는 사회적 활동을 바람직한 측정목표와 실무적 편의 또는 실행가능성을 고려하여 측정하게 되는 것이다.

③ 측정수준 3단계: 재무적 측성치로 측정

기업의 사회적 활동을 공통적 척도인 화폐단위로 전환하는 이 단계는 비재무적 측정치를 재무적 측정치로 전환하여 기업회계에 도입하는 과정이 된다.

2) 측정과정별 단계

Churchill은 사회측정을 측정과정별로 다음의 4단계로 서술하고 있다.[5)]

① 기본단계: 사회적 활동의 확인 · 식별

기업의 사회적 성과를 측정 · 평가하기 위해서는 먼저 사회적 목적적합성에 따라 기업이 수행하여야 할 사회적 활동을 확인하여야 한다. 즉 여기서는 기업은 사회에 대해 어떤 활동을 하고 있는가라는 의문을 제기하는 단계이다.

---

4) AAA, Committee on Measurement of Social Costs, Report of the Committee on the Measurement of Social Costs, *Supplement to Accounting Review*, Vol. 49, 1974, pp.55~56.

5) Neil C. Churchill, "Toward a Theory for Socil Accounting," *Sloan Management Review*, Spring 1974, pp.1~17.

② 입력단계: 측정에 투입할 노력정도의 결정

각 확인된 사회적 활동을 측정하기 위해 얼마만큼 자원, 시간, 노력을 투입할 것인가라는 의문을 제기하는 단계이다. 예를 들면 사회프로그램을 계획하는데 소요되는 비용을 추정하는 것과 같은 것으로 이들 비용은 기업의 원가가 되어 화폐액이란 공통척도로 나타낼 수는 있으나 측정상 많은 문제점이 있다.

③ 출력단계: 사회적 활동의 결과측정

이것은 즉시적 출력의 단계라고도 하는데 출력은 흔히 수량단위로 표시된다. 예를 들면 훈련받은 종업원의 수, 정화된 물의 양, 매연제거로 인한 폐환자 감소율 등이 있으며, 이들에 대한 원가는 각 과정별로 계산하여 제품별로 배부할 수도 있다.

④ 출력의 평가단계: 출력가치 즉 결과의 평가 단계

이 단계는 사회적 관점에서 무엇이 성취되었으며, 이러한 성취가 사회적으로 어떤 가치가 있는지를 평가하는 것이다. 이것은 사회적 활동으로 인한 영향도 측정하는 것으로 2, 3차의 영향까지 측정하며, 또 이미 지나간 것이지만 선택될 수도 있었던 대체적 방법, 잘못된 활동을 측정하는 수도 있다. 이 단계는 측정상 문제점으로 어려운 단계이지만 사회원가 · 효익의 계산에 있어서 가장 중요한 단계라 할 수 있다.

4. 사회측정의 기준

기존회계시스템의 중요개념들 중 사회측정의 기준으로 채택할 수 있는 것을 살펴보면 다음과 같다.

① 계속성과 수미일관성

계속성은 계속기업을 가정하며, 수미일관성은 매년의 기업성과를 비교할 수 있도록 매년 동일한 회계원칙과 방법을 적용하는 것을 의미한다. 기업의 계속성은 사회측정에서 가정될 수 있지만, 경제적인 것에 반하는 사회적인 것으로 고려된 것의 계속성은 사회관심의 본질이 유동적 목표(moving target)이므로 가정될 수 없다.

② 중요성

중요성의 개념은 지속적인 어떤 사회적 관련지출은 기업을 운영하는 경제비용이 될 것이므로 이는 경제측정도구를 이용하여 사회행위를 취급하는데 적용될 것임을 암시하고 있다.

③ 수익실현, 대응, 보수주의

사회적으로 관련된 행위는 가끔 기업에 수익을 제공하는데, 원초적으로는 그것은 기업과 관련된 사회집단이나 다른 기관들에 효익을 제공하는 것이다. 이때 수익인식의 원칙은 사회측정목적상 효익인식의 원칙이 된다. 경제회계이론상 수익의 인식은 고객에게 제품이나 용역이 제공되었을 때 이루어지는데, 사회행위에 대한 이 규칙의 적용은 효익 인식이 효익의 발생시 또는 측정이 불명확할 경우 사회적으로 관련된 행위가 발생했을 때 이루어져야 함을 암시한다.

대응의 원칙은 수익과 비용이 그 발생된 기간내에 함께 보고되어야 한다는 것으로, 만약 효익산출행위가 여러 기간에 걸쳐 보고되더라도 비용 또한 이에 관련되어 보고되어야 한다는 것이다.

보수주의는 효익의 인식이 단지 행위들이 사회조건을 지속시킨 때가 아니라 증진시켰을 때에 이루어져야 한다는 것이다.

④ 불편성

불편성(freedom from bias)의 기준은 측정과정이나 측정치의 선택상 조직적 곡해가 없이 진실성있는 정보의 제시를 요구하는 것이다.

⑤ 목적적합성

목적적합성의 기준은 AAA의 기초적 회계이론에 관한 보고서(ASOBAT)에서 설정되고 강조된 것으로 사회 · 경제회계를 통괄하여 지배한다. 경제회계 또는 재무회계는 기업의 경제실체에 초점을 두고 있으며 시장의 매카니즘을 통해 수익을 실현하고 비용을 발생시키지만 사회행위는 기본적으로 경제실체가 아니라 그 이해관계자 및 사회에 효익을 제공한다. 이 점에서 목적적합성의 대상이 고려되어야 하는 것이다.

⑥ 기업실체

실체개념은 회계이론의 핵심이며 이 개념하에서 기업은 독립된 회계단위로 취급된다. 사회회계에 있어서 비용은 실체에 귀속되며 효익은 원초적으로 실체외부의 이해관계자에 귀속된다. 만약 기업실체를 고려한다면 경제적 · 법적 비용을 초과한 사회비용의 정의는 의미있는 것으로, 그것은 경제적 사회적으로 아무 효익이 없는 사람들로부터 그것을 수취하는 주주 등 이해관계자에 대한 지출인 것이다. 그러나 만약 기업이 사회행위의 수취자인 사회경제실체로서 여겨질 때 효익산출을 위해 소비된 모든 자원은 그것이 경제실체의 정상적 지출이건 아니건 간에 사회비용인 것이다. 이 실체의 확장된 견해는 사회회계가 수취된 효익에 소비된 비용을 대응시키는 것이다. 즉 사회 효익과 비용 양자는 그것들이 기업의 입장에서 경제적이냐 비경제적이냐에 상관없이 모두 설명되어야 하는 것이다.

5. 사회측정의 기법

사회측정은 기업의 사회적 희생이나 비용 및 제공된 효용이나 효익의 추정을 요구한다. 여기에서 간단히 사회측정의 기법을 기술하면 다음과 같다.

① 사체평가법

바람직한 가치가 직접 결정되어질 수 없을 때 원체보다 사체의 가치를 대신 추정치로 할 수 있다.

② 조사기법

관찰, 인터뷰, 현장조사 등의 여러 조사기법에 의해 조사하는 방법이다. 이 방법의 예로써 희생하고 있거나 효용을 받고 있는 사회의 구성원에게 질문하여 정보를 얻음으로써 효용 또는 희생의 가치를 추정하는 것이다.

③ 복구원가 또는 회피원가법

어떤 사회비용은 손상을 방지하거나 회복시키기 위하여 필요한 화폐지출을 추정함으로써 평가되어진다. 고통과 불쾌감 같은 어떤 영향은 회복되어질 수 없는데, 이들이 포함될 때 부가적인 손실의 추정치로서 복구비용을 추정해야 한다.

④ 감정법

전문가 또는 독립적 기관의 추정에 의해 측정하는 방법이다. 감정인은 피해액이나 효익액의 가치를 시가에 의해서 평가하거나 다른 재무적 평가를 사용하므로 사체평가법과 유사하다고 말할 수 있다.

⑤ 법원판결법

법정소송에 의한 손실보상은 사회가치의 지침으로서 모호한 수단이다. 그러나 그것들은 특별한 사회비용과 동일시되고 금액상으로는 확실하다.

⑥ 분석법

매번 이용가능한 자료의 경제적 통계적 분석은 타당하고 신뢰성있는 가치의 측정에 도움을 준다. 교육의 확대된 수혜가치추정은 생활기대치와 비교적인 소득율의 현재가치 분석에 의존하고 있다. 이와 비슷하게 차별의 가치 즉 비용은 차별받은 개인의 기대상실소득의 현재가치를 계산함으로써 추정되고 있다.

⑦ 지출원가법

경제적 실체가 지출한 원가로 측정하는 방법인데, 지출원가는 적절한 측정방법에 의해 사회적 영향을 평가하여 측정금액을 결정한 것이 아니므로 타당하다고 보기 어렵다. 그러나 이 방법은 측정이 간편하므로 자주 쓰이는데, 특히 도시개발, 국방, 고속도로공사 등의 사회프로그램에서 사용되는 수가 많다.

사회적 비용과 효익의 측정

1. 사회적 비용의 측정

사회적 비용(social cost)개념은 미국에서는 1905년, 프랑스에서는 1908년, 독일에서는 1909년에 이미 논의가 되어졌다.[6]

그리고 1970년대 이후에는 학자들 사이에 활발히 논의가 되어오고 있다. Kapp에 의하면 「사회적 비용이란 제3자 내지 일반대중이 기업의 경제활동의 결과에 의해서 직접적 또는 간접적으로 입게 되는 모든 손실을 뜻한다」라고 정의되었다.[7]

다음의 <표 1>은 사회적 비용을 이해관계자별로 분류한 것이다.[8]

다음 분류표에서 중요한 몇몇 사회적 비용의 개념과 측정법을 보면 다음과 같다.

① 환경오염비: 환경을 오염시켜 기업의 이해관계자에게 피해를 끼친 경우의 환경오염보상비를 말한다.

<표 1> 사회적 비용의 분류

구 분	사회적 비용
환 경 관 계	① 환경오염비 ② 사업자 부담비 ③ 공해세 ④ 벌금 · 과태료 ⑤ 환경파괴비 ⑥ 공해방지시설에 대한 감가상각비
종 업 원 관 계	① 사무상의 상해 외 질병 ② 차별에 의한 승진기회상실 ③ 사용된 노동과 용역 ④ 기타

6) Wolfgang Michalski, *Grundlegung eines Operationalen Konzepts der Social Cost*, 1965, p.65.
7) William K.Kapp, "The Social Cost of Private Enterprise," *Journal of Accounting*, 1950, p.10.
8) 심석무, 기업사회책임의 회계공시에 관한 연구, 전북대학교대학원 박사학위논문, 1986, pp.58~59.

구 분	사회적 비용
소 비 자 관 계	① 제품의 사용이나 소비에서 발생한 폐기물의 회수비용 ② 오도된 광고로 인한 보상금 ③ 자사제품의 사용으로 인한 손해보상금 ④ 보증불이행으로 인한 부담금 ⑤ 기타
지 역 사 회 관 계	① 지역주민의 차별로 인한 고용기회상실 ② 지역주민의 생활조건의 악화 ③ 비정상적인 사례금 ④ 기타
제 품 관 계	① 제조원가 ② 서비스의 제공원가

② 공해세: 소비하는 유해물질이나 환경기준, 배출기준을 위반함으로써 부과되는 세금을 말한다. 공해세의 계산은 실제지급액으로 측정해야 할 것이다.

③ 환경파괴비: 기업이 경제적 · 비경제적 활동으로 인하여 파괴된 환경을 원상회복하는데 소요되는 비용이다.

④ 차별에 의한 승진기회 상실: 승진했을 때 지급받는 보수와 승진하지 못했을 때 받는 보수와의 차액으로 금액을 결정한다.

⑤ 제품의 사용이나 소비에서 발생한 폐기물의 회수비용: 폐기물을 회수처리하여 재생이용하거나 분해 · 분리이용한 경우 이에 소요되는 총원가와 재생재료의 시가와의 차액으로 측정하다.

⑥ 지역주민의 생활조건의 악화: 기업의 활동으로 인하여 생활조건이 악화된데 대한 지역주민에 대한 보상 및 원상회복하는데 소요되는 비용이다.

⑦ 비정상적인 사례금: 기업이 강제적으로 지급하게 되는 비용이다.

2. 사회적 효익의 측정

사회적 효익(Social Benefit)이란 사회적 비용에 대응되는 개념으로 기업의 경제적 활동이 국부의 증가를 가져오는 내부 · 외부의 모든 추가적인 요소이다.[9)]

사회적 효익을 분류하는 방법은 여러 가지가 있으나 <표 2>는 대표적 분류방법의 하나로 효익을 기업내부의 효익과 기업외부의 효익으로 나누고 있다.[10]

■ <표 2> 사회적 효익의 분류

구 분		분류내용	
기업내부의 사회적 효익	종업원관계 사회적 효익	• 적정급여 효익 • 교육 · 훈련 효익 • 부가적 급여 효익 • 기타 효익	• 고용 · 취업안전 효익 • 복지후생 효익 • 정신적 효익
기업외부의 사회적 효익	소비자관계 사회적 효익	• 상품정보 효익 • 상품유통경로단축 효익 • 적정광고 효익	• 상품가격 효익 • 상품안전성 효익 • 기타 서비스 효익
	지역사회관계 사회적 효익	• 환경개선 효익 • 복리후생건설제공 효익 • 교통질서유지 효익 • 고용확대촉진 효익	• 자선활동 효익 • 위락질서유지 효익 • 지역사회개발인력원조 효익
	주주기타관계 사회적 효익	• 주식안전배당 효익 • 재무제표공시개선 효익	• 자사주가정보제공 효익 • 기타 효익

한편, 사회적 효익에 대한 측정과 보고의 명확한 원칙이나 양식이 없어 사회적 비용과 마찬가지로 많은 측정 및 보고에 대한 문제점이 남아 있으나 여기에서는 주로 <표 2>에서 기업내부의 사회적 효익, 즉 종업원 관계의 사회적 효익을 어떻게 측정할 것인가 라는 문제를 간단히 살펴보고 환경과 직접 관련한 측정은 뒤에서 자세히 논하고자 한다.

① 적정급여효익

적정급여효익은 부가가치를 반영한 적정최저급여를 말하며 그것은 종업원의 공평한 승진에 상당하는 급여를 뜻한다. 산출적정급여액을 기준으로 개별기업의 급여수준이 적정급여계산식으로 평가한 금액보다 높은 경우 높은 액수만큼 기업이 종업원들에게 사회적 효익을 제공한 결과가 되고 반대로 낮은 때에는 오히려 사회적 비용이 발생한 것이 된다.

---

9) Ralph W.Estes, *Corporate Social Accounting*, 1976, *op.cit.*, p.92.
10) 이희준, 기업사회회계론, 1983, p.268.

② 고용 · 취업안전 효익

고용안전이란 장기고용보장, 고령자, 신체장애자, 신규취업자 등의 고용시의 차별대우 금지를 말한다.

장기고용의 안전성은 인적자원의 현재가치에 의하여 평가하며, 중 · 고령자, 신체장애자, 신규취업자 등에 관한 고용안전의 측정은 비교가치법으로 산출할 수 있다. 또한 취업안전은 종업원의 노동재해위험에 대한 예방을 의미하며 이에 관한 효익의 측정은 취업안전상의 관리를 위해 소요되는 투자액의 총액에 의하여 평가한다.

③ 교육 · 훈련 효익

교육 · 훈련을 통하여 종업원에 대한 경험의 가치, 지식의 가치, 특별한 기회의 가치를 제공하게 된다. 그 효익의 측정은 그와 같은 활동에 소요된 실제지급액에 의해 평가한다.

④ 복지후생 효익

복지후생은 종업원관계의 사회적 효익 중에서 가장 직접적이고 중요한 것으로 인식된다. 그 형태는 종업원건강에 관한 효익, 직접적 보조에 관한 효익, 간접직 생계보조에 관한 효익 등의 세 가지로 요약할 수 있는 바 그 측정방법은 실제지급액에 의해 평가된다.

⑤ 부가적 급여 효익

부가적 급여란 부수적 급부, 보조적 급부로서 종업원이 기본임금 이외에 사용자로부터 받은 보수를 말한다. 부가적 급여의 효익 측정 역시 실제지급액으로 평가한다.

⑥ 정신적 효익

종업원에 대한 정신적 효익은 모호한 개념이지만, 사회적 효익으로서는 중요한 것으로 평가할 수 있다. 정신적 효익은 화폐가치로 표시하기가 곤란하기 때문에 대체로 조사기법과 대체물평가법에 의해 측정할 수 있다.

3. 사회적 순효익의 측정

사회적 순효익은 사회적 효익에서 사회적 비용을 차감한 차액으로 결정된다. 여기에서는 Dilley의 산식과 Estes의 산식을 소개한다.

① 딜리의 산식11)

$$\begin{aligned} \text{PVNB} &= (B_0 + \frac{B_1}{(1+r)} + \frac{B_2}{(1+r)^2} + \cdots + \frac{B_n}{(1+r)^n} \\ &\quad -(C_0 + \frac{C_1}{(1+r)} + \frac{C_2}{(1+r)^2} + \cdots + \frac{C_n}{(1+r)^n} \\ &= \text{PVB} - \text{PVC} \end{aligned}$$

단, PVNB = 순효익의 현재가치
B_1 = 제1년도에 획득한 효익
C_1 = 제1년도에 발생한 비용
r = 사회적 할인율
n = 효익 및 비용의 확정되는 년수
$(1+r)$ = 할인요소
PVB = 효익의 현재가치
PVC = 비용의 현재가치

딜리는 위험율(r')을 할인요소에 추가하여 효익 및 비용을 기대가치로 표시하여 다음과 같은 일반식으로 정리하고 있다.

$$\begin{aligned} \text{PVNB} &= \left\{E(B_0) + \frac{E(B_1)}{(1+r+r')} + \frac{E(B_2)}{(1+r+r')^2} + \cdots + \frac{E(B_n)}{(1+r+r')^n}\right\} \\ &\quad -\left\{E(C_0) + \frac{E(C_1)}{(1+r-r')} + \frac{E(C_2)}{(1+r-r')^2} + \cdots + \frac{E(C_n)}{(1+r-r')^n}\right\} \\ &= \text{PVB} - \text{PVC} \end{aligned}$$

이 산식의 PVNB가 프러스인 경우는 기업활동이 사회에 효익을 주게 되므로 그 기업활동이 실시되어야 한다. 만일 PVNB가 마이너스라면 사회적 효익을 초월하여 사회적 비용이 발생하므로 그 계획은 중지되어야 할 것이다. 그리고 딜리는 PVB와

11) Steven C. Dilley, Accounting for Externalities; Conducting a Social Audit and Preparing a Social Responsibility Annual Report for a Public Utility, 1972, p.47.

PVC와의 관계에서 다음과 같은 효익·비용율을 구하여 대체적 프로젝트의 선택에 이용하고 있다.

$$B-CR=\frac{PVB}{PVC}$$

단, B－CR ＝ 효익·비용율
PVB ＝ 효익의 현재가치
PVC ＝ 비용의 현재가치

② 에스테스(R.W.Estes)의 산식

에스테스는 다음과 같은 간단한 사회적 순이익 내지 순손실을 산출하는 모형을 제시하고 있다.

$$SS=\sum_{i=1}^{n}\sum_{t=1}^{\infty}\frac{B_i}{(1+r)^t}-\sum_{j=1}^{m}\sum_{t=1}^{\infty}\frac{C_j}{(1+r)^t}$$

단, SS ＝ 사회적 잉여 또는 사회적 손실
B_i ＝ i번째의 사회적 효익
C_j ＝ j번째의 사회적 비용
r ＝ 적절한 할인율
t ＝ 효익과 비용의 기대발생기간

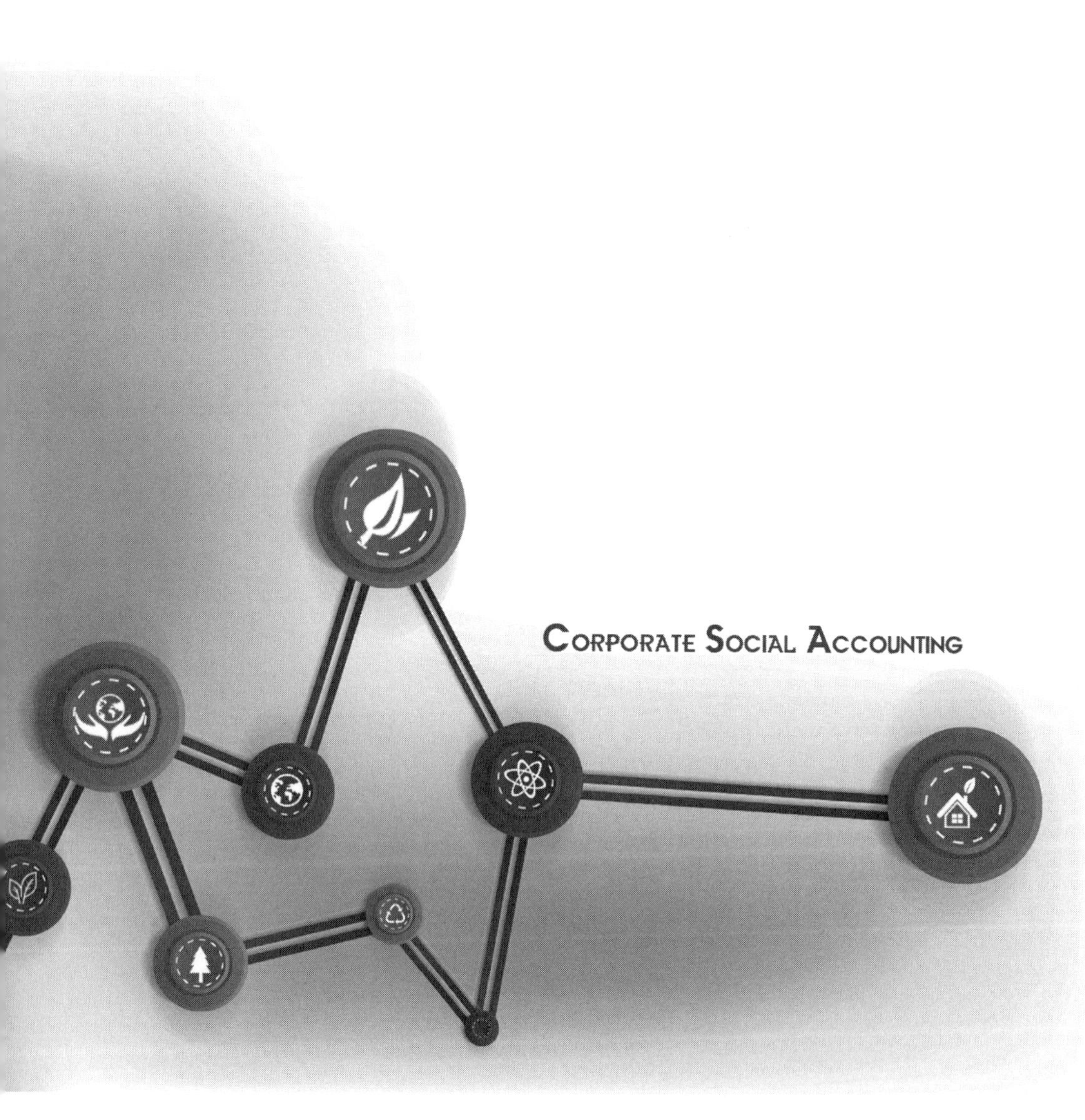

Corporate Social Accounting

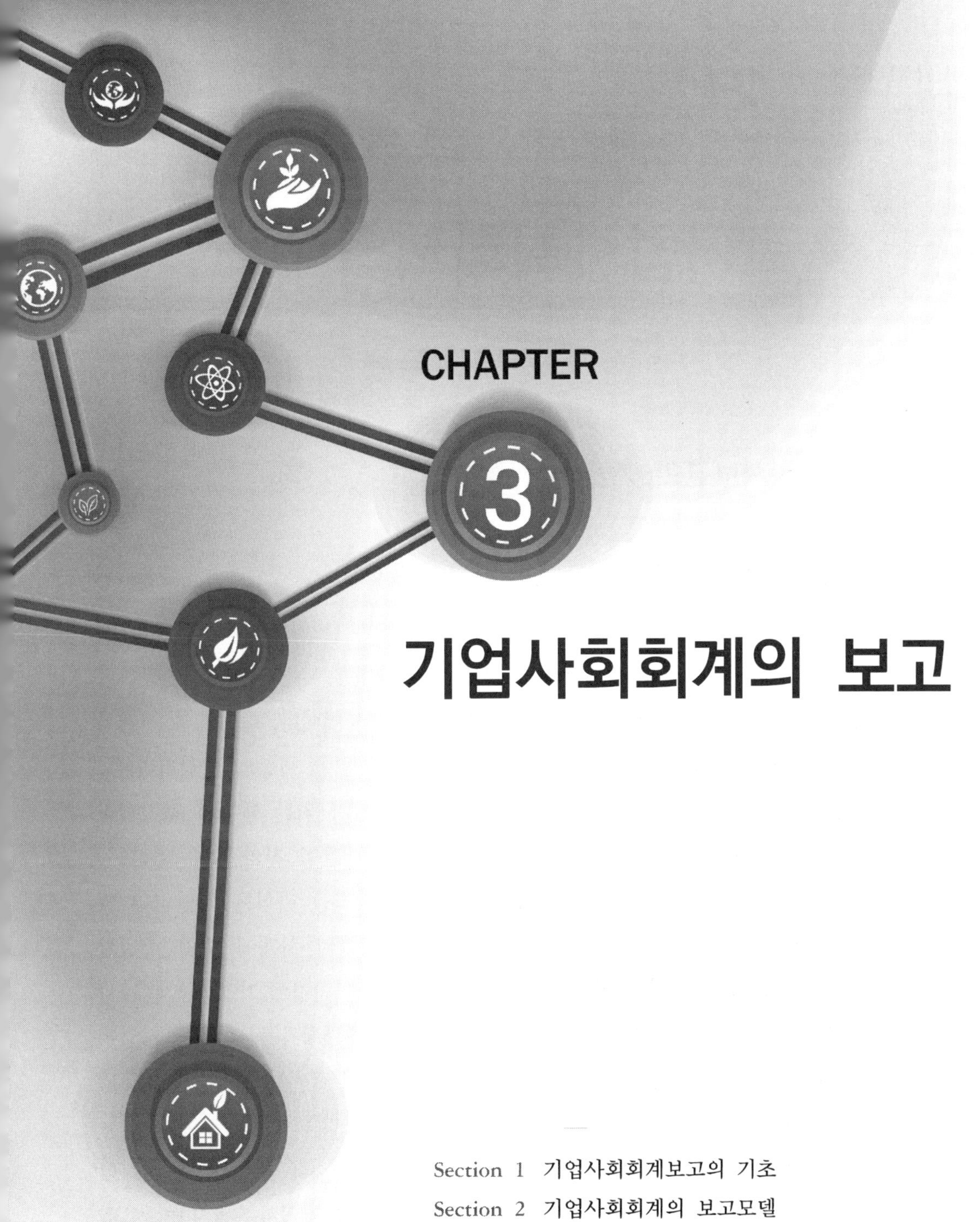

CHAPTER 3

기업사회회계의 보고

기업사회회계의 보고

기업사회회계보고의 기초

1. 사회적 성과 정보보고의 중요성

사회적 성과 정보의 보고[1]는 기업의 경영활동에 직접적 · 간접적으로 관심을 가진 이해관계자들의 경제적 의사결정 및 사회적 의사결정에 영향을 주는 정보를 제공하여 이들의 의사결정에 도움을 주는데 그 의의를 찾아볼 수 있을 것이다. 여기에서 경제적 의사결정이란 개인이나 기업의 경제적 효익을 극대화시키기 위한 행동의 결정이며, 사회적 의사결정이란 개인이나 기업의 사회적 효익을 증대시키기 위한 행동의 결정이라고 하겠는데 다음과 같은 이유에서 사회적 성과정보의 공시이유를 찾아볼 수 있다.

첫째, 이해관계자 중 주주나 채권자 및 종업원 등의 일차적인 관심은 기업의 수익성이나 재무상태의 안전성 등에 있을 것이지만 기업이 사회에 미치는 영향에 대해서도 많은 관심을 가질 것이다. 특히 오늘날 환경에 대한 규제에 관한 문제가 사회적 관심사로 대두된 이상 많은 이해관계자들은 이들 기업이 사회에 미치는 영향이 플러스(+)의 영향이냐 마이너스(−)의 영향이냐에 따라 의사결정에 많은 영향을 줄 것이다.

둘째, 이해관계자 중 소비자나 지역주민들은 특히 기업의 사회에 미치는 영향에 많은 관심을 가지게 된다. 즉 기업이 환경이나 소비자, 지역사회에 미치는 영향이 그들의 의사결정에 큰 영향을 줄 것이다.

셋째, 개인적인 목표가 사회적 목표와 일치되지 못한다는 점이다. 즉 개인 혹은 사적기업의 경제적 의사결정의 성과가 공익이라는 점에서 거리가 있기 때문에 사회적인 의사결정도 기업에서 이루어져야 한다는 것이다. 최근 미국의 기업에서는 기업의 사회적 목표를 기업목표의 하나로 설정하는 경우가 많은데,[2]

---

1) 여기에서 보고는 주로 외부보고 즉 공시를 의미하므로 이하에서는 보고와 공시를 동일한 의미로 사용하고 있다.

기업의 사회성의 강조 또는 사회적 책임의 인식 등은 앞으로도 점차 중요시 될 것이며 이것은 곧 공시의 필요성을 증대시킬 것이다.

2. 사회적 성과 정보보고의 목적

사회적 성과 정보보고에 관한 양식 및 방식은 일반적 합의에 의해 명확히 규정되고 있지 않기 때문에 기업의 목적과 사회보고의 목적에 관한 관련성을 고찰함으로써 기업이 사회적 책임을 전달하기 위한 모델을 구축하게 할 수 있을 것이다.

사회보고의 목적은 재무보고의 목적을 필요로 하는 경우와 마찬가지로 유용성과 수탁책임이라는 양면적 상태를 나타낸다고 생각된다. 그러므로 사회보고서는 주로 조직간의 사회적 자원에 대한 분배의 개선 등의 유용한 정보를 제공할 수 있도록 되어야 한다. 또한 사회보고서는 기업이 사회로부터 위탁받은 자원의 수탁책임에 관하여도 보고할 수 있도록 작성되어야 한다고 주장할 수 있다.[3)]

그러나 위의 경우에 이들 두 가지 목적이 완전히 모순되지는 않지만, 이들 두개의 목적은 서로 다른 대상을 추구하게 되므로, 이들 두 가지의 목적에 대하여 서로 다른 보고처리가 필요할 경우도 생각할 수 있을 것이다. 따라서 이러한 대립된 관계를 피할 수 있는 하나의 지배적인 목적을 찾지 않으면 안 된다.

에스테스에 의하면 "현재의 단계에서는 수탁책임보고(stewardship reporting)가 지배적 목적"이라고 한다. 그는 사회에 대한 자원수탁책임에 대해 충실히 보고하는 것이 사회를 위해 유익한 것으로 보고 있다. 그는 의사결정에 유용한 정보를 제공해야 한다는 유용성에 관한 보고목적을 부인하지는 않으나 현 단계로서는 유용성이라는 개념에 의해서만 충분한 정보의 제공을 기대할 수 없다는 이유에서 수탁책임목적이 보다 우세하다고 생각하고 있다. 다음 항에서는 이와 같은 관점이 지지될 수 있는가를 검토하기 위해 이것을 몇 가지 보고기준에 관련시켜 보기로 한다.

---

2) AAA, Committee on Measurement of Social Costs, Report of the Committee on Measurement of Social Costs, *Accounting Review*, Supplement to Vol.49, 1974, pp.100~101.

3) R.W. Estes, *Corporate Social Accounting*, 1976, pp.216~217.

3. 사회적 성과 정보보고의 기준

사회보고에 관해 제시되고 있는 여러 제안들은 기업의 사회적 보고가 아직 미발달의 단계에 있기 때문에 이들 상호간에 현저한 차이를 나타내고 있다. 다음에 제시되는 기준은 시안적인 것에 불과하지만, 현재와 같은 발전단계에서 유용하게 채택될 수 있을 것이다. 에스테스에 의하면 기업사회보고를 보다 유용하게 채택하기 위한 기준으로서 다음 <표 1>과 같은 3개의 기준이 제안되고 있다.

<표 1> 사회보고기준

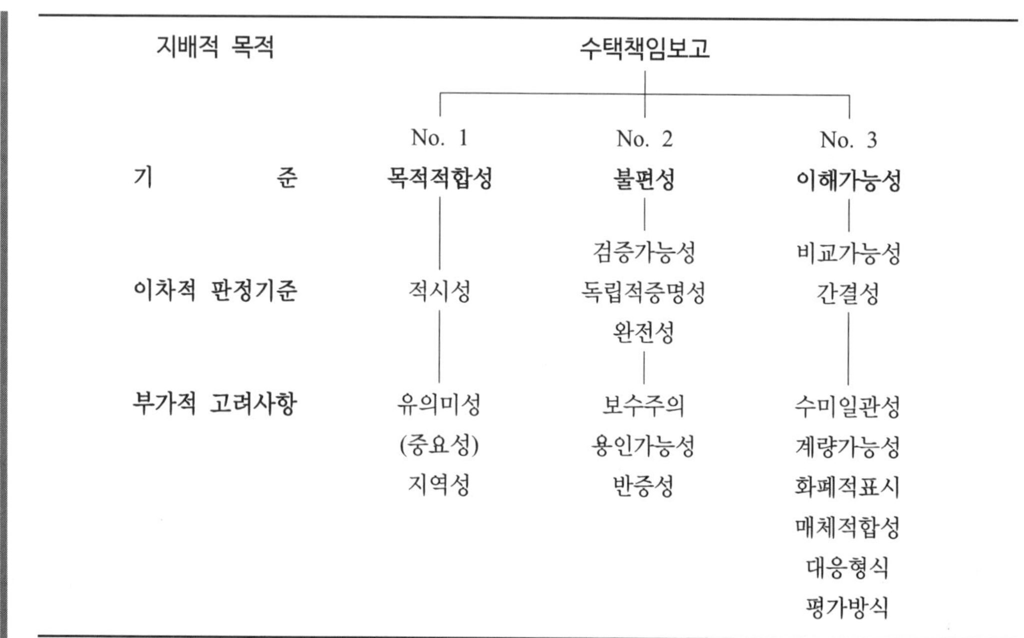

지배적 목적	수탁책임보고		
	No. 1	No. 2	No. 3
기　　준	목적적합성	불편성	이해가능성
이차적 판정기준	적시성	검증가능성 독립적증명성 완전성	비교가능성 간결성
부가적 고려사항	유의미성 (중요성) 지역성	보수주의 용인가능성 반증성	수미일관성 계량가능성 화폐적표시 매체적합성 대응형식 평가방식

이들 3가지 기준을 모두 만족시키지 않는 사회보고서는 유용한 것으로 받아들일 수 없다. 또한 각각의 기준에 관해서는 이에 관련된 2차적인 규준과 부가적인 고려사항을 들 수 있다.

제기준, 2차적인 제규준 및 부가적인 고려사항은 기업의 사회보고서가 외부보고를 위해 작성되거나, 내부이용만을 위해 작성될 경우 그 사회보고서의 작성을 위해 적용될 것이다. 이들 보고기준의 내용은 다음과 같다.[4)]

4) *Ibid.*, pp.152~ 156.

① 목적적합성

미국공인회계사회와 미국회계학회는 재무보고기준의 첫 번째 항목으로 목적적합성을 들고 있다. 그것은 사회보고의 경우에도 똑같이 우선권을 부여할 가치가 있다고 생각된다. 즉, 기업은 사회의 요구에 부응하여 사회적 정보만을 보고해야 한다는 것이다.

물론 관련이 있는 보고는 일반에게 유용할 것이지만 정보가 반드시 유용해야만 된다는 것은 아니다. 목적적합성의 기준에 의하면 어느 보고가 사회의 요청이라든지 관심과 관련이 클수록 그것을 보고하기 위한 논거는 그만큼 강력하게 된다는 것이다.

② 불편성(freedom from bias)

불편성은 기업사회보고를 왜곡하는 위험을 배제하기 위한 기준이다. 현재 보고되고 있는 사항이 의도적으로 선택되거나 기업의 사회효익을 과장하는 것일 수도 있다. 편향된 정보는 무익하다기 보다는 오히려 유해한 경우가 많다.

③ 이해가능성

이해할 수 없는 보고서는 가치가 없다. 사회보고서가 너무 복잡하거나 또는 너무 간결하거나 혹은 막연하면 보고서로서의 가치를 상실할 것이다. 따라서 이해가능성이라는 것이 사회보고에서는 본질적으로 중요한 것이다.

에스테스는 수탁책임보고를 지배적 목적으로 하여 형성된 보고기준의 계층구조는 잠정적인 것이라 하고 있다. 그리하여 현재의 발전단계에서는 기업의 사회보고에 적절한 것이라 하여도 사회보고가 완성되는 단계에는 유용성목적이 지배적인 목적이 될 수도 있다. 만일 유용성이 지배적 목적이 된다면 검증가능성이나 계속성이라는 속성이 기준의 수준까지 승격될 가능성도 있다. 어찌되었던지 이 제안은 사회보고의 현재의 발전단계에서 생각할 수 있고 보고활동을 질서 있게 발전하기 위한 하나의 기틀이라고 하는데 그 의의가 있다.

기업사회회계의 보고모델

1970년대에 들어서면서 기업사회회계의 보고양식에 대한 관심이 학자들이나 실무계에서 고조되어 왔다. 즉 어떤 최고업무 집행자가 기업 내의 자원배분이나 종업원에 관한 평가를 행함에 있어서 자사의 사회적 프로그램과 사회적 업적에 관한 정보를 고려할 때, 혹은 기업인으로서 당해 정보를 공적으로 보고해야 할 때 어떤 유형으로 정보를 소통할 것인가 하는 것이 문제이다. 이러한 문제에 대처하기 위하여 여러 가지 유형의 보고양식이 제안되었다.

1. 재무제표의 확장형 모델

기업사회회계의 보고방법중의 하나는 현행재무제표의 양식에다 정보를 추가하는 방법이다. 이것은 문장기술에 의하여 보고하거나 계정을 추가하여 행할 수 있다.

1) 문장기술식 보고

사회적 정보를 보고하는 가장 간단한 방법은 문장기술에 의한 것이다. 이것은 사회정보를 주석 또는 보충적 명세표로 설명하는 방법이다. 문장기술방법에서는 양적 · 질적 정보를 모두 표시할 수 있다. 일반적으로 양적 정보가 질적 정보보다 더 유용하고, 정보로서 가치가 있다고 생각되나 질적 정보의 공시도 중요한 것이다.

미국회계학회의 조직행동의 환경영향에 관한 위원회(Committee on Environmental Effects of Organizational Behavior)는 환경정보의 공시를 감사인이 현재 작성하고 있는 재무보고서를 확대하여 주석을 첨부하도록 하고 있다. 당 위원회는 다음 사항을 문장기술방법에 의하여 공시하도록 권고하고 있다.[5)]

① 환경문제의 인식

공해방지에 관련한 기업의 환경문제를 식별확인하는 것으로 부과된 공해규제기준, 기업의 공해관련활동의 확인, 공해로 인한 우발채무의 확인 등을 말한다.

---

5) AAA, Committee on Environmental Effects of Organization Behavior, "Report of the Commitee on Environmental Effects of Organizational Behavior," *Accounting Review*, Supplement to Vol. XLLVIII, 1973, p.80.

② 기업의 공해규제목표

기업의 특정한 공해규제목표와 이에 관련된 계획을 설정한 것으로 원가추정 및 예산상의 지출액, 시간계획 등을 밝히는 것이다.

③ 조직의 개선

확인할 수 있는 기업의 공해규제활동에 대한 개선을 서술하는 것으로 현재까지 지출된 원가, 예상되는 미래원가, 기업의 환경목표에 따른 비화폐적 정보

④ 기타의 환경영향

기업의 재무상태, 경영성과 및 기타 기업활동에 미치는 중요한 환경영향을 공시한다.

2) 계정추가방식 보고

계정추가방식은 재무제표에 기업의 사회적 책임에 대한 계정을 추가하여 보고하는 방법이다. 이 방식은 Beams[6]가 1970년대 초에 처음으로 제안하였는데 그는 공해로 발생한 공장부지의 열화를 계정에 의해 인식할 수 있도록 하였다.

한편 미국회계학회에서도 환경공시를 위한 계정추가방법으로 다음 사항을 공시하도록 권고하였다.[7] 특히 이 보고서에서는 완전공시의 원칙과 발생회계의 관점에서 사회적 정보의 공시는 계정추가방법으로도 바람직한 것이라고 하였다.

① 환경관리비를 손익계산서에 별도의 예로 표시한다.

② 환경관리비지출액은 재무상태변동표에 표시한다.

③ 대차대조표에 환경관리시설과 관련된 감가상각충당금을 별도로 표시한다.

④ 환경관리로 발생한 특별손실(예 : 공장폐쇄) 또는 전기손익수정(예 : 공장부지 파손의 복구비)은 현재의 일반적으로 인정된 회계기준에서는 별도의 공시가 필요하다고 볼 수 있다. 따라서 이들의 금액이 중대하면 추정하여 표시해야 한다.

⑤ 과거의 거래로 발생한 것이지만 중요한 금액으로 공시될 필요가 있는 경우 환경부채와 환경관리를 위한 지출액은 발생주의회계에 의해 계산하여 공시해야 한다.

---

6) F.A.Beams, "Accounting for Environmental Pollution," *The CPA Journal*, 8. 1970, pp.657~661.

7) AAA. Report of the Committee on Environmental Effects of Organizational Behavior, *Accounting Review*, VoL.52, 1977, p.80.

2. 새로운 사회보고서

위의 계정추가법이나 문장기술식 보고방법이 전통적인 회계시스템에 추가하거나 병설해서 보고하고자 하는데 비하여, 이 기업사회 보고모델은 새로운 양식과 체계로 된 사회책임보고방법의 유형이다.

1) Marlin의 공해규제보고서

마린교수는 일정시점에서의 제지회사의 공해관리상태를 공해규제보고서(pollution control report)라는 모델로 제시하였다. 이것은 현상공해규제보고서와 공해방출량 및 연방기준보고서이다.8)

현상공해규제보고서는 산업별로 정한 공해규제수준을 달성하고 있는지를 각 공장별, 공해분야별로 표시한 것이며 공해방출량 및 연방기준보고서는 기업의 실제 공해방출상황과 연방정부의 기준을 비교표시한 보고서이다.

이 보고서는 사회적으로 다소의 관심이 있는 각 영역에 대해 규제 가능한 기술 상황의 기준과 적절한 업적기준에 따르는 현실적 업적을 반영하도록 고안되어 있으며9) 공해에 관한 보고로서는 상당한 실용성이 보이며, 완전한 것은 아니더라도 많은 이해관계자에게 가치있는 공해정보를 제공할 수 있고, 보고정보를 개발하는데 노력한다면 적어도 공해배출기업에 대해 그 개선행위에 크게 자극을 줄 것으로 생각된다.

2) Dilley와 Weygandt의 사회적 책임보고서

딜리와 웨이간트가 1973년에 제안한 보고서는 마린의 보고방법을 확장하여 공해문제뿐만 아니고, 소수민족의 채용이나 승진, 더욱이 건강이나 안전의 문제를 포함하고, 이들 영역에의 지출을 보고하는 방법을 제시하고 있다.10)

딜리와 웨이간트에 의하면 정부에 제출해야 할 보고서 및 크게 도움이 되는 정보는 각각의 영역별 지출목록에 기입하고 그 외의 것은 일련의 제표에 표시하였다.

딜리와 웨이간트가 제안한 방법은 과도한 노력이나 비용없이 작성가능한 것이면서도 이해관계자들에게는 유용한 정보들이다. 이들 보고서에서는 일부 화폐적 수치를

---

8) J.J. Marlin, "Accounting for Pollution," *Joural of Accountancy*, Feb. 1973, pp.41~45.

9) R.W. Estes, p.65.

10) S.C. Dilley and J.J. Weygandt, Measuring Social Responsibility An Empirical Test, *The Journal of Accountancy*, Sep. 1973, pp.62~70.

포함하나 거의가 수량적 표시로 되어 있으며, 어떤 것은 평가기준도 제시되고 있다.

3) Corcoran과 Leininger의 환경거래보고서

코코란과 레이닝거는 기업과 환경간의 모든 거래를 반영할 회계모델을 제창하고, 이를 환경거래보고서(Environmental Exchange Report)라고 하였다.[11] 환경거래보고서는 인적자원과 물적자원의 투입과 산출이 구분되고 또 사회적 관심사에 관련이 있는 재무적 자료가 포함되어 있으며, 기업과 사회와의 모든 화폐거래를 반영하는 현금흐름표적 성격을 가지고 있으나 완벽한 것은 아니다. 예를 들면 인적자원의 투입은 계상할 수 있어도 기업은 인적자원을 산출시킬 수는 없다. 따라서 인적자원의 산출정보는 보조적이며 설명적인 것에 지나지 않는다는 비판이 있다.[12]

코코란과 레이닝거의 환경거래보고서는 물적 자원의 투입 · 산출관계를 불완전하기는 하나 파악할 수 있고, 물량적인 자료만 준비되면 간단하게 작성하여 정보가치로써 이용가능하며 이해하기 쉽다는 장점이 있으나, 표준치나 기준치가 없고, 여러 가지 측정단위를 사용하고 있으므로 화폐단위로서의 손익계산이 불가능하며 제품의 질, 안전문제, 고용관계 등의 사회적 책임 항목에 관한 정보가 없다는 것이 결점으로 지적될 수 있다.

4) 일본 경제동우회의 사회정보 영업보고서

일본의 경제동우회가 1973년에 발표한 「사회와 기업의 상호신뢰의 확립을 구하여」에 의하면 일본에 있어서 바람직한 영업보고서의 모델 시안을 제안하고 기업에서 이를 채용하도록 권고하고 있는데[13] 이것은 실제의 일본 기업에서 채용하고 있는 영업보고서를 검토해서 작성한 것이다.[14]

5) Linowes의 사회 · 경제활동보고서

리노우에스는 주로 소비자단체, 기관투자가, 정부규제기관 등의 요구에 적합토록 기업의 사회적 내지 경제적 활동을 보고하기 위한 모델을 제시하고 이를 사회경제활동

---

11) A.W. Corcoran and W.E. Leininger, Jr., "Financial Statements-who Needs Them?," *Financial Executive*, August 1970, pp.34~ 47.
12) R.W. Estes, 1976, *op.cit.*, p.76.
13) 青柳文司, 『現代會計學』, 東京:同文館, 1974, p.244.
14) 社團法人 經濟同友會, 『社會と企業の相互信頼の確立を求めて』, 1973, p.27.

보고서(socio-economic operating statement)라 하였다.[15] 그 내용상의 구조는 인간관계, 환경관계, 제품관계의 3가지 범주로 구분하고 각각 개선과 손상을 대비하여 순개선액(또는 순손상액)을 계산하고 있다.

리노우에스는 포괄성을 형성하고 화폐가치를 사용한다는 점에서 추천할만한 모델을 제시하고 있으나 지지를 얻기에는 미흡하며, 또 개선코스트는 지급원가로 표시됨에 비해 손상코스트는 기회원가로 표시되고 있으므로 그 차액계산이 별 의미를 갖지 못한다는 점 등에서 외부적인 사회보고 목적을 갖는 이 모델의 유용성이 제약을 갖고 있다.

6) Abt Associates Inc.의 사회감사보고서

앱트사의 사회감사보고서는 지금까지 언급된 보고서 중에서 보다 진보된 사회보고서이다.

앱트사는 1971연부터 매년 자사의 재무제표를 사회보고서의 형태로 발표해 오고 있는데, stock를 표시하는 사회대차대조표와 flow를 표시하는 사회손익계산서를 제시하고 모든 측정을 화폐단위로 행하고 있다.

1974년 이후의 보고서는 전통적 재무제표와 사회감사의 사회재무제표를 통합하여 하나의 표에 표시해 오고 있다. 또한 모델의 개념이나 설정방법을 설명키 위해 광범한 설명적 주석도 붙이고 있다.

이러한 앱트사의 사회감사보고서의[16] 그 특징을 요약하면 다음과 같다.

첫째, 기업의 사회적 책임의 수행을 이해관계자에게 보고함으로써 그 가치는 사회보고서의 역할을 넘어 기업의 사회적 영향을 중심으로 한 사회감사의 관점에서 공시하고 있다.

둘째, 그 모델은 자원의 저량(stock)과 유량(flow)의 개념으로 양분하고, 전자는 사회적 재무적 대차대조표에, 후자는 사회적 손익계산서에 표시하여 전통적 재무효과와 사회적 영향을 통합적으로 중시하고 있다.

셋째, 비용 · 효익의 측정은 산출량(output)이 아니라 영향치(impact)이다.

---

15) D.F. Linowes, "An Approach to Socio-Economic Accounting," *Conference Board Record*, Nov. 1972, pp.58~ 61.
16) 山形休司, 『社會責任會計』, 東京:同文館, 1978, p.277.

넷째, 사회적 영향의 측정은 단일한 화폐단위에 의한 비용 · 효익 분석방법에 의하고 있으며, 그 측정기준은 취득원가가 아니라 시장가격으로 행하고 있다. 그 이유는 시장가액에는 이미 사회적 영향이 포함되어 있기 때문이다. 그리고 모델의 개념이나 측정방법을 설명하기 위하여 광범하고 자세한 설명적 각주를 달고 있다.

그러나 이와 같은 앱트사의 사회감사보고서도 부분적으로 난해한 곳이 있으며, 그 측정방법 내지 기법에 대한 적절한 설명이 없거나 부족한 것이 많다는 비판도 있다.

3. Estes의 사회보고서

현행 재무회계 모델은 일부의 효익(외부경제)과 비용에 관한 정보를 제외하고 있다. 사회를 위하여 제공된 효익은 수익으로 표시되고, 한편 비용은 기업의 지출만으로 측정되는 것이 현재의 재무회계 시스템이다. 그래서 Estes는 기업을 향한 사회의 관점에서 자원배분을 내다 볼 필요성을 설명하고 있다. 사회에서의 효익은 사회에 의해 수취된 가치 또는 실제의 효용에 의해 측정된다. 한편 비용은 사회에 있어서의 완전한 손실을 반영하며 기업이 지급한 것만은 아니다. 그러한 관점에 의하여 Estes는 포괄적 사회보고서를 제안하였다.[17)]

17) R.W.Estes, *op.cit.*, p.93.

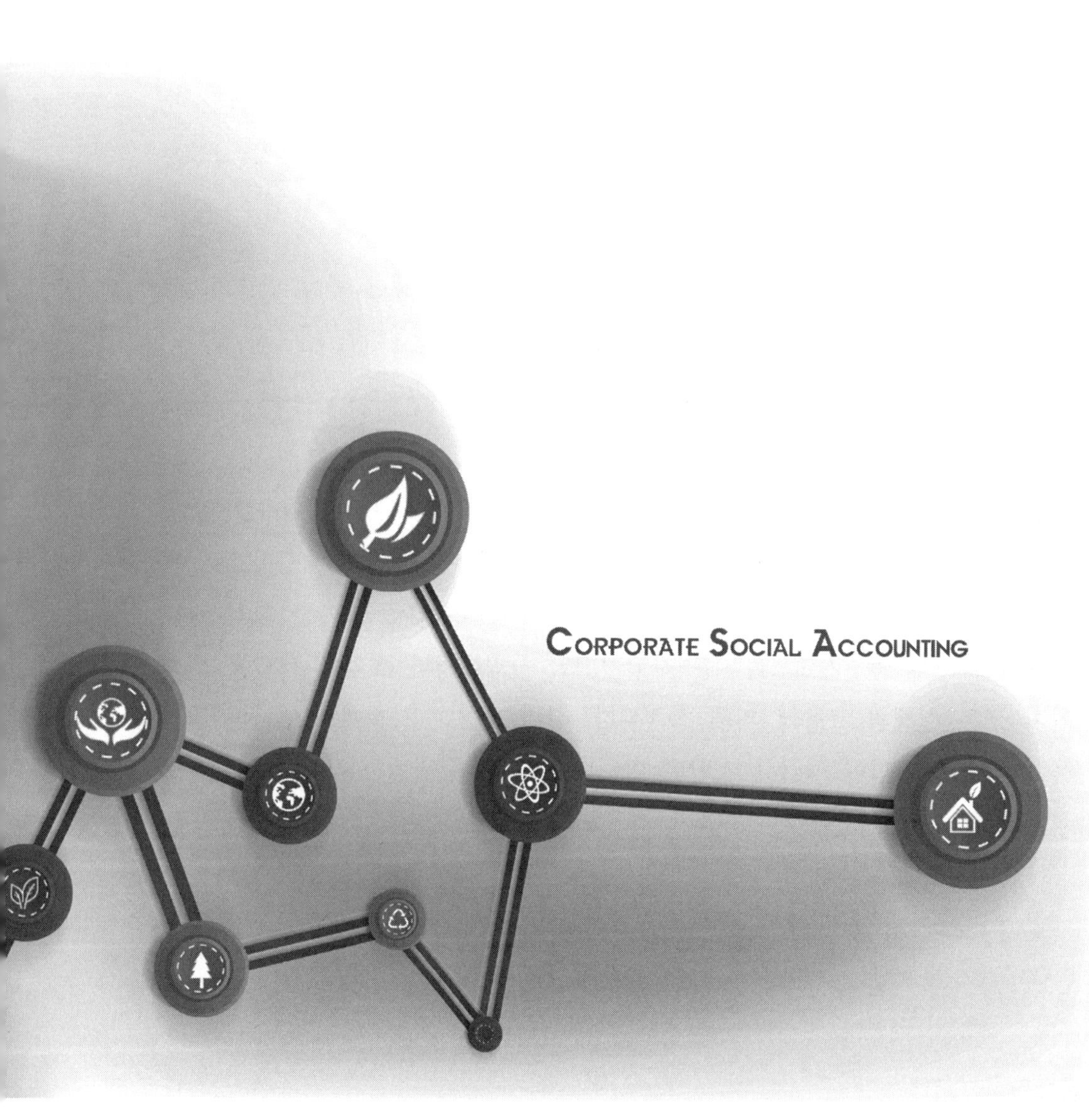

Corporate Social Accounting

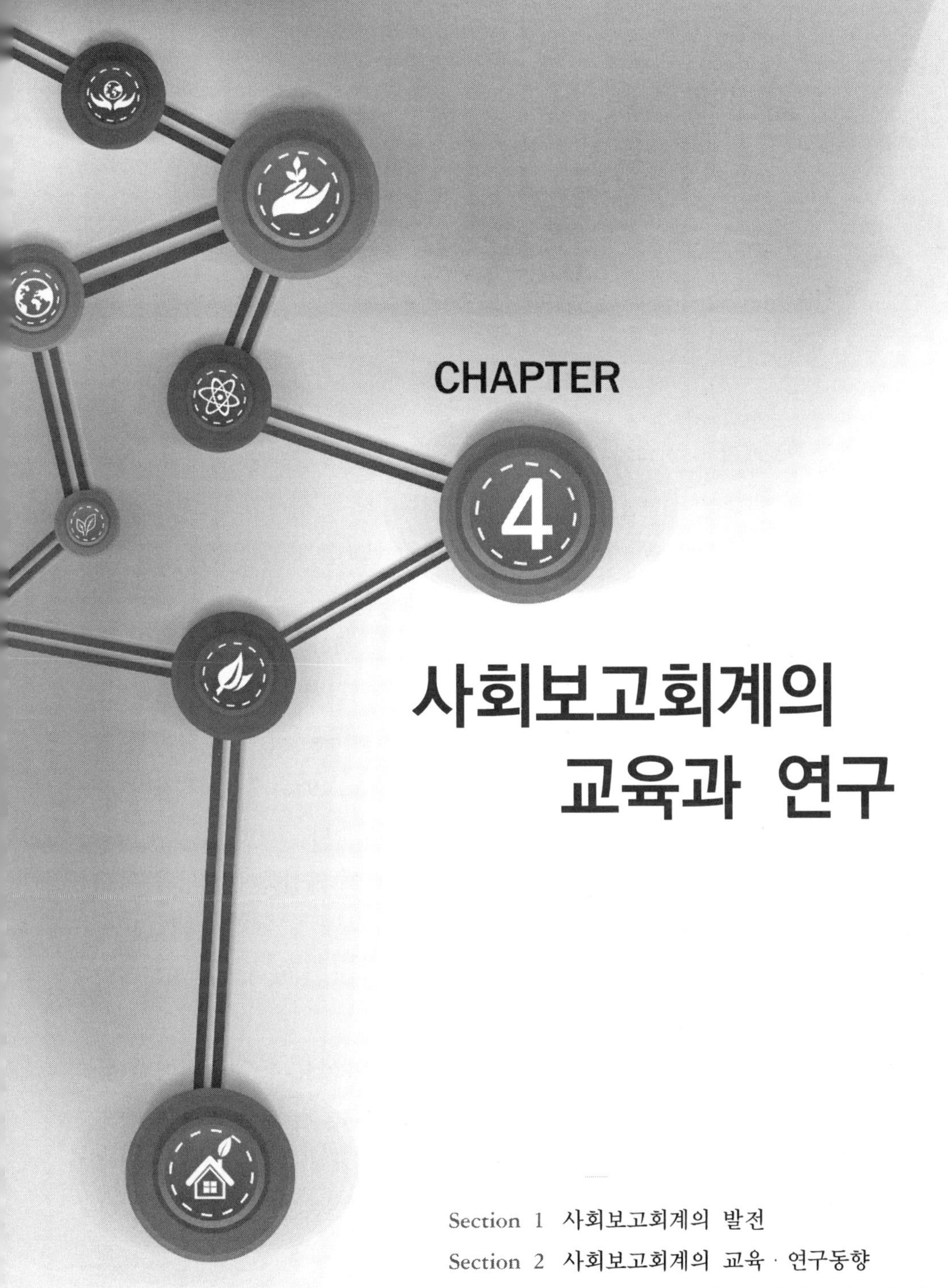

CHAPTER 4

사회보고회계의 교육과 연구

CHAPTER 04

사회보고회계의 교육과 연구

기업사회보고의 출현배경은 회계책임(accountability)에 있다고 볼 수 있으며, 이것은 1970년대 이후 social accounting의 전개로 특징 지워진다. 기업사회보고회계는 인적자원의 가치(manpower values)와 인간행위(human behavior), 그리고 생활의 질 등을 보고하는 회계를 의미한다.

Arpan과 Radebaugh에 의하면 1979년에 이미 부가가치 계산서의 보급이 16%에 이르고, 그 후 AAA를 중심으로 사회프로그램의 효율성 측정문제가 제기되었으며 조직활동의 환경적 영향에 관한 위원회보고(AAA, 1973), 사회비용측정에 관한 위원회보고(AAA, 1974), 사회적 업적에 관한 회계위원회보고(AAA, 1976) 등을 통하여 사회적 공헌, 기업사회회계의 특질과 범위가 집중적으로 거론되었다.

New York 대학의 경우, socio-economic accounting 코스를 개설하여 기업의 사회적 비용과 편익의 결정과 측정, 정부의 사회적 프로그램의 선택과 통제의 기술전개, 사회적 측면에 관한 전문적인 회계담당자의 역할 등을 다루고 있으며, 그 철학적인 배경도 코스의 일부분에 편성되어 있다.

우리나라의 경우 최근까지도 이에 대한 인식과 연구가 학계에서 꾸준히 이어져 왔으나 실무적용문제에 있어서는 상당한 문제만이 노출되고 있는 실정이다. 이는 사회보고에 대한 일반의 인식부족이 그 주요 이유이며 대학의 회계학 교육과정에서는 이를 이론적인 발전과정의 한 단계로만 해석하여 적극적으로 반영하고 있지 못하며, 학문적 연구조사도 결핍되고 있기 때문일 것이다.

선진국에서는 이미 사회보고회계에 관한 이론이 정립되어 있으며 이에 대한 구체적 적용문제, 그리고 교육 및 연구과제에 대하여도 심도있게 검토되고 있다고 보여진다. 또한 제품서비스의 공헌도측정을 통하여 기업의 사회적 업적을 평가하고 있으며, 기업의 환경활동의 측정(NAA, 1976) 등을 통하여 실무에의 적용방안을 활발히 모색하고 있다.

우리나라의 경우도 많은 학자들이 기업적용 가능성을 구체적으로 모색하고 있으나 기업회계담당자들의 인식미흡과 실무처리문제의 미합의, 그리고 무엇보다도 경영자층의 적극적 수용이 부족한 탓으로 일반화되기가 어려운 것으로 연구결과 밝혀지고 있다.

사회보고회계의 필요성은 학자들에 의하여 계속 제기되고 있으나 회계학 자체에 대한 일반의 인식부족도 극복되지 않은 상황에서 사회보고회계의 실무적용은 요원한 실정이다. 물론, 우리나라의 경우 기업은 사회보고에 대한 필요성을 수년 내로 새롭게 인식할 가능성은 현재에 있어서 많지 않다. 그러나 정치, 경제, 사회, 문화와의 관련 시각에서 회계문제를 인식하고자 하는 것은 이미 피할 수 없는 상황으로 보여진다.

한편으로, 그동안 이 분야의 연구가 대부분 기업실무적용가능성을 전제로 수행되어 왔으며, 미래 회계전문가 내지는 기업실무 담당자가 될 인재를 배출하는 학부교육과정, 그리고 미래 회계학자 내지는 회계전문가가 될 인재를 양성하는 대학원교육 및 연구과정에 효과적으로 반영되지 못한 상황이 결과적으로 우리나라 사회보고회계분야의 발전에 중요한 장애로 작용하고 있다고 생각한다.

따라서 본 장에서는 사회보고회계분야의 전술한 바와 같은 시각을 기반으로 하여 사회보고회계의 전개과정에 대한 검토, 그리고 교육 및 연구에 대한 고찰을 통하여 우리나라 사회보고회계의 교육 및 연구방향을 모색하여 보고자 한다.

1 사회보고회계의 발전

1. 사회보고의 유형

현대 회계 발전의 역사는 3단계로 구분되는 것으로 생각해 볼 수 있는바, 제1단계는 제2차 대전 전후를 중심으로 원가 · 생산통제, 원가분석을 중심으로 하는 관리적 회계의 발달시기이며, 제2단계는 전후의 비교적 평화경제하에서의 세무회계, 경영관리 서비스, 비용 · 효익분석, 의사결정론, 정보시스템론 등과 더불어 회계학 이외의 학문 · 기법의 채용시기이며, 과학적 방법론이 강화되고 정보화시대에 대응한 기업활동의 양적 발전과 합리화를 추구한 시기이다.

제3단계는 1970년대 이후의 새로운 회계사조로서의 사회회계발전기라 할 수 있다. 즉 인적자원의 가치, 인간행위 등을 중심으로 하여 기업의 사회적 · 문화적 수준향상을 지향하는 회계가 발전한 때이다.

현재 기업의 사회적 업적의 공시는 제도화(영업보고서 등을 통하여 공시), 비제도화(개별기업에 의존하는 실천적 시도)를 불문하고 소위 「공시의 확대」라는 관점에서 접근하여 볼 수 있으며, 이 경향을 다음과 같이 요약할 수 있다.

① 사회에 미치는 마이너스 영향의 억제를 목적으로 한 사회활동업적 공시의 형태(일본, 미국)

② 이해관계자에 대한 공정한 분배를 명확하게 하는 것을 목적으로 부가가치 분배의 공개와 종업원문제를 중심으로 하는 내부관련 사회적 업적의 공시형태(서독, 스위스, 스웨덴, 스페인, 아일랜드)

③ 종업원관계의 사회적 최소기준의 준수를 철저하게 하려고 법적의무를 알리는 형태(영국, 프랑스, 벨기에, 덴마크, 노르웨이)

이를 유형별로 살펴보면 다음과 같다.

1) 외부지향 형태(사회책임 공시방식)

미국, 캐나다 및 일본을 중심으로 하는 자유주의 경제권에서 볼 수 있는 형태로 제도의 범위 내에서, 또는 제도회계를 자율적으로 보충하는 형태로서 정보제공을 행하는 것이라 할 수 있다. 즉 오늘날 대규모화된 기업 또는 기업활동의 영향에 대하여 기업을 둘러싸고 있는 각종의 이해관계자측의 회계정보 욕구에 응하는 형태를 취하고 있다. Ernst & Ernst사는 1971년 이래 Fortune 500사의 영업보고에 기재된 기업의 사회적 업적에 관한 공시항목의 조사를 하고 있다. 그 공시율은 1976년에 벌써 전체의 90%에 달하고 항목별로는 환경, 에너지, 공정한 기업관행, 인적자원의 공시가 그 중심이 된다. 또한 화폐가치의 공시기업보다도 비화폐수치의 공시기업이 많은 것이 특징이다.

외부지향형태는 공시항목의 망라성, 비재무 데이터의 도입 또는 기업목표, 행동기준의 정보화, 제도적 통일 등 일면에 있어서 해결을 필요로 하는 곤란한 문제를 가지고 있지만, 기업외부 또는 국제적 규제기관 등에 관련하여 탄력적으로 이용가능한 측면을 가지고 있다.

2) 내부지향형태(부가가치 계산서 작성방식)

독일 등의 EU제국을 중심으로 한 국가에 있어서 사회책임회계의 한 형태로서의 부가가치 계산서가 급속히 보급되고 있다. 이러한 제도화의 배경에는 주로 종업원의 권리확충, 강화를 목적으로 경영참가형(독일), 노사공동형(영국) 등을 반영하는 정치·경제구조의 특질이 있지만, 그러한 점이 부가가치회계 생성의 기반이 되고 있다.[1)]

부가가치계산서 제도는 현행의 회계자료를 이용하여 작성가능하고, 기업내부의 이해관계자의 갈등, 조정에 유용하게 활용될 수 있으나 공시의 대상이 외부 이용자의 유용성보다는 종업원 중심인 점을 감안하면 사회적 책임 공시로서는 한계가 있다고 보여진다.

3) 사회주의 지향형태

프랑스의 사회적 대차대조표제도는 사적부문과 공공부문의 대부분(국유철도, 공익사업 또는 Air France 등의 기업을 포함)에 적용되고 있지만, 그 공시항목(고용, 임금관계, 건강, 안전보호, 종업원의 훈련, 종업원의 가족의 생활상황 등)이 종업원 복지 향상을 목적으로 설정되어 있고 공시규정의 세부성 등에서 프랑스 사회주의의 경향을 반영하는 것으로 지적되고 있다.[2)]

2. 사회보고회계의 연구성과

선진국의 경우 기업의 사회적 업적의 공시에 관하여 매우 적극적인 의욕을 보이고 있다. 미국을 중심으로 사회보고회계의 연구성과를 간단히 살펴보면 다음과 같다.

1) 미국회계사협회

NAA는 1974년에 「기업의 사회적 업적에 관한 위원회」의 연구성과로서 「사회적 업적 영역」을 제시하였다. 여기에서는 지역사회, 인적자원, 물적자원과 환경적 공헌, 제품 또는 서비스에 있어서의 공헌 등 4분야를 포함시키고 있다. 지역사회와 관련한 주요항목을 보면 일반적인 자선행위, 공적 또는 사적운송, 보건서비스, 주택의 공급

---

1) 山上達人,「ィギリス企業と附加價値情報」 青木 脩, 小川 洌, 山上達人編『企業附加價値情報』有斐閣, 1981, p.224.

2) J. S. Arpan and L. H. Radebaugh, *International Accounting and Multinational Enterprises*, Warren, Gorham & Lamont, 1987, p.224.

원조, 지역사회계획의 책정과 그의 개선, 개척활동, 특수한 식량프로그램, 교육 등이 있다.

또한 Epstein, Flamholt, Mcdonough에 의한 기업실태조사 「기업의 사회적 업적: 제품서비스의 공헌도의 측정 — 미국의 거대기업 800사의 표본조사(NAA, 1976)」[3], Nikolai, Bazley, Brummet에 의한 「기업의 환경활동의 측정(NAA, 1976)」 등[4]도 중요한 연구 성과들이다.

2) 미국회계학회

사회프로그램의 효율성 측정에 관한 위원회보고(AAA, 1972)에서는 주로 정부지출을 중심으로 수질오염, 병원의료, 지역개발, 복지, 여가, 자연보호, 교육상 혜택이 없는 자녀의 지원 프로그램 등의 평가를 위한 비재무적 통계치나 측정치를 받아들이는 문제를 중심 과제로 연구하였다.[5] 향후의 연구목표로서 사회적 목표 · 목적의 결정, 기준설정, 공적자금의 지출감사 등이 제기되고 있다.[6]

한편, 조직활동의 환경적 영향에 관한 위원회보고(AAA, 1973)에서는 조직활동에 있어 물적환경에 대한 영향(공적 문제에 관한 경제적 · 국제적 · 회계적가치)을 내부적 · 외부적 이용자에 전달할 목적의 측정 또는 보고방법이 제시되고 있다.[7]

이외에도 사회 · 비용의 측정에 관한 위원회보고(AAA. 1974), 사회 · 비용에 관한 위원회보고(AAA. 1975), 사회적 업적에 관한 회계위원회보고(AAA. 1976) 등이 있으며,[8] 인적자원공헌(종업원교육, 재교육, 안전성 프로그램 등), 사회적 공헌(교육, 문화 프로그램등), 환경적 공헌(생산자원이용, 재이용 계획 등), 제품의 안전성 · 내구성 · 유용성, 소비의 충족감 등에 관한 업적측정 방법이 연구되고 있다.

---

3) M. J. Epstein, E. G. Flamholts, and J. J. Mcdonough, *Corporate Social Performance: The Measuremant of Product and Service Contributions*, NAA, 1976, p.14.

4) L. A. Nikolai, J. D. Bazley, and R. L. Brummet, *The Measurement of Corporate Environmental Active*, NAA, 1976.

5) AAA, Report of the Committee on Measures of Effectiveness for Social Program, *The Accounting Review*, Supplement to Vol.XLⅧ, 1972.

6) *Ibid.*, pp.363~ 374.

7) AAA, Report of the Committee on Environmental Effects of Organizational Behavior, *The Accounting Review*, Supplement to Vol. XLⅧ, 1973. pp.75~ 119.

8) AAA, Report of the Committee on the Measurement of Social Costs, *The Accounting Review*, Supplement to Vol. XLIX, 1974, pp.98~113. AAA, Report of the Committee on Social Costs, The Accounting Review, Supplement to Vol. XLX, 1975, pp.51~89. AAA, Report of the Committee on Accounting for Social Performance, The Accounting Review, Supplement to Vol. XL, 1976, pp.39~ 69.

3) 미국공인회계사협회

AICPA에서는 사회관련 문제를 세미나의 형태로서 토의하고 「사회적 측정」이라는 주제로 그 성과를 공표했다(AICPA, 1972). 여기에는 사회학자, 기업경영자, 정치학자, 행정담당자, 경영학자, 회계담당자등이 참가하여 사회적 업적의 측정문제를 검토하고 있다.[9)]

그 후 「사회적 측정에 관한 위원회」가 설치되고, 그 연구성과는 기업의 사회적 업적의 측정이라는 주제로서 공표되었다. 이 보고서에는 주요한 사회문제인 환경, 재생불가능 자원, 인적자원, 상품 · 서비스 · 고객, 지역사회에 관해서 그 이해관계자의 식별, 그것에 대한 영향, 사회적 정보의 내부적 이용, 외부적 보고 등이 구체적으로 다루어지고 있다.

2 사회보고회계의 교육 · 연구동향

AAA의 사회적 업적에 관한 위원회가 제안한 사회회계의 교육 · 연구과제에 포함되는 항목으로 회사의 사회적 책임프로그램의 영향에 대처하여, 그것을 평가하는 회계, 인적자원회계, 특정의 사회적 비용 측정, 사회에 대한 영향의 완전한 측정, 사회적 보고, 공공적(정부 등) 프로그램에 대한 회계 등을 들 수 있다.[10)]

또한 위원회는 사회회계의 교육문제를 강력히 주장하고 있다. 위원회는 현재의 교육과정에 사회회계 관한 새로운 과제를 포함하는 것을 주장하고 있다.[11)] 그 개요를 보면 다음과 같다.[12)]

① 회사의 사회책임 프로그램의 회계: 초급, 관리, 조세, 감사, 정보 시스템

② 인적자원회계: 초급, 관리, 조세, 감사, 정보시스템

③ 사회적 비용측정: 관리, 이론, 감사, 정보시스템

④ 사회에 대한 실체의 영향: 초급, 이론

---

9) AICPA, Social Measurement, 1972.

10) AAA, Report of the Committee on Accounting for Social Performance, *The Accounting Review*, Supplement to Vol. XL, 1976, p.56.

11) *Ibid.*, p.60.

12) *Ibid.*, pp.57~ 59.

⑤ 사회적 보고: 초급, 고급, 감사

⑥ 공공 프로그램의 회계: 초급, 고급

초급 수준에 있어서는 회사의 사회책임 프로그램 또는 활동의 영향 평가, 인적자원 회계, 사회에 대한 실체의 완전한 영향을 평가·보고하는 개념, 공공프로그램의 조정과 평가에 관한 회계의 이용을 대상으로 하는 방법적 문제가 제공된다.

관리회계과정에는 회사의 사회적 책임프로그램의 영향평가(예를 들면 시내의 회사에 대한 유리한 대부금제도 또는 신용조건, 공해컨트롤 프로그램, 설비미화계획 등), 인적자원의 평가(이 경우 조사 또는 면담방법, 경제조사, 비용 이익분석, 심리적 테스트, 현재가치분석, 효과의 비재무적 측정치 등의 분석적 방법이 이용된다) 문제를 다룬다.

회계이론에 관해서는 측정기술보다는 오히려 이론적 건전성에 중점을 두고서 사회적 효과를 평가하는 방법을 전개하는 것이 강조된다. 또 사회적 책임 프로그램에 관한 소득세의 효과에 관해서는 공해 컨트롤 설비자산에 대한 장려와 감가상각, 자선행위에 대한 과세경감조치 등이 포함된다.

또 회계학 교과서에 있어서 취급하고 있는 사회회계의 문제로서 다음을 들 수 있다.[13)]

① 초급회계 … 회계의 특질과 회계담당자의 책임

② 중급회계 … 사회적 책임의 공시

③ 고급회계 … 비이익적 프로그램의 편익의 측정

④ 관리회계 … 관리회계의 특질과 관리회계담당자의 책임

⑤ 감 사 론 … 사회적 책임이 있는 활동의 정의, 그 활동을 측정하는 방법, 실체의 사회적 책임의 목표

사회회계교육의 특별과정은 대학원 수준으로 행하는 경우에는 특별연구과정, 회계의 최근문제연구 등의 형식을 취하고 있으며 대학에서 행하고 있는 연구활동의 예를 들면 다음과 같다.[14)]

---

13) *Ibid.*, pp.61~64.
14) *Ibid.*, pp.64~65.

〈New York 대학〉

「사회경제회계(Lee Seidler코스)」에 포함되고 있는, 교육과정은 현재의 기업회계의 범위를 벗어나는 것으로 측정개념과 기법의 적용, 사회적인 중요성이 있는 것의 측정치의 정당성과 객관성 문제 등이 논의되고 있으며, 그 구체적인 항목은 기업의 사회적 비용과 편익의 결정과 측정, 정부의 사회적 프로그램의 선택과 통제의 기술 전개, 사회목표와 전통적인 재무보고 시스템의 전개와 적용, 사회적 측면에 관한 전문적인 회계담당자의 역할 등이다.

이 과정의 수강자는, MBA 또는 Ph.D의 후보자가 되고, 약 1/4은 공공기관, 교육기관, 도서관학 분야의 전문가이다. 또한 수강자는 사회감사, 사회적 손익계산서 등의 주제를 가지고 단독 또는 팀을 만들어서 연구를 한다. 이 과정의 약 1/3은 철학적인 배경을 취급하고 있다.

〈Illinois대학〉

「사회경제회계책임(David Linowes코스)」 안에 포함되는 항목은 사회경제회계책임의 일반개념, 회계담당자의 사회적 책임의 확대, 공공기관의 회계책임, 회사의 사회적 책임, 기업의 사회적 프로그램의 측정, 사회경제상의 감사, 사회경제활동 보고서, 인적 자원에 관한 회계책임, 사회적 목표 등이다.

〈Wichita 주립대학〉

이 대학에서는 대학원의 연구세미나에서 사회적 보고 모델을 만들어 대학의 비용 · 편익을 평가하는 프레임워크(frame work)를 설정하는 것이 이용된다. 그러한 세미나의 목적은 실무의 이해 및 연구방법의 습득, 개발, 회계담당자가 통상 직면하는 많은 측정문제에 대처하고 처리하는 방법의 습득, 사회회계 전망을 연구(이 경우 연구의 중심은 경험적 데이터의 수집, 혁신적 측정방법 또는 비화폐적 수량에 화폐가치를 적용하는 것이다)하는 것에 있다.

미국회계학회는 기업의 사회적 업적에 관한 장래의 연구과제로서 다음의 22항목을 제시하고 있다.[15)]

- 측정기술의 개발과 확인 … 제품 · 서비스의 가치, 정부 서비스, 공공시설의 비용 등
- Input · Output 분석의 이용 … 사회에 대한 기업 영향의 평가
- 조사 데이터의 이용 … 기업에 대한 지역사회의 프로필 등
- 사회회계보고서에 관한 특정의 이용자 그룹의 확인
- 특정의 이용자 그룹에 의존하는 사회회계보고의 이해도
- 기업경영자의 인적 가치구조에 미치는 사회회계 보고의 이해도
- 사회회계의 우선순위에 따른 변화

15) *Ibid*, pp.66~ 67.

- 외부목적의 사회회계보고서의 유무로서 비교하는 기업의 특정의 재무특질
- 외부목적의 사회회계보고서의 유무로서 비교하는 기업의 경영자의 인적특질
- 사회회계모델의 기업에 적용
- 사회회계정보의 이해관계자에 대한 영향
- 사회회계데이타에 관한 감사의 개선
- 사회회계에 주는 회계상의 지식체계의 영향
- 기타의 전문가 의견에 대한 감사인의 신뢰성에 대하여 사회회계보고가 주는 영향
- 사회회계보고서에 따르는 새로운 증명방법의 전개
- 사회회계에 관한 보고서의 규모별 · 보고범위별 분석
- 사회회계보고서의 국제비교
- 외부의 압력에 대한 정치적 대책으로서의 사회회계보고서
- 사회회계의 각 부분에 대한 보고서 또는 평가체계의 전개
- 목적적합성, 이해가능성, 불편성을 등을 결정하기 위한 다양한 그룹에 대한 다른 모델의 테스트
- 사회적으로 영향 있는 정보의 요구를 결정하기 위한 다양한 조사
- 기업활동의 간접적인 효과에 관한 시스템접근의 전개

한편, 사회회계교육은 다른 전공 교육과는 달리 그 국가 또는 사회의 환경에 따라 교육적 차이가 심한 것으로 보인다. 영국에서는 거의 모든 회계학부에 사회회계 관련 과목을 편성하고 있다. 참고로 영국의 Aberdeen 대학의 회계학부의 교육과정[16)]과 사회회계 과목의 교육내용은 다음과 같다.[17)]

AC2011 − Business Finance(BF)
AC2012 − Financial Accounting(FA2)
AC2013 − Management Accounting(MA2)
AC2014 − Taxation(TAX1)
AC2516 − Case Studies and Project Work in Accountancy(CSPW)
AC3012 − Advanced Professional Accountancy(APA)
AC3526 − Management Accounting(MA3)

16) http://www.abdn.ac.uk/~acc025/sylall.htm
17) http://www.abdn.ac.uk/~acc025/sy13525.htm

AC3519－International Accounting(IA)
AC3021－Public Sector Accounting(PS)
AC3029－Accounting System(AS)
AC3014－Financial Accounting(FA3)
AC3516－Taxation(TAX2)
AC3522－Advanced Business Finance(ABF)
AC3527－Auditing(AUD)

AC3025－Social Accouting(SA)
AC4012－Current Issues in Financial Accounting Research(CIFAR)
AC4016－Accountancy Dissertation(DISS)
AC4011－Critical Perspectives on Accountancy(CPA)
AC4513－Developments in Financial Reporting(DFR)
AC4514－The Financial Control of Public Utilities(CPU)

AC3025 Social Accounting
COURSE AIM: To explore social aspects of accounting with reference to professional ethics and corporate social reporting.
COURSE OBJECTIVES:
1. To develop students' understanding of the ethical issues faced by the accountancy profession;
2. To awareness of approaches to ethical decision making;
3. To develop students' understanding of social and environmental reporting;
4. To develop students' communication skills;
5. To develop students' ability to seek out, collate and present information.

미국의 CBU 교육과정을 보면 다음과 같은데, 학부수준에서 사회회계를 직접적으로 다루고 있지는 않다.

<표 1> Christian Brothers University(CBU) Accounting Course[18)]

Course	Title	Course	Title
ACCT261	Principles of Accounting Ⅰ	ACCT262	Principles of Accounting Ⅱ
ACCT319	Cost Accounting Ⅰ	ACCT320	Cost Accounting Ⅱ
ACCT321	Federal Income Taxation Ⅰ	ACCT322	Federal Income Taxation Ⅱ
ACCT360	Managerial Accounting	ACCT361	Intermediate Accounting Ⅰ

Course	Title	Course	Title
ACCT362	Intermediate Accounting Ⅱ	ACCT402	Internship in Accounting
ACCT405	Auditing Ⅰ: Theory	ACCT406	Auditing Ⅱ: Practice
ACCT423	Advanced Accounting Ⅰ	ACCT424	Advanced Accounting Ⅱ
ACCT427	Current Trends in Accounting		

그러나 ACCT427 코스와 Northern Iowa 대학의 경우 세미나 및 특수문제연구를 통하여 다루고 있다.

Department of Accounting College of Business Administration University of Northern Iowa[19)]
120:030. Principles of Accounting Ⅰ — 3hrs.
120:031. Principles of Accounting Ⅱ — 3hrs.
120:129. Intermediate Accounting Ⅰ — 3hrs.
120:130. Intermediate Accounting Ⅱ — 3hrs.
120:131(g). Cost Accounting — 3hrs.
120:132(g) Income Tax — 3hrs.
120:134(g) Auditing — 3hrs.
120:138(g) Advanced Accounting — 3hrs.
120:136. Computerized Accounting System — 3hrs.
120:138(g). Advanced Financial Reporting — 3hrs.
120:140(g). Advanced Auditing — 3hrs.
120:141(g). Advanced Cost Accounting — 3hrs.
120:142(g). Advanced Income Tax — 3hrs.
120:148(g). C.P.A. Review — 3hrs.
120:159:07. Auditing Review — 1hrs.
120:159:09. VITA : Individual Income Tax Preparation — 1hrs.
120:159:10. Tax Research and Planning — 3hrs.
120:169. Internship-Accounting — 2~8hrs.
120:170(g). Special Problems-Accounting — 1~3hrs.
120:179. Cooperative Education in Accounting — 1~3hrs.
120:262. Managerial Accounting — 3hrs.
120:263. Cost Management — 3hrs.
120:285. Individual Reading — 1~4hrs.
120:289. Seminar in Contemporary Issues in Accounting — 3hrs.
120:299. Research — 1~6hrs.

18) http://odin.cbu.edu/catalog/acctcat.html

3 우리나라의 사회보고회계 교육 및 연구

1. 회계전공 교육과정[20]

대교협 연구자료에 의하면 바람직한 회계전공 교과과정을 다음과 같이 제안하고 있다.

① 재무회계 분야의 회계실무: 회계원리 → 중급회계 → 고급회계

② 재무회계 분야의 회계이론: 재무회계(론 또는 이론) → 회계이론

③ 원가관리회계 분야: 관리회계원리 → 원가회계 → (고급)관리회계

④ 세무회계 분야: 세무회계 → 세무관리론

⑤ 회계감사 분야: 회계감사 → 고급회계감사

⑥ 회계정보시스템 분야: 회계정보시스템 → 회계자료처리론

또한 회계학 교수들에게 다양한 회계관련 과목을 제시하여 <표 2>와 같은 결과를 얻었다.

<표 2> 회계전공 교과목

회계분야	설문예시과목	전공필수과목	불필요한 과목
재무회계분야	재무회계, 중급회계, 회계이론, 이론회계학, 고급회계, 상업계산, 재무회계연습, 회계학연습, 재무제표분석, 국제회계, 비영리회계, 회계학세미나, 회계학특강, 재무보고론, 재무제표론, 연결재무제표론, 자금회계, 회계사, 회계사상사, 정부회계, 원서강독, 회계영어, 회계정책, 장부회계	재무회계(66명) 중급회계(76명) 회계이론(80명)	상업계산(60명) 장부회계(58명) 회계영어(42명) 자금회계(34명) 회계사상사(32명) 정부회계(31명) 원서강독(42명)
원가관리분야	원가회계, 관리회계, 원가회계연습, 관리회계연습	(원가회계, 관리회계)	
세무회계분야	세무회계, 세무관리론	(세무회계)	
회계감사분야	회계감사, 내부감사, 회계감사실무	(회계감사)	내부감사(31명)

19) http://www.cba.uni.edu/~acct/courses.html

20) 대교협 연구보고, “회계학과 교육프로그램 개발연구,” 1990.3., pp.61~ 88.

회계분야	설문예시과목	전공필수과목	불필요한 과목
A I S 분 야	회계정보시스템, 전산회계, 회계자료처리론	회계정보시스템 (71명)	
인접학문분야		재 무 관 리 (55명) 경영학원론(46명) 경제학원론(38명) 경영통계학(32명)	

교수들이 주장하고 있는 가장 필요한 과목으로는 회계이론, 중급회계, 재무회계, 원가회계, 관리회계, 세무회계, 회계감사, 회계정보시스템 등이며 회계학세미나, 회계학특강 등의 과목을 통하여 사회회계를 다루지 않는다면 공부할 기회는 없는 것이라 볼 수 있다.

2. 교육 및 연구의 발전방안

지금까지 사회보고회계의 발전 및 교육 그리고 연구동향에 대하여 살펴보았다. 검토 결과 그동안 우리나라의 경우 전반적으로 이 분야에 대한 연구가 상당히 미흡하였으며(대교협자료 참조), 대학 및 대학원 교육과정에도 일관성 있게 적용되고 있지 못한 것으로 파악되고 있다. 앞으로의 사회보고회계교육 및 연구는 다음과 같은 방향에서 진행되어야 할 것이다.

첫째, 사회보고회계의 중요성에 비추어 회계학과 및 관련학과에 사회회계 내지는 기업사회회계 과목을 개설하여야 한다. 회계업무를 수행하고자 하는 사람은 반드시 회계의 사회적 책임관계에 대한 인식이 있어야 할 것이며, 이러한 인식의 확립은 회계학 자체의 발전뿐만 아니라 사회, 경제의 발전에도 기여할 것이다.

둘째, 회계전문가 및 회계학자들은 사회관련 회계 분야의 연구를 위한 학회－사회회계학회(가칭)－를 창설하여 이 분야의 발전을 위한 구체적 방안을 마련해야 할 것이다.

셋째, 재무회계, 관리회계의 적용을 기반으로 한 전통적 회계사고 및 실무는 현대적 회계사고인 사회회계의 시각으로 교정되고 접근되어야 할 것으로 판단되며, 나아가 사회적으로 책임있는 회계담당자 양성을 위하여 회계교육의 일대 혁신이 있어야 할 것으로 사료된다.

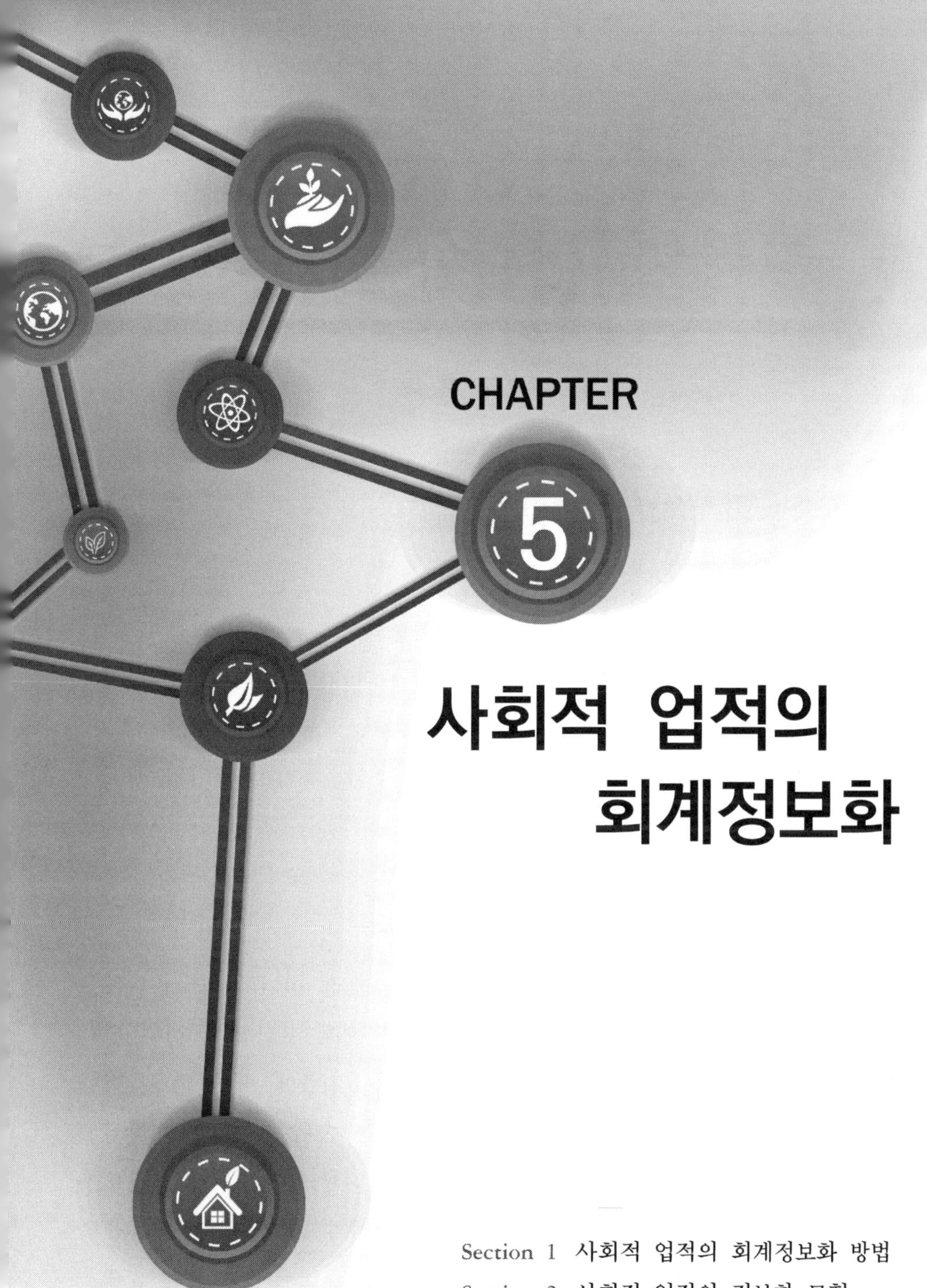

CHAPTER 5

사회적 업적의 회계정보화

CHAPTER 05

사회적 업적의 회계정보화

1 사회적 업적의 회계정보화 방법

1. Dilly와 Weygandt의 제안

Dilly와 Weygandt는 사회적 업적의 정보화 방법으로써 다음의 네 가지를 제시하고 있다.[1)]

첫째, 명세표 방식(Inventory approach)

둘째, 비용과 지출 방식(Cost or outlay approach)

셋째, 프로그램 관리방식(Program management approach)

넷째, 비용 · 효익방식(Benefit-cost approach)

이에 관하여는 기업사회회계의 측정에서 상세히 다루었으므로 여기에서는 간단히 부언한다. 먼저 첫 번째 방식은 사회와 관련이 있는 항목은 모두 포함되며, 어느 것이고 한정하지 않는다. 두 번째 방식은 기업의 사회적 비용 · 지출에 다른 비재무적 통계를 이용하는 것이며, 일반적으로 사회에서 용인될 수 있는 손쉬운 것부터 시작되는 것이다. 그러나 이러한 방식은 화폐지출액이 많아지는 효익과는 직결되지 않으므로 문제점이 있다. 세 번째 방식은 정부기관의 감사에 이용되어지는 방법이다. 많은 행정기관이 매년 이러한 달성목표를 어떻게 설정하느냐 하는 것은 순서에 따라 통계자료를 작성하는 것으로 이루어진다. 이러한 목표에는 소수기업의 대부금 건수, 장학자금의 대여를 받는 대학생의 인원수 등이며 대체물이 사용되어진다. 네 번째 방식은 프로그램의 가치평가가 이행되는 점이 특질이라 하겠다.

---

1) S.C.Dilley and J.J.Weygandt, Measuring Social Responsibility: An Empirical Test, *Journal of Accountancy*, September 1973, pp.62~65.

2. Estes의 제안

Estes는 사회적 업적을 정보화하는 방법으로 현행의 재무제표 내에 정보를 추가하는(서술적 방법을 통하여 새로운 계산 방식의 추가) 방법과, 새로운 보고 양식을 제안하며 다음과 같이 주장하고 있다.2)

- 사회적 정보를 재무제표상의 각주를 이용하여 제공한다.
- 전통적 재무제표를 확장하는 방법을 사용한다.
- 공해규제, 설비 등 배출물에 관해서는 비화폐적 정보로 보고한다.
- 공해, 노동에 관하여 보건상의 안전과 평등한 고용기회를 주는 정보를 망라하는 계획과 이러한 영역에서의 지출계획 이외에 비화폐적인 정보의 표시도 포함한다.
- 세금 지급액이라든가 기부금과 다른 것 등, 인적 · 물적 양면의 투입과 산출에 따른 보고서를 작성한다.
- 종업원들에게 공중의 복지 차원에서 자발적인 지출에 관한 정보를 보고하는 것 등이다.
- 회사, 주주, 종업원, 고객, 일반대중, 그리고 공동체로 취급될 수 있는 부분을 만들 때 가장 복잡한 것은 사회감사의 문제이며, 여기에는 모든 항목을 화폐적으로 표시한다.
- 한 주체의 여러 활동에서 발생되는 결과는 사회에 대하여 모든 편익과 원가를 헤아려 화폐의 척도 표시를 통한 포괄적인 보고서를 작성한다.

---

2) R.W.Esters, *Corporate Social Accounting*, John Wiley and Sons, Inc., 1976.
青柳 清譯『企業의 社會會計』中央經濟社, 1979년, pp.124~125.

3. Blake, Frederick, Myers 등의 제안

Blake 등은 사회감사를 시행하는 입장에서, 기업의 사회적 업적의 정보화 방식을 <표 1>에서와 같이 분류하고 있다.

<표 1> 사회적 업적의 공시 형태

공시형태	표시내용	정보이용자
사회적 대차대조표 사회적 손익계산서	화폐액 (사회적 비용 · 편익)	경영자 · 일반대중
사회적 업적감사	오염, 인사정책, 무기 생산 취급, 기업 인종차별	일반투자가, 일반대중
거시적 · 미시적 · 사회지표 감사	사회지표를 달성하는 기업의 공헌도표시	주주와 비이해관계를 가지는 대중
집단태도 감사	기업활동의 영향을 받는 집단의 태도 · 선택고려의 분석적인 측정	기업경영자
정부관장형 감사	환경오염, 고용상의 차별, 사고 등	각 정부기관
사회과정 Program 관리감사	사회적 Impact를 가지는 특정 프로그램의 성과에 대한 수량적, 기술적, 분석적인 표시	기업경영자 등

[출처] D.H.Blake, W.C.Frederick & M.S.Myers, Social Auditing－Evaluating the Impact of Corporate Programs, 1976.
名東考二監譯 (青柳 · 廣井譯)『現代企業戰略と社會監査』 同文館, 1985, pp.14~ 29.(재작성)

2 사회적 업적의 정보화 모형

1. 비용 · 효익설에 의한 모형

사회적 업적의 측정과 평가라는 문제는 지금까지 제도회계에 있어서는 일반적으로 고려하지 않았던 문제였다. 그래서 측정 및 평가의 기술은, 경영자가 조직활동의 사회적 결과를 의사결정 과정에 명확하게 연결시켜 이것을 기업 특정의 이해관계자나 일반대중이 경영업적의 평가를 행할 때 의미가 있다.[3] 이러한 점에 관해서 Gray는

3) A.Belkaoui, *Socio-Economic Accounting, cit.*, 1984, p.189.

다음과 같이 주장하고 있다.[4)]

「모든 사회적 현상을 화폐액으로 기록한다는 생각은 기본적으로는 비논리적이다. 사회회계(사회보고)는 거래의 외부에 있는 것으로부터 문제가 생긴다. 그러나 손익결정은 외부의 비경제적인 면에 따라 우리가 보상하지 못하는 사회적 요구를 제외하고 있으며 이러한 가능성에 의하여 사회회계적 이론이 제시되고 있다. 사회보고회계는, 이러한 요구를 포괄적으로 수용하는 계산방법을 고찰하는 행위라고 할 수 있다.」

1) Solomons

Solomons은 사회적 이익계산서를 다음과 같은 방식으로 나타내고 있다.[5)]

생산과정에서 창출되는 부가가치
+ 충당불가능한 효익(unappropriable benefits)
− 지역사회에 부과된 외부원가

= 순 이 익(손실)

여기서 충당불가능한 효익이라는 것은 사회에 편의를 제공하지만 회사는 아무것도 직접 편의를 받지 않는 지출이고(자선적 기부, 환경보호 등), 외부원가는 회사 또는 사회에 부담시키지만, 회사에서 전혀 부담하지 않고 또는 부분적으로만 부담한 원가(생산과정에서 생기는 대기오염, 수질오염 등 종업원의 건강에 마이너스 영향을 주는 것)이다.

위에서 말한 Solomons방식은 사회적 업적을 정량화할 수 있는 유용한 방법이지만, 충당불가능한 편익의 화폐적 평가와 공해비용과 같은 외부적인 문제는 실무적으로 해결하기 어렵다.

4) D.H.Gray, One way to go about inventing social accounting, in M.Dirkes and R.A.Bauer (eds.), *Corporate Social Accounting*, Praeger, 1973, p.316.

5) D.Solomons, Corporate Social Preference-a new dimension in accounting reports?, in H.Edey and B.S.Yamey(eds.), Debits, Credits, *Finance and Profits*, Sweet & Maxwell 1974, pp.131~141.

2) Estes

Estes는 비용 · 효익 분석을 사용하여 기업의 사회적 비용 · 효익 모델을 다음 <표 2>와 같이 제시하고 있다.

<표 2> 보고의 관점

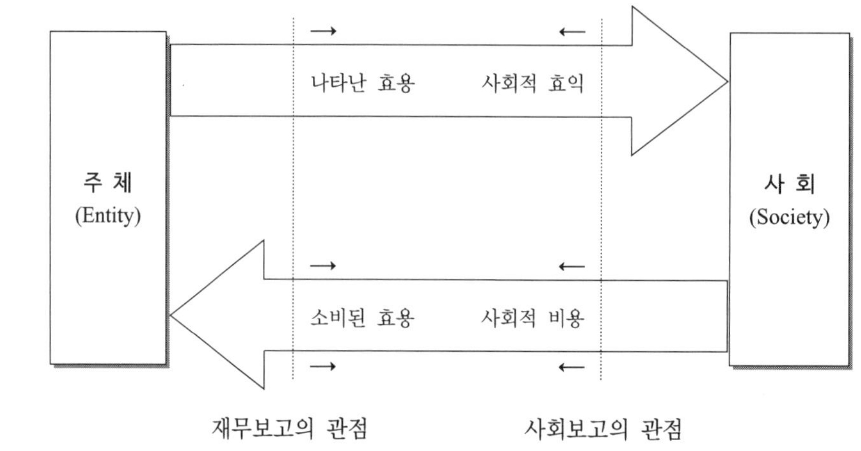

[출처] R.W.Estes, *Corporate Social Accounting*, John Wiley and Sons, Inc., 1976.

Estes의 모델은 주체가 사회에 주는 직접적 효과를 포괄적으로 측정하고, 보고하는 것에 관점을 둔다. 즉 사회적 효익＝사회가 받는 가치 또는 효용이고, 사회적 원가(비용)＝사회에 주는 총손실액(지급액＋미지급액)을 가르키게 된다.

<표 3> PROGRESSING사

연차 사회적 영향표

19××년 12월 31일

사회적 효익		×××
제품 및 서비스의 제공		
사회의 기타 구성요소에 대한 지급		
종업원에게 제공액(급여 또는 임금)	×××	
재화 및 서비스에 지급	×××	
납세액	×××	
기부금액	×××	
배당 및 이자 지급	×××	
대출 및 기타지급	×××	×××

종업원에 대한 직접적인 편익의 추가분		×××	
스텝, 설비 및 시설 서비스의 무상 제공분		×××	
환경개선을 위한 지급		×××	
기타 편익		×××	
사회적 편익 합계			×××
사회적 비용			
재화 및 재료의 취득		×××	
건물 및 설비의 구입		×××	
노동 및 서비스의 사용		×××	
차별			
채용의 측면(외부적)	×××		
배치 및 승진의 측면	×××	×××	
노동에 관련해서 발생하는 상해 및 질병		×××	
공공서비스 및 공공시설의 이용		×××	
기타자원의 사용		×××	
환경파괴			
지형파괴	×××		
대기오염	×××		
수질오염	×××		
소음공해	×××		
고체형 폐기물	×××		
경관파괴	×××		
기타 환경파괴	×××	×××	
사회의 기타 구성요소에 대한 지급			
재화 및 서비스의 제공분을 받아들임	×××		
추가적 자본투자	×××		
차입금	×××		
기타 수입	×××	×××	
기타비용		×××	
사회적 비용 합계			×××
당년도의 사회적 잉여(결손)			×××
19××년 12월 31일 현재의 누적잉여(결손)			×××

표준적인 각주

1. 투입에 관한 중요한 간접적 효과
2. 산출에 관한 중요한 간접적 효과
3. 측정 가능한 견적의 기초
4. 현재 사회적 관심을 갖는 영역에서 진전 상황(예, 환경보호를 위한 지출 및 제활동, 소수 민족이나 여성의 고용 및 승진, 에너지 보존을 위한 노력)

[출처] 青柳 清譯, 『企業의 社會會計』中央經濟社, 1979. pp.132~133.

Estes가 제시한 모델에 대한 Gray 등이 지적하는 주요한 측정상의 문제는 다음과 같다.[6)]

1) 제품 · 서비스 관련

교환가격은 지출한 금액 이상의 가치 또는 효용을 가져오는 경우는 소비자 잉여를 가져오는 것이며, 사회적 생산가치를 구하는 경우 이 금액 산정이 필요하다. 또 이것과 비슷하게 생산자 잉여가 문제가 되고 있다.

2) 환경상의 손해

여기서는 시장이 존재하지 않는 경우에 시장가격을 설정해야 하는 문제가 발생한다. 생산 과정을 통해 부과된 환경상의 손해비용을 추정하는 방법은 다음과 같다.

① 조사: 사람들이 공해를 피하기 위해 지출되는 것과 같은 금액 또는 공해를 참기 위해 지불해야 하는 금액의 산정문제

② 분석: 여러 종류의 원천에서 들어오는 정보를 수집하는 포괄적 수법 예를 들어, 가옥의 소유자가 대기오염 비용을 계산하거나, 재산가치의 저하를 분석 · 평가하는 경우, 수질오염 비용을 물고기의 사망수와 관련하여 시장가격과 결부시켜 평가하는 경우, 소음공해 비용을 배상금 지급액, 사고, 비능률, 결근을 분석해서 평가하는 문제

③ 회피원가(avoidance costs)의 이용: 이것은 손해를 방지하기 위해 지불될 것으로 예상하는 비용이고, 예를 들어, 산업상의 상해를 방지하기 위해 안전장치를 구입하는 비용 등은 사고에 관한 사회적 비용에 대한 대체물로 이용가능하다. 또 공해통제 설비나 수질처리시설의 비용은 대기오염이나 수질오염 비용을 가리키는 지표로 이용가능하다.

④ 복원원가 또는 회복원가(restoration cost): 이것은 발생한 손해를 회복하기 위한 비용이다. 예를 들어, 대기오염 비용을 의료비, 도장비, 표면의 청소나 마무리 등의 비용총액으로 추정하는 방법이다.

---

6) R.Gray, D.Owen and K.Maunders, *op.cit.*, pp.121~ 123.

⑤ 대체물 잠재가격: 예를 들어, 환경상의 손해로 인한 사회적 비용은, 과거의 재생산 활동의 잠재적 가격(예를 들어, 하루 보트를 타는 것과 비슷하고, 그것은 공해하천을 청소할 때 발생하는 비용으로 사용할 수 있다)을 이용해서 평가한다.

3) 기타

종업원에 대한 직접적 효익의 평가(오락시설이나 훈련계획), 사용한 노동의 사회적 비용, 승진, 차별, 근무 중의 사고, 공공 서비스, 설비의 이용 등의 측정가능하다.

이렇게 Estes의 모델은 여러 측정상의 문제가 많이 있는 것을 보면, 기업이 적용하는 경우에는 상당한 문제가 있다.

2. 비용 · 지출방식에 의한 모형

1) Linowes

Linowes는 먼저 기업의 사회적 책임이 있는 활동(사회적 업적)의 기준이 되어야 하는 다음과 같은 사회경제원칙(Socio-Economic Accounting Principles)을 설정할 것을 주장하고 있다.[7)]

① 사회적인 프로그램 또는 기관이 자금지출을 하는 경우의 측정기준을 명확하게 설정한다.

② 자원 투입의 만족한 결과가 달성될 때까지 예산자금으로 구입할 수 있는 자원 종류의 편성을 변경한다.

③ 현행의 정량적 측정을 사회적, 교육적 및 후생적 분야에 이용한다.

④ 시장기구 메커니즘의 설치 또는 적어도 사회적 프로그램의 이용자에게서 feed back 보고방법을 설정한다.

⑤ 활동 집행상의 장려방법으로 자유재량적 자금분배를 한다.

⑥ 효율이 낮은 기관을 통합한다.

⑦ 효과가 오르지 않는 부분은 폐지한다.

⑧ 통상의 재무보고와 같이 정성적 성과에 대한 사회적 보고서를 정기적으로 작성한다.

---

7) D.F.Linowes, The accounting profession and Social progress, *Journal of Accountancy*, July 1973, pp.32~40.

⑨ 사회경제회계원칙의 적용에 대한 책임을 명확하게 한다.

⑩ 독립된 제3자에 의한 사회경제감사의 정규 프로그램을 설정한다. 이 원칙에 의거하여 Linowes는 사회경제활동보고서(Socio Econmic Operating Statement: SEOS)의 모델을 제시하고 있다.

이 보고서는 기업의 대차대조표 및 손익계산서와 같이 정기적으로 작성하게 된다. 이 보고서에는 기업이 종업원의 후생, 생산물의 안전성, 환경의 상태를 개선하는 것을 목적으로 행하는 자발적인 지출을 포함한다. 그리고 법률이나 노동협약(Union Contract)에 의한 필요지출은 기업의 경영활동을 하기 위해서 필요한 비용으로서 여기에는 포함하지 않는다.

SEOS에 기재되는 항목은 다음과 같다.

① 사회적 조직에 관련하여 활동하는 종업원의 급여 및 관련비용

② 현금 및 제품에 관한 사회적 공헌

③ 조합이나 정부의 요청없이 종업원이나 일반사회의 이익을 목적으로 하는 시설을 설치하는 비용

④ 법률이나 계약에 의하지 않고 설비나 제품의 안전시설에 대한 지출

⑤ 종업원이나 주민을 위한 운동장이나 보육원의 건설비, 또는 매년 설비의 유지비

⑥ 노천채광이나 기타 환경의 방해요인을 제거하는 비용.

⑦ 특히 서비스 목적의 기업이, 미관, 건강 및 그 시설의 설계나 건설을 위한 지출

SEOS의 작성은 회계담당자를 중심으로 기업경영자, 사회학자, 공중위생담당자, 경제학자 등으로 구성하는 학제적인 작은 팀으로 구성한다. 또한, SEOS는 기업내부에서 작성하게 되지만 CPA를 중심으로 한 외부의 독립 학제적 팀에 의해서 감사 하도록 해야 한다.

또한, SEOS에는 여러 가지 플러스의 사회적 활동과 마이너스의 사회적 활동은 대인, 환경, 제품관계 등 3개의 그룹으로 나누어 기재한다.

Linowes가 예시하는 Johns주식회사의 SEOS는 다음과 같다.

<표 4> 사회경제활동보고서(19××년 1월 1일부터 12월 31일)

(Johns 주식회사)

[1] 대인관계		
(A) 개선액		
(1) 신체장애인의 훈련계획	$10,000	
(2) 교육기관에의 기부금	4,000	
(3) 소수민족 고용 프로그램 보충 고용비	5,000	
(4) 임의로 설립된 종업원의 어린이용 보육원의 비용	11,000	
총개선액		$30,000
(B) 손실액 공제		
절단기의 새로운 안전장치 설치의 연기(장치의 원가)	14,000	
(C) 당년도의 인간활동의 순개선액		$16,000
[2] 환경관계		
(A) 개선액		
(1) 회사의 지역에 있는 오래된 쓰레기의 처분과 그 조성비	$70,000	
(2) 플랜트의 굴뚝에 공해제어장치를 설치하는 비용	4,000	
(3) 당년도의 완성 과정에서 생긴 작업쓰레기의 처리 비용	9,000	
총개선액		$83,000
(B) 손실액 공제		
(1) 당년도에 사용된 노천채광을 다시 조성하기 위해서 지출되는 비용	$80,000	
(2) 하천에 폐기되는 유독액체를 중화하기 위해서 설치된 정화 과정의 견적비용	100,000	$180,000
(C) 당년도의 환경활동의 순손실액		($97,000)
[3] 제품관계		
(A) 개선액		
(1) 정부의 제품안전위원회의 일에 종사하는 부사장의 급여	$25,000	
(2) 이전에 사용한 유해한 페인트에 대해 무해한 페인트로 대신한 비용	9,000	
총개선액		$34,000
(B) 손실액 공제		
안전위원회에서 권고받은 안전장치 비용으로 제품에 부과되지 않은 것		22,000
(C) 당년도의 제품에 대한 순개선액		$12,000
당년도의 사회경제적 순결손액		($69,000)
가산: 19××년 1월 1일의 사회경제적 개선액의 순누적액		$249,000
19××년 12월 31일의 사회경제적 순활동액		$180,000

[출처] D.F.Linowes, The Accounting Profession and Social Progress, *Journal of Accountancy*, July 1973, pp.32~40.

앞에서 말한 바와 같이 Linowes가 제시하는 SEOS는 기업의 행동지침이 되며 사회경제원칙을 설정하고, 그것에 의거하여 사회경제활동보고서 작성이 의도하는 점이 그 특질이라 말할 수 있으며, 기업의 사회경제활동 범위가 총체적으로 명시되고 있다.

또한, SEOS의 작성 및 그 감사도 직접적으로 이해관계자집단이 아닌 회계사, 학자 등을 중심으로 제3기관이 담당하는 점도 주목된다.

2) Dilley와 Weygandt

Dilley와 Weygandt는 소수민족 문제(승진, 채용) 공해문제, 수자원소비량, 종업원의 건강과 안전, 사회책임활동에 대한 자금흐름계산서(Statement of Funds Flow) 등을 도입하여 그 지출액을 명시하는 방식을 제안하고 있다. 가상회사(Midwest Gas and Electric Utility)의 예에서 사회책임연차보고서(Social Responsibility Annual Report: SRAR) 형태로 나타나고 있다.[8)]

이 보고서는 제1표부터 제8표까지 구성되어 있고, 그 개요는 다음과 같다.

<표 5> 사회책임연차보고서

〈제 1 표〉 서 문

회사의 소재, 성격(공익사업위원회에 의한 규제회사) SRAR 작성의 목적 등이 기재된다.

〈제 2 표〉 회사의 영업내용

영업수익, 영업이익, 가스전기별 매출수입 고객수, 종업원수, 회사의 연혁, 종업원의 평균 급여, 주주 수 등이 기재된다.

〈제 3 표〉 지역사회에 미치는 회사의 사회적 영향

지역면적, 인구, 소수 그룹의 비율, 물리적 환경, 기후, 행정기관의 수 등이 기재된다.

〈제 4 표〉 대기오염량

◈ 분진(Particulate Matter)

	석 탄	석 유	가 스
1971	3.3717	.003	.111
1970	4.3920	.001	.095

8) S.C.Dilley and J.J.Weygandt, *op.cit.*, pp.64~70.

◈ 유황산화물

	석 탄	석 유	가 스
1971	17.71	.046	.005
1970	22.22	.027	.004

◈ 질소산화물

	석 탄	석 유	가 스
1971	2.69	–	–
1970	3.58	–	–

〈제 5 표〉 전력 수자원

수원지, 소비량, 방출량, 수위 등의 기재한다.

〈제 6 표〉 종업원의 건강 및 안전에 관한 보고

평균 종업원수, 총취업시간, 사망, 부상자수와 휴일일수의 기재한다.

〈제 7 표〉 소수 그룹의 채용 및 승진 등의 기재

〈제 8 표〉 사회책임과 관련이 있는 활동에 대한 자금흐름계산서

공익사업회사 사회책임활동에 대한 자금계산서

환 경		
전압기의 설치	$26,000	
발전장치의 건설	2,089,000	
전도장치의 건설	35,000	
발전소의 환경미화	142,000	
저유황 석탄의 증분원가	33,670	
서비스용 운반구의 프로판 가스로의 전환	3,700	
지하 전기장치의 증분원가	737,000	
소음을 줄이는 착암기의 증분원가	100	
환경개발		
화 력	$17,000	
핵	1,955	
기 타	38,575	
소 계	57,530	
환경자금 흐름 총액		$3,124,000

기타 효용		
자선사업에의 기부	$26,940	
종업원의 교육 및 오락지출	6,000	
기타효용 총액		32,940
1971년 사회책임활동에 대한 자금 흐름 총액		$3,156,940
1971년 영업수익에 대한 비율		7.9%
(주기사항 생략)		

[출처] S.C.Dilley and J.L.Weygandt, Measuring Social Responsibility: An Empirical Test, *Jounal of Accountancy*, September 1973, pp.64~70.

제8표의 지출액은 크게 2가지로 구분하여 환경지출과 기타 사회적 지출로 되어 있는 바, 이것은 환경문제가 가스전력사업이 직면하고 있는 가장 중요한 사회문제로 대두되고 있기 때문이다. 그러나 SRAR의 가장 중요한 특징은 이 보고서를 통해 사회문제에 관한 기업의 업적을 평가하는 것을 의도하지 않지만 정보이용자가 일정한 사회문제에 따른 기업간 비교를 한다거나, 이용자측이 설정한 기준과 비교를 하는 것이 가능하다는데 있다. 따라서 위에서 기술한 보고서에 관한 사회감사를 행하려고 하는 경우에는 여러 가지 문제가 다음과 같이 지적되고 있다.9)

① 회사의 경영자가 법적인 제한에 따른 한도 이상의 자료 공표를 꺼리는 문제
② 기업활동이 사회에 끼치는 영향을 충분히 측정하는 문제
③ 사회감사를 하려고 하는 경우의 기관과 그 비용부담의 문제

위에서 말한 회사의 경우에는 우선 그것이 공익사업이기 때문에 회계정보화나 사회감사의 문제도 비교적 용이하다. 즉 가스전기회사이기 때문에 공해관련 기업의 특징을 다분히 갖고 있고, 사회적 정보요구에도 응답할 필요성이 높은 기업이기 때문에 외부정보 공개가 필수적이다.

3) Corcoran과 Leininger

Corcoran과 Leininger는 기업과 환경 사이의 교환관계를 보고하는 연구모형을 제시하고 있다. 이러한 교환관계에는 인적교환, 물적교환, 재무적 자원교환으로 분류된다. 환경거래보고서(Environmental Exchange Report)는 인적, 물적교환 및 사회적 문제에

9) *Ibid.*, p.70.

관한 특정 재무자료를 인식하게 된다. 교환관계는 투입과 산출로 나누며 그것은 인적자원 및 물적자원을 포함한다.

그 개요는 다음과 같다.[10)]

인적자원 투입은 조직내부에서 나타난 모든 인적노력으로부터 성립한다. 그러므로 여기서는 종업원수, 교육수준, 재직기간, 작업시간, 유급휴가 및 요양 휴가시간에 관한 정보가 포함된다. 다른 점에서 생각할 수 있는 정보에는 자금 및 생산의 향상, 승진, 새로운 종업원의 이익이 있다. 인적자원 산출에는 종업원의 사망이나 지불임금에서 나타난다.

물적자원 투입에는 대기, 수자원, 원재료 및 다른 기업으로부터의 물적 산출과 같은 모든 물적 이용자원이 포함하고, 기술적 정보로는 생산과정에 이용된 자원, 미래의 이용상황, 자원별 이용액이 명시되어야 한다.

또한 환경에의 물적 산출에는 시장화된 물적제품, 생산과정에서 생긴 폐기물이나 잔유물, 그리고 환경관련 수자원을 기술해야 한다. 또 재무적 자원으로는 기업 및 종업원의 연방세, 주세(州稅), 지방세 지급액, 대학 등의 교육기관, 여러 가지 기금제도 등에 대한 기업 및 종업원에 의한 기부금이 명시된다.[11)]

이 모델은 기업의 사회적 업적을 인적, 물적, 재무적 자원으로 분류하고 정량적 및 기술적 방법을 사용해서 오히려 거시적 측면을 기업외부에 보고한다는 점, 그리고 제도회계의 범위 안에서 이것을 보충하고 더 간명하게 그 사회적 관련사항을 명시하려고 하는 점이 특징이다.

---

10) W.Corcoran and W.E.Leininger, Jr., Financial Statemants－Who Needs Them?, Financial Executive, August 1970, pp. 34~ 38.

11) *Ibid.*, p.45.

사회적 업적의 정보화에 따른 문제

1. 정량적 측정

사회적 업적의 측정에 있어서는 정량화가 중요한 문제인 바, 이의 전제조건으로 단일 공통 측정단위로의 전환, 정보의 정확성, 전달가능성, 수학적 · 통계적 분석 등이 지적되고 있는데, 다음과 같은 네 개의 측정 개념이 제시될 수 있겠다.[12)]

- 명목 척도: 이것은 영향을 단순히 분류하는 것으로, 예를 들면 특정오염물질의 유출량을 기록한다.
- 서열 척도: 순서에 따라서 수를 붙이는 방법으로, 높은 수치는 양호를 나타내고 낮은 수치는 나쁜 상태를 나타낸다. 그러나 차이를 보이지 않는 수치는 구간을 설정한다.
- 등간 척도: 수치간의 동일한 거리는 상황에 관해서 동일한 차이를 나타낸다. 예를 들면, 발전소에 따라서 발생하는 미립자의 양과 정부에 의한 모든 발전소에 대한 기준치간의 차이를 기록한다.
- 비율 척도: 예를 들면, 1메가와트의 1시간당 발생률이 0인 미립자와 비교되는 발생미립자의 절대치를 기록한다.

2. 영향의 평가

사회적 업적 정보화에 있어서 중요한 사항은 영향의 평가관계로 다음과 같은 문제점이 존재한다.[13)]

(1) 장래의 임팩트를 평가하는 경우, 활동은 지금 행해지지만 그 임팩트는 장래에 발생한다고 하는 점에서 실천적 또는 이론적으로 문제가 발생하게 된다. 예를 들면, 종업원 교육의 가치는 어느 정도 종신고용기간에 걸쳐서 전개하게 되는 것이다.

(2) 장래의 임팩트를 평가하는 경우에 발생하는 중요한 이론적 문제는 장래의 효익 또는 비효익은 그것이 발생하기 전에 경과하는 기간에 비례해서 증감시켜야 하

12) AICPA, *The Measurement of Corporate Social Performance*, 1977, p.279.
13) *Ibid.*, pp.282~ 283.

는가? 라는 것이다. 이것은 할인(discount)에 관련된 문제이며, 그 중에는 행복, 건강, 사회적 측정목적 등도 포함된다.

3. 사회적 목적에 대한 중립성

사회적 목적에 중립성을 가지는 정보라는 것은 「사실에 입각한 정보」로서 정의할 수가 있지만, 그것은 의도적으로 편향되지 않고 특정한 사회적 가치에 관련지어지지 않고도 결정되는 것이다. 이 경우, 편향은 다음과 같은 두 가지 방법으로 시스템에 진입하는 것이 예상된다.

(1) 보충불가능성: 시스템 설계자 혹은 측정자의 무의식 편향에 의한다. 이것은 설계 그 자체가 얼마간의 형태 또는 구성 작업을 반영하지 않고서는 안 되기 때문에 분석시스템으로는 불가능하다. 따라서 중립성은 언어, 문화, 정치적 상황, 제도 등에 좌우된다. 그러므로 중립성은 상대적 상황으로서 간주되어서는 안된다.

(2) 의도성: 이것은 고의적인 왜곡에 의한 편향이며, 그것은 실체가 본래 특정의 사실에 관해서 최고의 해석을 하려고 하거나, 경우에 따라서는 어떤 사실만을 선택해서 보고하려고 하기 때문에 발생하게 된다. 이러한 점을 피하기 위하여 여러 종류의 측정치를 이용 할 수도 있다.

4. 측정 비용

정보 제공에는 비용이 드는 것은 당연한 일이다. 이 경우 비용에는 두 가지의 요소, 즉 정보의 비용, 정보 결여에 따른 비용(부적절한 선택에 의한 비용)으로 성립되어 있는데, 이 총비용을 최소로 한다고 하는 최적화라는 것이 실천적 문제로서 중요한 것이 된다.[14)]

측정 비용은 측정대상이 되는 항목의 선택이나 대체물, 기법, 정확성, 신뢰도의 선택에 따라서 변화하기 때문에 이러한 측면에서의 실천적 혹은 이론적으로도 더 많은 연구가 있어야 한다.

---

14) AICPA, *op.cit.*, p.290.

5. 예 측

지금까지의 전통적인 회계학에서는 주로 과거적 자료, 재무적 자료, 개별기업의 거시적 자료로 장래를 예측하는데 초점이 맞춰져 있었다. 사회보고회계는 여기에 더하여 장래의 예측 자료, 비재무적 자료, 자원 · 생산 · 판매 등에 관한 국가적, 혹은 국제적인 정보를 적극적으로 도입하여 측정과 보고를 하게 된다.

이러한 관점에서 Makridakis와 Wheelwright의 통계적 예측방법이 주목된다.[15]

15) Makridakis,S., & S.C.Wheelwright, *Forecasting and Long-Range Planning in P.Mali* (ed). Management Handbook, Ronald, 1981. pp.110~111.

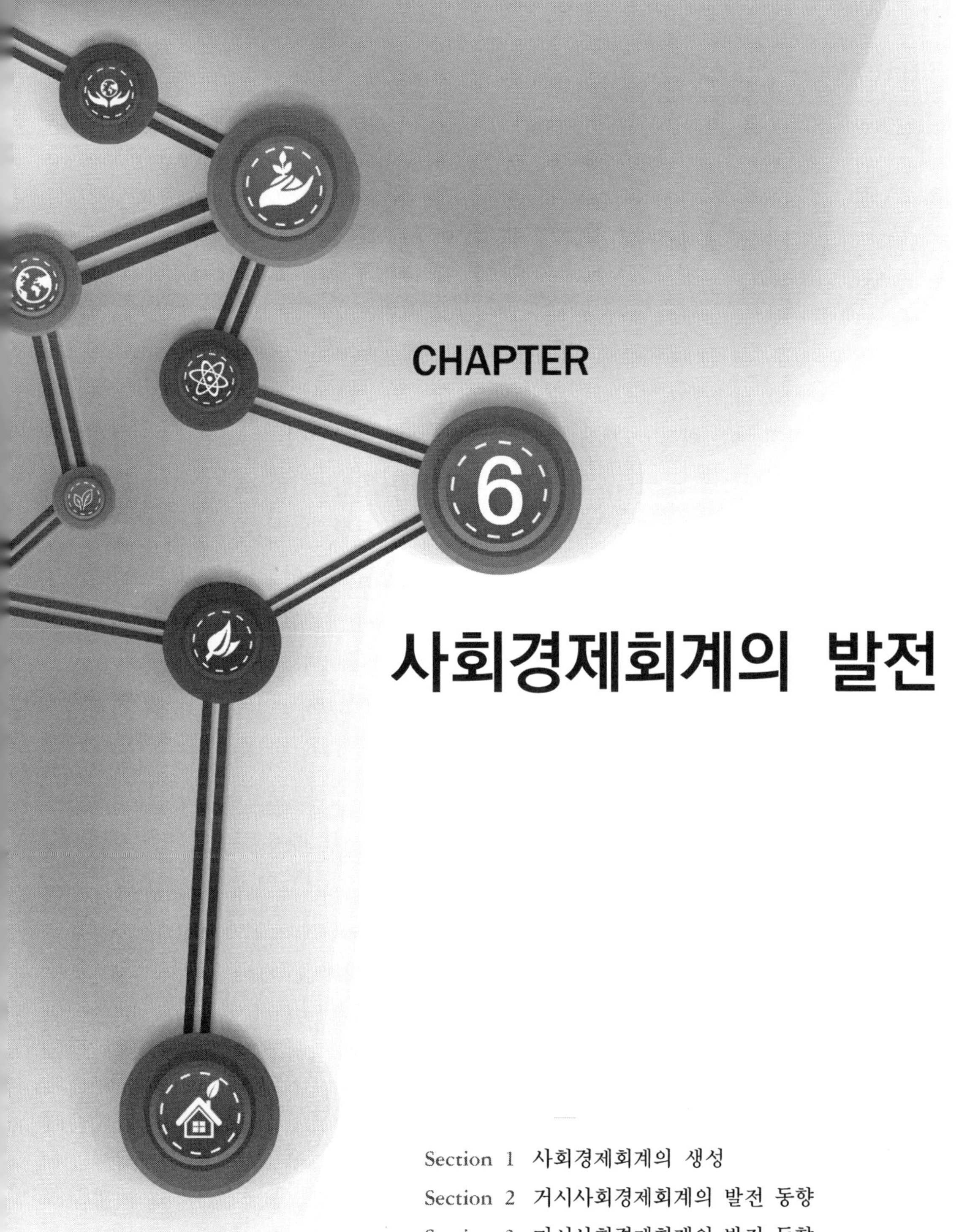

CHAPTER 6

사회경제회계의 발전

사회경제회계의 발전

1970년대를 전후하여, 미국 경제사회의 급격한 변화는 국가목표의 수정, 기업역할의 재조정 등을 초래하였다. 이러한 국가목표의 수정과 기업역할의 재조정에 있어서 공통적으로 부각된 관심은 생활의 질(quality of life)에 관한 것이었다. 생활의 질이라는 것은 개인의 복지 또는 광범위한 주민생활 전체와 관련되어 있는 것으로 경제적 복지 내지는 사회적 복지문제로 이어진다.

국민생활 전체의 상태를 의미하는 복지개념은 GNP로 측정될 수 있는 것이지만, 복지의 전반적 개념을 전부 표현하고 있다고 볼 수 없다. 복지개념에는 화폐단위로 측정하지 못하는 사회적 복지를 포함하여야 하기 때문이다. 다시 말하면 생활의 질은 단순히 경제적 재화와 용역의 충족상태를 의미하는 것은 아니다. 오히려 오늘날 일반화되어 있는 사회적 문제(환경, 교육, 인구, 범죄, 소비자 등)를 해결하는 것이 진정한 의미의 복지일 것이다.

경제가 갖고 있는 이러한 한계를 극복하기 위하여 사회보고서(social report)를 작성하여야 한다는 것은 이미 많은 학자들이 주장하고 있는 바이다. 사회보고서는 정부 및 기업과 사회와의 관계를 적절하게 유지하기 위하여 필요한 것이라 생각된다. 사회경제회계의 목표는 바로 사회보고서의 작성에 있으며 사회보고서는 정부 및 기업과 사회가 필요로 하는 정보를 제공한다.

그러나 우리나라의 경우 사회경제회계에 대한 인식이 매우 부족하여 정부 및 기업의 성과를 단순히 경제적 정보만으로 평가하고 있는 실정이다. 오늘날 정부 및 기업의 성과를 계량적 자료만으로 평가하거나 산술적 이익만으로 측정하는 것이 얼마나 위험한 소견인지는 이미 현재의 경제현실이 증명하여 주고 있다. 본 장에서는 사회경제회계의 발전과정을 고찰하여 본다.

사회경제회계의 생성

1. 사회경제회계의 의미

사회경제회계(socio-economic accounting)는 정부기관이나 기업의 활동이 공공부문에 미친 사회적 · 경제적 영향을 측정하고 분석하는 것이라고 할 수 있다(Linowes, 1973).[1] 사회경제회계는 회계학에 있어서 비교적 새로운 분야라고 할 수 있는데 사회회계(social accounting)와 유사한 개념으로도 쓰이고 있다. 그러나 사회회계는 국민소득회계(national income accounting)와 밀접히 관련되어 있다. 최근 들어 사회경제회계에 대하여 다양한 해석이 행하여지고 있다.

사회경제회계는 회계학을 사회과학분야에 접맥시킨 것으로 볼 수 있다. 즉 사회경제회계는 정부 또는 기업의 행위가 유발하는 사회적 · 경제적 업적을 정리하고 측정하고 분석하여 공시하는 시스템이라고 할 수 있다. 이러한 사회경제회계는 거시적인 차원과 미시적인 차원으로 분류될 수 있다. 전자는 국가의 경제적 · 사회적 성과를 측정하고 보고하는 것이며, 후자는 환경에 영향을 미치는 기업의 행위를 측정하고 보고하는 것이 주목적이다. 미시사회경제회계에는 기업사회회계와 사회감사가 포함되며, 거시사회경제회계에는 국민소득회계 등이 포함되고, 사회측정문제는 공통적 영역이다.

2. 기업목표의 변화

사회경제회계를 생성시킨 기본적 요인은 기업목표관의 변화에 있다. 전통적으로 기업의 목표는 주주의 부를 극대화하는 것으로 가정되어 있었다. 이러한 주주부극대화(shareholder wealth maximization)이론에 의하면 기업은 자본비용을 초과하는 수익률을 가진 사업에 투자하고, 신규자본조달에 있어서는 주식을 신규로 발행하는 방법보다 사내 유보된 이익을 사용하는 방법을 선호한다. 따라서 경영자는 주주의 부를 극대화하고 주주의 이익에 최선이 되는 의사결정을 하게 된다. 물론 이러한 고전적 견해는 실증적으로 정당화되고 있다. 즉 기업의 효율성이 곧 자원배분의 최적상태이기 때문이다.[2]

1) David F. Linowes, "The Accounting Profession and Social Progress," *The Journal of Accountancy*, July 1973, p.37.

2) L. E. Preston and J. E. Post, *Private Management and Public Policy: The Principle of Public Responsibility*(Englewood Cliffs, N. J.: Prentice-Hall, 1975), pp.31~34.

1930년대에 들어서면 이러한 기업의 목표관에는 많은 변화가 나타난다. 이른바 전문경영자의 역할에 초점을 둔 경영관리자적 견해가 출현하였다. 이 견해에 따르면 기업의 경영자는 주주들의 이익뿐만 아니라, 여러 형태의 권리를 기업에 대하여 가지고 있는 종업원, 고객, 기타 관련된 단체들의 이익을 위하여 기업을 운영하게 된다.[3] 이러한 견해는 경영자가 사회적 책임을 기업의 목표설정에 포함시키면서 기업의 자원을 통제할 수 있는 가능한 재량권을 가진 것으로 보고 있다. 경영자의 사회적 책임에 참여하는 정도는 경영자의 주관적 판단에 의한다.

한편, 사회복지극대화(social welfare maximization)이론에 의하면 기업의 목표에 사회복지의 증진이라는 개념을 포함할 것을 주장하고 있다.[4] 이 견해에 따르면 대기업을 중요한 사회적 책임을 갖고 있는 경제적 · 정치적 힘의 집합체로 보고 있다. 즉 대기업은 시장환경뿐만 아니라 전체사회환경에 밀접한 관련이 있다는 것이다. 따라서 이 논리하에서 기업은 일반적인 수익성 목표에다 사회적 비용을 극소화시키고 사회적 효익을 극대화하는 사업에 적극적으로 참여하여야 한다. 사회복지극대화이론은 사회환경과 기업목표를 직접적으로 연관시키고 있다. 사회경제회계는 결국 사회복지극대화이론에 기초하여 사회적 비용과 효익을 측정하고 보고하는 회계학의 한 분야라고 할 수 있겠다.

3. 사회적 책임의 영역

사회경제회계에 있어서 중요한 것은 사회적 책임의 영역이라고 할 수 있다. 이러한 영역에 대한 논쟁은 사회경제의 대상을 한정하는데 있어서 매우 필요한 것이다. Ackerman과 Bauer가 제안한 사회적 반응개념은 기업의 사회적 책임개념을 확장하고 있는바 기업의 단순한 책임 또는 의무를 넘어서 기업의 사회적 성과 전체를 사회적 영역에 포함시키고 있다.[5]

사회적 책임의 영역은 다양한 활동을 포함하고 있다. 오늘날 많은 연구들이 사회적 영역에 관하여 분석하고 있는데 비교적 상세하게 보고되고 있는 것이 Ernst & Ernst 회계법인의 조사이다. 이 연차보고서에 공시된 사회적 책임의 내용은 다음과 같이 분류할 수 있다.[6]

---

3) Frank X. Sutton et al., *The American Business Creed*(Cambridge : Havard University Press, 1956), pp.5~ 58.
4) A. Belkaoui, *Conceptual Foundations of Management Accounting*(Reading, Mass. : Addison-Wesley, 1980), p.61.
5) Robert W. Ackerman and Raymond A. Bauer, *Coporate Social Responsiveness : The Modern Dilemma*(Reston, Va. : Reston Publishing, 1976), p.6.

1) 환경

① 기업활동상의 공해통제

② 환경피해의 예방 또는 복구

③ 자연자원의 보존

④ 환경에 관련된 기타 공시사항

2) 에너지

① 기업활동상의 에너지 보존

② 제품생산에서의 에너지 효율성

③ 에너지에 관련된 기타 공시사항

3) 공정한 기업실무

① 소수인종의 고용

② 소수인종 종업원의 승진

③ 여성의 고용

④ 여성종업원의 승진

⑤ 이해관계집단의 고용

⑥ 소수인종기업에 대한 지원

⑦ 책임감 있는 해외영업

⑧ 기타 공정실무관련 공시사항

4) 인적자원

① 종업원의 건강과 안전

② 종업원의 교육훈련

③ 기타 관련 공시사항

5) 지역사회참여

① 지역사회 봉사활동

---

6) Ernst & Ernst, *Social Responsibility Dsclosure*(Newyork: Ernst & Ernst, 1978).

② 보건관련 활동
③ 교육과 예술활동
④ 기타 관련 공시사항

6) 제품

① 제품 안전
② 제품사용시의 공해방지
③ 기타 제품관련 공시사항

7) 기타 사회적 공시

① 기타 공시사항
② 추가적 정보

Davis와 Blomstrom이 사회적 책임영역을 제안한 것을 보면 보다 광범위하다. 이를 간단하게 정리하여 보면 다음과 같다.[7]

① 생태계와 환경의 질
② 소비자 보호주의
③ 지역사회의 요구
④ 대정부관계
⑤ 기업의 기부
⑥ 소수인종과 불이익계층
⑦ 노사관계
⑧ 주주와의 관계
⑨ 경제적 활동

사회적 책임에 대한 찬반 논쟁과 더불어 그 영역에 관한 논의는 현재까지도 계속적으로 이어지고 있다(이에 관하여는 8장에서 상술하기로 한다). 과연 회계학의 확장개념이 어디까지 적용되어야 할 것인지에 대한 의문도 아울러 제기될 수 있을 것이다. 아무튼 사회경제회계의 영역 내지 접근방법도 사회적 책임과 관련하여 생각할 수

7) K. Davis and R. L. Blomstrom, *Business and Society, Environment and Responsibility*(New York: McGraw-Hill), 1975.

밖에 없을 것이다. 그러나 현대에는 기업의 사회적 활동을 평가하고 개선하기 위한 사회적 관심이 일반화되어 있는 것이 현실이므로 기업의 사회적 책임에 대한 찬반논쟁은 무의미하다고 판단되며 다만, 회계학의 접근방법이 사회적 책임의 평가에 어느 정도 효율적인지 또는 합리적일 수 있는지가 중요하다. 사회경제회계가 회계학의 범주에 존재하기 위해서는 최소한의 조건이 필요하다고 생각되기 때문이며 그 최소한의 조건은 접근방법의 동질성이라고 할 수 있겠다.

4. 사회경제회계의 생성

사회경제회계의 생성은 결국 경제조직에 대한 패러다임이 변화하면서 경제실체와 사회와의 경제적 책임관계를 명확히 하려는 시도에서 출발되었다. 회계는 사회환경과 밀접한 관계를 가지고 있으며 그 변화에 따라서 부단히 발전되어 나간다. 회계학은 급격한 사회경제환경의 변화에 따라서 다양한 영역의 확장이 시도되고 있다. 전통회계는 경영성과를 중심으로 이익측정에 관심을 두었으나 점차 회계정보이용자의 욕구가 다양해지고 회계환경의 변화가 가속화됨에 따라서 이른바 인간과의 관련성이 더욱 증대되게 되었다.

이러한 회계학의 새로운 경향에 따라서 기업의 사회적 책임이 강조되고 있으며, 기업목적에 관한 인식이 환경변화와 함께 수정되고 있다. 특히 현대사회에서는 기업활동의 사회적 비용을 중시하고 이러한 사회적 성과에 관한 측정과 보고에 관한 문제들을 다루려는 회계의 신사고가 생성되고 있다. 이것은 기업회계의 관점에서의 기간이익보다 사회환경과 관련한 이익측정이 중시되는 사회경제회계의 대두를 의미한다.

일반적으로 기업의 사회책임관계가 회계학의 대상으로 논의되기 시작한 것은 1960년대라 할 수 있으며 본격적인 논의는 1970년대 미국을 중심으로 전개되어 왔다. 사회경제회계는 기업활동이 사회에 미치는 영향을 측정하고 보고하는 회계로 이는 사회적 관점에서 기업활동을 계획, 통제, 평가하는 회계이므로 그 목표는 기업활동에 대한 사회적 평가와 행동의 규제라 할 수 있으며, 이와 관련하여 지역사회, 환경, 소비자, 종업원 측면 등에서의 사회적 평가가 중심이 되는 것으로 생각할 수 있다. 위의 논리는 정부에도 그대로 적용된다.

거시사회경제회계의 발전 동향

1. 사회지표와 거시사회경제회계

거시사회경제회계는 회계적 접근을 적용하여 국가경제에 대한 자료를 수집하고 정리하여 제공하는 것으로 정의할 수 있다.8) 거시사회경제회계에 있어서 사회지표는 중요한 분야이다. 즉 국가의 사회적 성과를 측정하는데 사회지표가 매우 유용하다는 것이다. 지금까지 사회지표는 단순한 통계로 활용되어왔다. 그러나 사회지표는 경제지표라기보다는 인간의 모든 사회활동을 대상으로 바람직한 목표를 제공하여 준다.

사회지표는 생활의 질을 위하여 필요한 사회적 관심사, 사회문제, 사회적 과정에 관한 평가를 가능하게 하고 거시사회경제회계에 있어서 이는 매우 중요한 연구대상이 된다. 사회지표의 작성이 본격화되기 시작한 것은 1966년의 일이다. 미국의 우주항공국이 우주탐사계획의 사회적 효과에 관심을 보이기 시작했으며, Bauer는 사회지표를 통하여 급속한 기술변화가 사회에 미치는 영향을 측정하고자 하였다.9) 사회지표란 중요한 사회적 조건의 지표로 이용되는 계량적 자료이며 다음과 같은 점을 고려하여 도출되어야 한다.10)

① 사회지표의 도출과 해석은 수용되고 있는 통계적 기준을 따른다.

② 대부분의 지표가 선형이나 곡선 형태로 움직인다는 사실에도 불구하고 어떤 지표는 본래의 추세를 잘 반영하지 않을 수도 있다.

③ 사회지표에 흔히 사용되는 서열척도는 적정성과 부적정성, 풍요로움의 정도에 대한 기준에 따라 설정되어야 한다.

④ 사회지표를 검토하기 위해 비율과 지수가 이용될 경우, 기준이 되는 기간이 사회지표를 해석하는데 영향을 미치므로 이의 선택은 중요하다.

⑤ 사회지표에는 인구와 같은 무한성장지표가 있는 반면, 사망률 같은 한도가 있는 지표가 있다.

---

8) Dhia D. Alhashim, "Social Accounting in Egypt," *The International Journal of Accounting*, Edcation and Research 12, no.2(Spring 1977), p.128.

9) R. A. Bauer et al., *Social Indicators*(Cambridge: MIT Press, 1966).

10) R. V. Horn, "Social Indicators : Meaning, Methods and Applications," *International Journal of Social Economics 7*, no 8.(1980), pp.440~441.

⑥ 사회지표에는 인구, 화폐, 물량 등의 계수에 기초한 객관적 지표가 있는 반면에 인터뷰한 사람의 평가에 기초한 주관적 지표가 있다.

⑦ 사회지표는 자유재, 공공재, 소비재, 자본재 등 모든 형태의 재화로 구성될 수 있다.

⑧ 무형자산에 대한 지표단위를 설정하거나 이를 평가하는데 어려움이 많듯이 사회지표의 단위설정이나 평가는 매우 어렵다.

⑨ 사회지표의 국제간 비교는 상이한 구매력의 조정 때문에 어려움이 많다. 따라서 생산과 소비에 대한 비화폐적 지표의 이용이 정당화되고 있다.

⑩ 사회지표는 다량의 정보를 단일 또는 몇 개의 계열로 집합한 결과치이다.

⑪ 사회지표는 측정하고자 하는 사회적 관심사에 대한 구성변수와 경험적으로 상관관계를 갖고 있어야 한다.

⑫ 사회지표는 화폐, 가치, 사람 등과 같은 공통된 척도나 상이한 단위에 기초할 수 있다.

⑬ 사회지표는 선택이나 스케일링을 통해 묵시적으로 가중치를 설정하거나 명시적으로 가중치를 설정할 수 있다.

일반적으로 사회지표에 관한 연구는 삶의 질과 복지의 측정에 관한 것, 사회변화와 사회경제적 발전의 평가에 관한 것, 사회적 사건들의 예측과 평가에 관한 것을 들 수 있다. 이중에서도 첫 번째 연구의 경우 회계학적 접근으로 보다 효과적일 수가 있다고 보여진다.

2. 국민소득회계

국민소득회계(national income accounting)는 국민소득의 총산출량을 회계계산단위인 계정의 형식으로 측정하는 것이다. 즉 국가의 사회적 성과를 측정하기 위하여 기업회계의 손익계산서를 나라전체에 적용한 것이다. 보고서의 차변에는 국가경제의 총산출물이 기록되며 대변에는 각 생산요소로 발생한 소득이 기록된다. 국가경제의 총산출물은 기업, 소비자, 정부, 해외부문으로 나누어지며, 생산요소는 임금, 지대, 이자, 이윤이다. 이러한 방법은 GNP 측정의 두 가지 기법을 활용한 것이다.

사회경제회계의 접근에 따르면 위의 전통적 측정방법은 여러 가지 문제점을 지니고 있다.

첫째, 가정주부의 노동과 같은 비시장적 경제활동을 포함하지 못한다.

둘째, 인간의 복지에 영향을 미치는 많은 요소들을 포함하지 못하고 있다.

셋째, 부정적 경제활동 예컨대 재해로 나타난 피해복구비용도 GNP를 증가시킨다.

이와 같은 부정적 요인을 극복하기 위하여는 공해로 촉발된 사회적 손실이 GNP에서 차감되어야 할 것이다. 물론 순국민복지(net national welfare)지표와 같은 것을 개발하여 환경변화에 부응하려는 노력은 계속되고 있다.[11)]

오늘날 많은 경제학자들이 정부의 복식부기시스템 도입을 주장하고 있으며 정부에 의하여 적극적으로 수용되고 있다. 정부도 기업과 마찬가지로 완전한 형태의 대차대조표와 손익계산서를 작성하여야 한다. 그러기 위해서는 유형자산에 투자한 금액과 운영비용이 분명히 구분되어야 하고 자산과 부채는 인플레이션에 따라 재조정되어야 한다. 또한 자본계정의 합리적 적용이 요청된다. 한편, 건물 등의 기대수명과 상태가 정확하게 평가되어야 하고 모든 자산에 대한 완벽한 정보가 필요하다.

3. 경제개발과 회계

회계는 국가의 경제적 성과를 측정·보고함으로써 정부와 국가에 직접적으로 도움이 된다. 또한 교육과 보건 그리고 환경 등을 포함한 모든 영역에서 국가계획의 성과가 적정한지를 평가하는 사회지표를 계량화하는 데 도움을 준다. 사회회계 또는 경제회계라고도 불리워지는 회계학의 응용분야에서는 주로 이러한 내용을 다룬다. Enthoven은 경제개발과정에서 회계가 기여하는 바를 다음과 같이 기술하고 있다.[12)]

① 모든 사회계정 특히 국민소득계정과 투입과 산출계정에 대한 거래와 저량의 정의, 분류, 평가

② 투입 · 산출데이터의 구성요소, 자본계수, 생산요소들의 균형치인 그림자가격등과 그 변화에 대한 평가

---

11) Economic Council of Japan, NNW Measurement Committee, “Measuring National Welfare of Japan”(Report prepared for the Japanese Ministry of Finance, Tokyo, April 30, 1974).

12) Adolph J. H. Enthoven, *Accountancy and Economic Development Policy*(Amsterdam : North Holland, 1973), pp. 168~169.

③ 국가별로 비교가능한 데이터 및 계수를 얻는데 필요한 통일되고 표준화된 산업계정시스템의 제공
④ 부문수준에서의 비용과 효익의 계산이 가능하도록 하는 최신의 원가회계절차의 제공
⑤ 미래의 재무적 결과를 추정하고 이러한 재무적 결과들이 투자와 계획형태에 미치는 영향을 결정하는데 도움을 제공
⑥ 경제적 정책, 측정치, 프로그램 등을 설계하는데 도움을 제공
⑦ 계획의 통제와 감사 및 결과보고

3 미시사회경제회계의 발전 동향

1. 사회적 성과의 영역과 측정

미시사회경제회계(micro socio-economic accounting)는 기업의 사회적 성과를 측정하고 보고하는 회계분야이다. 우리나라의 경우 기업사회회계(corporate social accounting)라는 용어로 잘 쓰이고 있다. 측정과 보고의 대상이 되는 사회적 성과의 영역을 분류한 전형적인 예를 들면 아래와 같다.[13)]

1) 지역사회참여

① 일반자선활동: 교육기관, 문화활동, 여가선용프로그램, 보건과 지역사회복지기관과 기타 자선기관에 대한 지원
② 공적, 사적 수송활동: 도시교통문제의 완화와 방지(종업원을 위한 대중 교통수단의 제공)
③ 보건활동: 보건시설과 용역의 제공과 질병감소를 위한 보건프로그램의 지원
④ 주택관련활동: 주거기준의 개선, 주택의 건설과 주택개량을 위한 자금조달
⑤ 개인적 및 기업적 문제 보조활동: 육체적 결함을 갖고 있는 사람, 자녀교육, 소수인종의 기업, 사회적으로 불이익을 받는 사람 등에 관한 문제의 완화
⑥ 지역사회 계획과 개선: 도시계획과 도시재개발, 범죄예방 등의 프로그램수립

13) Wayne Keller, "Accounting for Corporate Social Performance," *Management Accounting*(February), pp.39~41.

⑦ 자원봉사활동: 지역사회를 위한 종업원의 자원봉사활동의 장려와 활동시간 제공
⑧ 특별식량프로그램: 노인, 허약한 사람, 기타 불이익을 당하고 있는 사람들을 위한 식사제공
⑨ 교육활동: 공립, 사립학교의 교육프로그램을 보조하기 위한 교육프로그램의 개발과 집행

2) 인적자원

① 교육활동: 모든 사람에게 공평한 고용기회 제공, 학생에게 여름방학 아르바이트 제공과 불황지역에서의 고용활동
② 교육훈련프로그램: 모든 종업원에게 기술, 소득과 직무만족을 증가시키기 위한 프로그램의 제공
③ 승진정책: 종업원 능력에 따른 공평한 승진기회 제공
④ 계속고용보장: 일시해고와 소환을 극소화하기 위한 생산일정 계획수립, 부실을 이유로 폐기처분되지 않도록 시설의 효율적 유지, 공장폐쇄 대신 다른 모든 가능한 대체안의 검토
⑤ 보수정책: 봉급, 임금과 기타 효익의 총금액을 산업이나 지역사회의 평균금액과 일치하는 수준으로 유지
⑥ 작업조건: 안전하고 보건적이고 쾌적한 작업활동의 제공
⑦ 마약과 알코올: 종업원의 마약과 알코올중독을 예방하기 위한 교육. 상담프로그램의 수립
⑧ 직무충실화: 모든 종업원을 위해 가장 의미있는 직업경험의 제공
⑨ 의사소통: 종업원의 제안을 받기 위해, 기업의 실제적 활동이 무엇이고 각 부서의 활동이 전체 기업활동과 어떻게 연관되어 있는가? 등에 대한 정보를 수립하기 위해, 또는 종업원의 가족과 동료에게 기업의 활동에 관한 정보를 제공하기 위해 전 종업원 사이의 쌍방적 의사소통시스템을 수립, 유지

3) 물질자원과 환경기여

① 대기: 대기오염을 감소시키거나 제거하기 위해 공해관련법규를 준수하고 기타 자발적 노력시도

② 수자원: 수자원오염을 감소시키거나 제거하기 위해 공해관련법규를 준수하고 기타 자발적 노력시도

③ 소음: 소음을 감소시키거나 제거하기 위해 공해관련법규를 준수하고 기타 자발적 노력을 시도

④ 고체폐기물: 오염을 극소화하고 그 양을 감소하는 방법으로 고체폐기물의 처리와 고체 폐기물의 산출을 극소화하는 생산공정과 제품의 설계

⑤ 희소자원의 사용: 현존 에너지원천의 보존, 새로운 에너지원천의 개발과 희소재료의 보존

⑥ 심미적 활동: 주위환경과 어울리고 쾌적한 건축과 조경이 되도록 설계와 입지결정

4) 재화 또는 용역기여

① 상표, 포장과 마케팅의 완벽하고 명료한 표현: 사용방법, 목적 이외의 사용, 사용할 때 주의사항, 제품의 보존기간, 제품의 수량과 질에 관한 상표나 설명이 오해되지 않도록 포장

② 보증: 제품에 문제가 생겼을 때 즉시 소환, 수선과 대체 등으로 명시된 또는 암묵적으로 포함된 모든 보증을 준수

③ 소비자 불평을 해소: 소비자의 제품에 대한 불만을 신속하고 완벽하게 해결

④ 소비자 교육: 제품 또는 용역의 특성, 제품의 사용방법과 사용범위와 제품의 모형변경이나 생산중단계획 등에 관한 내용을 소비자에게 항상 인지시키기 위한 방송프로그램 계획과 수립

⑤ 제품의 질: 제품의 질이 소비자가 제품의 광고문 등을 통해 합리적으로 기대하는 질과 일치하는 질의 통제

⑥ 제품의 안전성: 제품사용으로 발생할 수 있는 해를 극소화하는 제품설계와 포장

⑦ 광고의 내용과 빈도: 적대적 또는 공격적인 광고매체의 제거와 불쾌감을 주는 지나친 반복적 광고의 제한

⑧ 건설적 연구: 사회욕구에 부합하고 사회와 환경문제를 유발하지 않고 또는 에너지낭비 등의 문제를 극소화하는 기술 및 시장연구지향

그런데 이러한 사회적 성과를 회계적 측정치로 전환하는데 많은 어려움이 따른다. 적절한 사회측정기법을 적용하여 사회적 성과를 계산하였다 해도 사회시스템은 유동성이 강하기 때문에 이를 지속적으로 적용한다는 것이 곤란하기 때문이다. 그러므로 사회적 성과의 평가에 다음과 같은 점들이 고려되어야 한다.

첫째, 사회적 성과의 개념과 측정하기 위한 조작적 정의의 일관성 유지문제

둘째, 다양한 사회지표의 개발과 전체적 측정치(global measures)적용문제

셋째, 사회적 성과영역의 통일성을 유지하기 위한 문제

넷째, 사회적 비용과 사회적 효익을 포함하는 사회적 성과측정문제

열거된 문제점 중에서도 사회적 비용과 효익을 효과적으로 정의하고 그것들을 측정할 수 있다면 회계의 적용이 용이하게 될 것이다. 경제학에서 말하는 사회적 비용은 제품 또는 용역의 생산이 사회에 발생시키는 총비용이며, 사회경제회계에서의 사회적 비용은 다음과 같이 정의된다.[14]

첫째, 기업에서 부담하고, 다른 집단에 효익을 주는 기업활동비용

둘째, 당해기업 이외에 다른 집단이 부담하는 사회적 영향을 주는 기업활동비용

여기에서 사회적 성과계산에 적합한 사회적 비용개념은 전자로 보인다. 후자의 경우 측정대상이 매우 광범위하여지기 때문이다. 물론 비용 - 효익분석(cost-benefit analysis) 기법을 채택하여 장기적이고 포괄적인 영향을 평가할 수는 있을 것이다.[15]

2. 기업사회회계

1942년 Hicks가 사회회계라는 용어를 사용한 이래 경제회계, 거시회계도 이와 유사한 분야를 의미하며, 그것은 거시적 경제분석에 회계적 방법론을 도입한 분야를 의미한다.[16] 이후 기업의 사회적 기능증대, 사회에 대한 인간행동의 변화와 더불어 사회회계는 세분화되어 갔다. 기업사회회계는 바로 사회회계의 발전분야라고 할 수 있다.

미국에서는 2차세계대전 이후 기업의 사회적 책임에 대한 문제가 제기되기 시작하였다. 기업의 사회적 책임은 교육, 고용, 공해, 도시개발, 자연보호, 문화예술, 의료보호 등 여러 분야에서 독자적으로 때로는 정부와의 협조를 통하여 이루어졌으나 1970년

14) AAA, "Report of Committee on Social Costs," *Accounting Review*, Supplement, 50(1975), p.71.

15) A. R. Prest and R. Turvey, "Cost-Benefit Analysis : A Survey," *Economic Journal* (December 1965), pp. 683~735.

16) Sybil C. Mobley, "The Challenge of Socio-Economic Accounting," *The Accounting Review*, (October 1970), p.762.

대까지 기업의 자발적인 참여는 미미하였다. 이에 미국정부는 사회정책입법과 통제라는 강압적인 수단을 사용하였다.

한편, 미국회계학회의 각 위원회는 사회책임회계에 관한 연구를 지속적으로 수행하였으며, 미국공인회계사회도 사회적 측정에 관한 위원회를 두었고, 사회책임의 회계적 접근에 관한 토론회를 수차례 개최하였다. 이러한 노력의 결과 회사와 소비자와의 관계, 회사와 종업원과의 관계, 회사와 지역사회와의 관계, 회사와 지역사회와의 관계, 물적 환경에 미치는 생산과정의 영향을 포함한 사회계정의 제반 문제가 정립되었고 사회보고의 문제, 사회감사(social auditing)의 방법도 논의되어 미시사회경제회계분야가 괄목할 만큼 발전되어 나갔다.

3. 사회보고서 작성

1) 사회보고서 작성의 필요성

기업의 사회적 성과를 보고하는 것은 기업의 경영활동에 직접적, 간접적으로 관심을 가진 이해관계자들의 의사결정에 도움을 주고자 하는 것이다. 사회적 성과에 대한 정보를 공시하는 이유를 구체적으로 살펴보면 다음과 같다.

첫째, 이해관계자 중에서 주주나 채권자, 종업원 등의 일차적인 관심은 기업의 수익성이나 재무상태의 안전성 등에 있지만 기업이 사회에 미치는 영향에 대하여도 깊은 관심을 가질 것이다. 특히 오늘날 환경규제의 문제가 사회적 관심사로 대두된 이상 많은 이해관계자들은 기업의 사회적 영향을 의사결정에 반영하게 되었다. 따라서 기업은 사회적 정보를 공시하고자 한다.

둘째, 소비자나 지역주민들은 기업이 사회에 미치는 영향에 민감하게 반응한다. 즉 기업이 환경이나 소비자, 지역사회에 미치는 영향에 따라서 그들의 소비활동을 전개하기 때문에 기업은 사회적 성과에 대한 정보를 제공하여 장기적인 이익을 확보하고자 한다.

셋째, 최근 들어 기업은 사회적 목표를 기업목표로 설정하는 경우가 많은데 기업의 사회성 강조는 앞으로도 계속될 전망이므로 이러한 경향에 따라서 사회보고서를 통한 공시필요성은 더욱 증대될 것이다.

2) 사회보고서 작성방법

1970년대 들어서면서 제안되기 시작한 사회보고서작성 유형을 보면 다음과 같은 것들이 있다(이에 대하여는 3장에서 상술하였다).

① 설명에 의한 보고: 이 방법은 특히 환경적 영향을 설명식으로 나열하는 방식으로 비계량적 접근에 의한 것이다.[17)]

② 주석에 의한 보고: 주석공시는 회계보고서의 재무제표에 주석을 다는 방법으로 사회적 성과의 내용을 공시하는 것이다. Beams와 Fertig의 제안에 의하면 과거, 현재 생산활동에서 발생하는 환경피해에 대한 기대미래현금지출, 현행법규를 위반함으로써 나타나는 법적 책임과 우발부채, 자산 가치를 창출하지 않을 기대미래현금지출에 대한 부채, 채광기업의 채굴활동후의 토지원상복구로 발생할 부채 등의 공시를 포함한다.[18)]

③ 계정설정에 의한 보고: Beams에 의하여 제안된 것으로, 기업의 산업폐기물이 효율적으로 처리되지 못하면 공장부지의 황폐화가 초래되므로 이를 공장부지황폐화충당금을 설정하여 회계처리하여야 한다는 것이다. 즉 정확한 회계보고서를 작성하기 위한 관련 계정과목의 설정을 제안하고 있다.[19)]

④ 별도보고서의 작성: Marlin의 공해보고서,[20)] Dilley와 Weygandt의 사회책임보고서(social responsibility annual report),[21)] Corcoran과 Leininger의 환경거래보고서(environmental exchange report),[22)] Seidler의 사회손익계산서(social income statement),[23)] Estes의 효익 - 비용모형(comprchcnsive social benefit-cost model),[24)]

---

17) AAA, "Report of the Committee on Environmental Effects of Organization Behavior", *Accounting Review*, Supplement, 48(1973), p.110.
18) Floyd A. Beams and Paul E. Fertig, "Pollution Control Through Social Cost Convertion," *Journal of Accountancy* (November 1971), p.42.
19) Floyd A. Beams, "Accounting for Environmental Pollution," *New York Certified Public Accountant*(August 1970), pp.657~661.
20) John Tepper Marlin, "Accounting for Pollution," *Journal of Accountancy*(Feb. 1973), pp.41~46.
21) Steven C. Dilley and Jerry J. Weygandt, "Measuring Social Responsibility : An Empirical Test," *Journal of Accountancy* (September 1973), p.64.
22) Wayne Corcoran and Wayne E. Leininger, Jr., "Financial Statements : Who Needs Them?," *Financial Excutive*(August 1970), pp.34~47.
23) Lee J. Seidler, "Dollar Values in the Social Income Statement," *World*(Peat Marwick, Mitchell and Co. Spring 1973), pp.14~23.
24) Ralph Estes, *Corporate Social Accounting*(New York : Wiley, 1976), p.91.

Colantoni 등의 다차원손익계산서,[25] Churchill과 Shank의 확률적 흐름보고서[26]와 같은 유형들이 제시되었다.

사회보고서에 대한 관심은 선진국들에서 꾸준히 고조되어가고 있는 것은 주지의 사실이다. 사회적으로 책임있는 기업에 투자하는 투자가들은 수준높은 포트폴리오를 구성하고 있는 것이라고 보아도 무리가 없을 것이다. 사회정보공시에 관련된 시장의 반응은 다양하게 검증되고 있으며 상반된 주장이 나오고 있는 것이 사실이지만 사회적 성과의 회계적 접근은 현대사회경제환경에 적합한 사고의 산물이라 판단되는 것이다.

사회경제회계는 정부나 기업의 활동을 포괄적으로 평가하는 시스템으로 볼 수 있다. 정부에 대한 정확한 경제적 정보를 획득하기 위해서는 정부활동의 사회적 성과도 화폐화 되어야 한다. 마찬가지의 논리가 기업에도 적용될 수 있다. 사회경제회계의 이와 같은 논리는 "사회적 책임의 인식"이라는 환경에서 잘 적용될 수 있다. 이른바 비교적 선진 국가들에서 관련연구들이 활발한 것도 그러한데서 기인한다고 본다.

1970년대부터 본격적으로 전개된 사회경제회계는 크게 양분되어 발전되어 오고 있다. 거시사회경제회계에서는 사회지표를 활용하여 사회적 성과를 평가하고자 하는 노력, 경제개발에 회계를 적용하고자 하는 연구, 국민소득을 합리적으로 측정하고자 하는 노력이 있어왔다. 한편, 미시사회경제회계에 있어서는 주로 기업의 사회적 공헌을 효과적으로 측정하고 보고하기 위한 여러 가지 방안들이 제안되어 왔다. 특히, 사회보고서의 작성이 긴요하다고 주장되었다. 물론, 거시적 차원이나 미시적 차원의 사회경제회계의 발전을 위하여 사회적 성과의 영역에 대한 합의와 그 화폐적 측정이 전제되어야 할 것이다. 그리고 사회적 가변성에 따른 한계는 당연히 고려되어야 할 사항이다.

우리나라의 경우 사회경제회계분야의 발전은 미미한 실정이다. 그러나 정부나 기업의 사회적 성과에 대한 평가결과는 정부, 기업, 국민 모두에게 유용한 경제적 의사결정 정보가 될 수 있으므로 사회보고서 작성과 공시를 전제로 한 이 분야에 대한 지속적이고도 집중적인 연구가 요청된다.

---

25) C. S. Colantoni, W. W. Cooper and H. J. Dietzer, "Budgeting Disclosure and Social Accounting," in Meinholf Dierkes and Raymond Bauer, eds., *Corporate Social Accounting*(New York : Praeger, 1973), pp.376~377.

26) Neil C. Churchill and John K. Shank, "Accounting for Affirmative Action Programs : A Stochastic Flow Approach," *Accounting Review*(October 1975), pp.643~656.

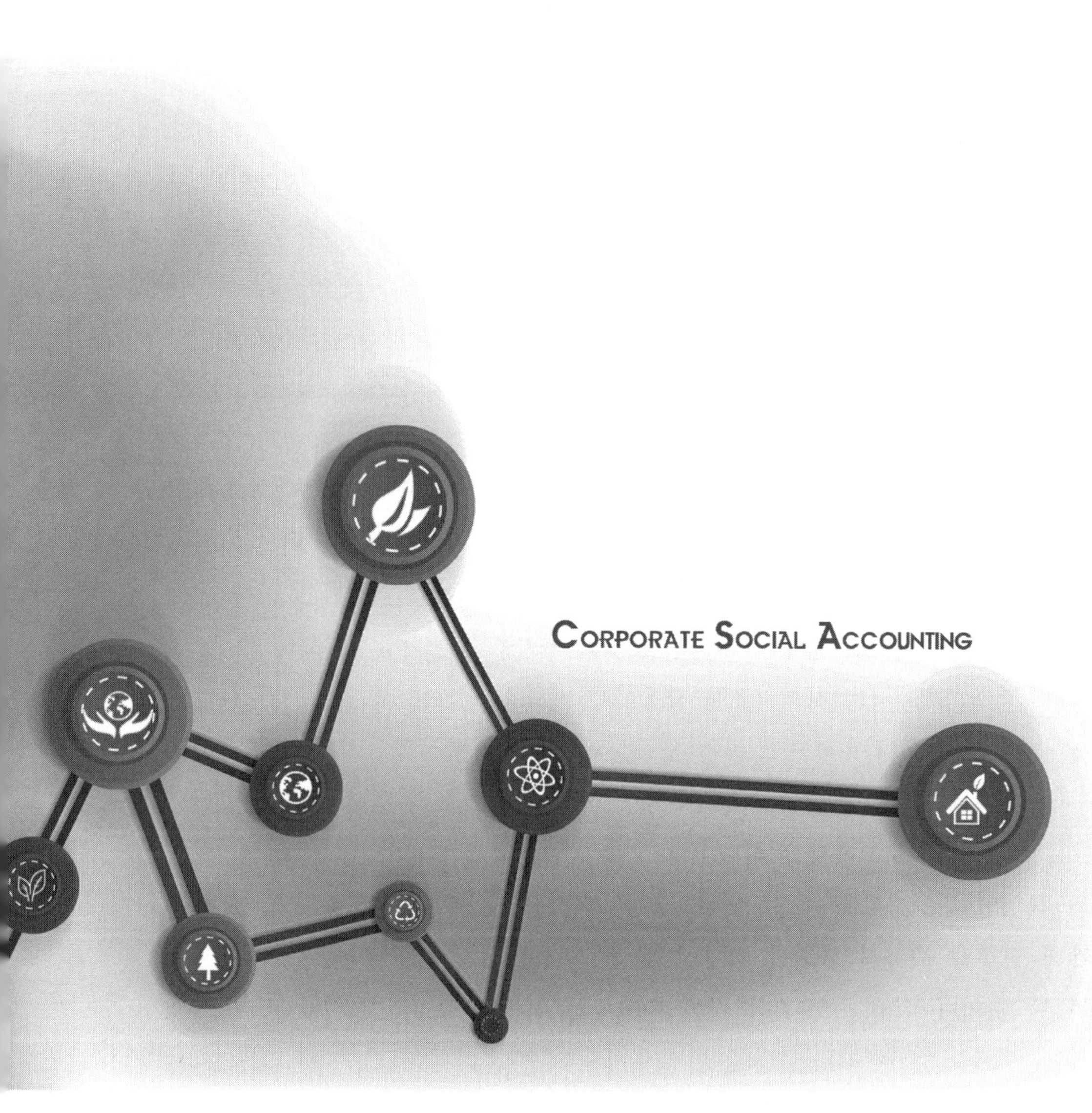
Corporate Social Accounting

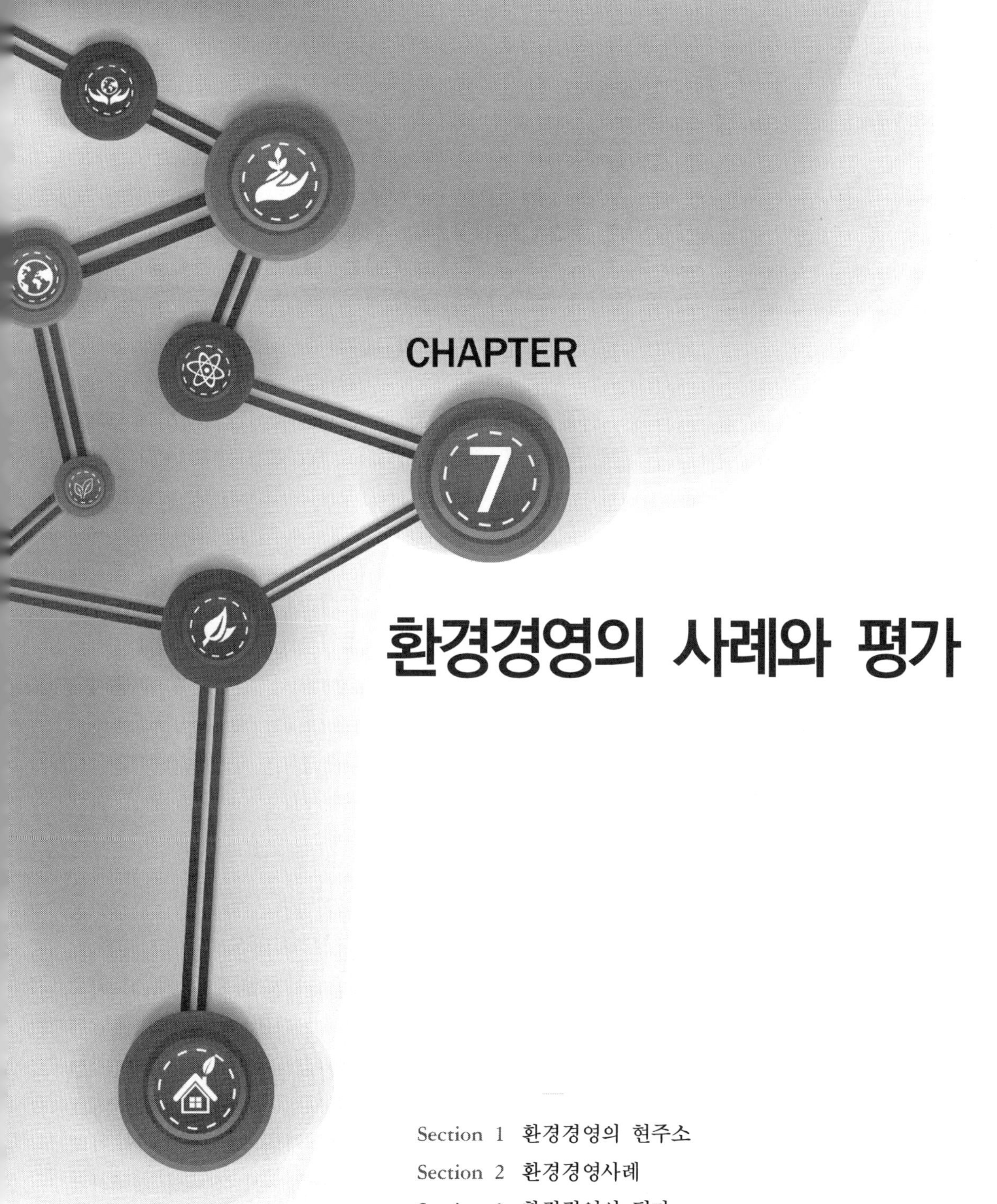

CHAPTER 7

환경경영의 사례와 평가

CHAPTER 07

환경경영의 사례와 평가

1 환경경영의 현주소

지구환경문제는 그 발생 원인이 인간의 경제활동에 기인하는 것이 때문에 사회경제시스템을 구성하는 주요 경제주체 즉 정부, 기업, 가계 3자가 환경문제에 책임을 지는 행동을 하는 것이 요구되며 이 중에도 중요한 것이 기업이 담당해야 할 역할이다. 왜냐하면 이들 3자 중에 지구환경에 가장 큰 영향을 미치는 것이 기업이며, 더욱이 지구환경문제 해결을 위해 필요한 여러 가지 자산(자금, 인적자원, 기술력, 연구개발능력, 조직력 등)을 가지고 있는 것도 기업이기 때문인 것이다. 따라서 기업이 얼마나 진지하게 지구환경문제에 노력을 경주하느냐에 따라 지구와 인류의 미래가 결정된다고 하는 견해가 성립된다.

이러한 견해에 입각하여 기업이 환경경영을 실천하기 위한 여러 가지 방법이 기업경영에 도입되어 최근 들어서는 환경경영은 보다 실용적인 것으로 변모해 가고 있다. 그러나 영리추구를 목적으로 하는 기업에 있어서는 기업경쟁력의 강화에 연결하여 이익의 증대에 기여하는 것만이 기업경영의 핵심이 될 수밖에 없는 것이므로 본격적으로 환경경영을 실천하는 기업의 비율은 현실적으로 그리 많지 않다.

즉 기업은 타사와의 경쟁적 환경 속에서 자사제품, 서비스의 차별화를 추진하며 타사에 대하여 경쟁우위를 획득해야하는 노력을 거듭하는 과정에서만이 자사의 경쟁력을 높일 수 있다. 강한 경쟁력은 경쟁하는 환경에서만이 배양할 수 있는 것이다. 분명히 환경경영이 급속하게 전파되는 것은 확인되지만 과연 경쟁적 환경하에서 환경경영을 수행하고 있는 기업이 얼마나 될 것인가가 관건이 된다.

기업의 환경경영은 1990년대에 큰 진전을 보였다고 할 수 있다.

그것은 지구 온난화의 진행이나 오존층의 파괴 등 지구환경의 악화를 나타내는 과학적 데이터가 1980년대에 연달아 발표되면서 사람들 사이에 위기의식이 생겨났고 1990년대에 들어 그러한 위기의식이 세계적인 조류가 되어 세론을 형성하였으며 이것이 기업을 압박하였던 결과라고 할 수 있겠다. 특히 서유럽, 미국, 일본 등 선진국에 있어서는 지구환경을 배려하지 않는 기업 활동은 허용되지 않는다는 사회적 공감대가 형성된 것이 기업의 환경경영을 진전시킨 큰 요인이라고 말할 수 있다(<표 1> 참조).

<표 1> 1990년 이후의 일본의 환경관련법규

1991	「재생자원이용촉진법」 시행
	「경단연 지구환경헌장」 제정
1993	「환경기본법」 시행
1995	「용기포장 리사이클 법」 성립
1997	「환경 어세스멘트(환경영향평가) 법」 제정
	「용기포장 리사이클 법」 일부 시행
	온난화 방지에 관한 「교토의정서」 채택
1998	「가전 리사이클 법」 제정
1999	「특정 화학물질의 환경에의 배출량의 파악 등 및 관리에 관한 법률(PRTR법)」 제정
	「개정 에너지절약 법」 시행
2000	「용기 포장 리사이클 법」 완전시행
	「순환형 사회형성 추진 기본법」 시행
	「식품 리사이클 법」 제정
	「그린 구입법」 제정
	「폐기물 처리법」, 「재생자원 이용 촉진법」 개정
2001	「가전 리사이클 법」, 「PRTR법」, 「식품 리사이클 법」, 「그린 구입법」 시행
2002	「자동차 리사이클 법」 제정
	「건설자재 리사이클 법」 시행
2003	「환경보전활동 · 환경 교육 추진 법」 시행

2 환경경영사례

1. 도요다의 환경경영

일본의 경우 자동차업계가 직면하는 환경문제는 질소산화물에 의한 대기오염, 이산화탄소에 의한 지구온난화, 석유자원의 고갈, 연간 500만대에 달하는 폐차의 처리문제 등에 광범위하게 걸쳐 있어 이들 문제를 해결하지 않는 한 자동차산업의 지속적인 발전은 있을 수 없을 것이다.

자동차산업은 20세기 주요산업 중 하나이며 포드 모터스의 창시자인 헨리 포드가 고안한 벨트 컨베어에 의한 유동 작업방식은 규격품의 대량생산을 가능하게 하는 20세기를 대표하는 생산시스템이다. 즉 자동차산업은 20세기의 대량생산 - 대량소비 - 대량폐기형 사회경제시스템을 상징하는 산업이 되어 자동차산업이 종래형의 비즈니스모델을 바꾸지 않는 한 순환형의 사회경제 시스템으로의 전환은 불가능하다고 말할 수 있다. 따라서 자동차산업의 환경문제에의 노력이 사회전체에 주는 영향은 매우 크다.

다행히 전반적으로 자동차 제조회사의 환경경영의 수준은 높은 편이며 도요다의 경우 환경경영의 실천에 있어서 선진적인 기업이라고 평가된다.

도요다의 환경경영의 실천은 1997년에 시판된 하이브리드카 「프리우스」의 성공으로 귀결된다. 하이브리드카는 엔진과 모터를 연관시켜 출발이나 저속 주행시 등 연료효율이 나빠질 때는 모터에서, 주행시에는 엔진에서 운행하게됨에 따라 가솔린 차에 비해 이산화탄소의 배출량을 1/2 정도로 줄일 수 있다고 한다. 1997년에 시판된 「프리우스」는 동급의 가솔린차에 비해 가격이 높았는데도 불구하고 주문이 이어졌다. 또 매스컴에서도 신기술을 구사한 저공해차로서 크게 부각시켰기 때문에 환경선진기업으로서의 도요다」 라는 이미지를 만드는데 크게 공헌하였다. 더욱이 도요다는 차세대차라고 말하는 전지차의 개발, 시장투입에 있어서도 타사에 앞섰다.

수소와 산소를 화학반응 시켜서 발전하여 모터를 구동시키는 방식인 전지차는 배출되는 것이 물뿐이라 이산화탄소나 질소산화물의 배출은 전혀 없는 무공해 차이다. 현재 세계 자동차 업계는 전지자동차의 실용화를 향해서 치열한 경쟁을 전개하고 있지만 이미 도요다는 2002년에 연료 전지차를 시판하였다.

라이벌인 혼다도 같은 시기에 시장투입에 착수하고 또 리스계약을 주체로 한 한정적인 투입도 했지만 그래도 시장에 대하여 도요다는 전지차 개발에 있어서도 앞서간다는 강력한 이미지를 심게 되었다.

도요다의 또 한 가지 선행자의 이익으로서 중요한 것은 신기술을 최초로 시장에서 확고하게 확립시킨 사람이 시장에서 기술적 우위성을 획득할 수 있다는 사실이다.

이와 같이 도요다의 환경경영은 확실히 타사와의 차별화, 선행자의 이익을 의식한 경쟁전략에 입각하여 실천되고 있다. 이와 같은 도요다의 환경경영에 대해서는 잉여자금이 1조엔을 넘는 우량기업이기 때문에 가능하다는 지적이 있지만 그런 면만을 강조하는 것은 도요다의 환경경영을 정확하게 이해하는 데 부족하다. 즉 지구환경문제와 기업경영관계가 논의되었던 1990년대의 초기 단계에서부터 환경문제의 대응을 기업경영의 가장 중요한 목표의 하나로 설정하여 기업경쟁력의 원천으로 삼은 사실에도 주목하여야 한다.

2. 리코의 환경경영

일본에서의 전기업계는 자동차업계와 더불어 1990년대 이후 환경경영의 선진적 입장에 서있다. 따라서 진기업계에 속하는 기업의 환경경영의 수준은 높으며 일본경제신문이 실시하고 있는 「환경경영실태조사」에서도 매년 상위 랭킹을 차지하고 있다.

특히 대규모 전기메이커는 높은 수준의 환경경영을 실천하고 있는 곳이 많아서 오염대책, 에너지절약대책, 환경배려형제품의 개발, 리사이클, 정보공시 등 모든 측면에서 수준 높은 환경경영이 실천되고 있다.

그중에서도 리코의 환경경영은 특히 많은 주목을 받고 있다. 이는 환경경영과 경쟁전략의 관계가 극히 명료하여 환경경영의 실천을 통하여 기업 가치를 높이는데 성공한 기업의 대표적 사례라고 보고 있기 때문이다. 즉 리코가 환경경영에서 앞서가는 것은 환경경영과 기업이익을 트레이드 오프관계로 설정하는 고정관념에서 탈피한 것을 말한다. 실제 많은 기업들이 환경경영의 중요성은 알지만 기업이익에 도움이 되지 않는다고 하는 고정관념을 가지고 있다는 것이다.

이에 대해 리코는 "환경은 돈을 버는 것이 아니다" 라고 하는 지금까지의 생각에서 "환경으로 돈을 벌게 된다" 는 새로운 발상으로 재빨리 전환하였다. 그것은 리코가 표방하는 「환경경영」의 컨셉트에 명확히 나타나고 있다. 즉 리코에서는 환경보전활동과 기업이익의 추구를 동시적 활동으로 인식하고 있기 때문이다. 많은 기업이 환경문제에 집착하는 자세, 이념을 표명하고 있으나 환경경영과 기업이익의 관계성을 이정도 명료하게 선언하고 있는 사례는 아마도 리코 이외는 없을 것이다.

사장인 사쿠라이 마사미쯔도 기회가 있을 때마다 「생산자가 오래 동안 수행해 온 QCD(품질, 코스트, 납기)의 개선활동과 환경보전활동은 전적으로 같은 축 벡터의 활동이다」 라고 하면서 리코의 사고방식을 표명하고 있다.

이와 같은 리코의 환경경영에 대한 선진적 사고방식은 1990년대에 있었던 경영 재건 프로젝트 안에서 숙성되었다. 수익 증대와 이익 증대의 추진을 순조롭게 계속하던 리코였지만 1990년대 전반은 버블경제 붕괴의 영향을 받아 어려운 때도 있었다. 기업업적이 악화된 1992년에 경영재건 안이 마련되었는데 재건책의 주요시책 중 하나로 환경보전활동의 추진이 거론되고 있었다.

1992년은 브라질의 리오데자네이로에서 「지구 써미트」가 개최된 해이기도 하여 지구환경보전에 대한 기업의 인식도 높아지기 시작하긴 했지만 초보적인 수준에 머물러 있었으며 다만 환경대책전문부서를 설치하는 등의 움직임이 보일 정도였다. 이 시기에 환경경영의 추진을 기업이익과 연결시켜 경영재건의 주제로 인정하는 발상을 가진 기업은 극히 드문 경우라고 말할 수 있을 것이다.

예를 들면 제로 에미션 공장의 달성에 의한 코스트 절감 성공도 그 중 하나다.

특히 일본내 리코의 최대 생산거점인 누마쯔사업소에서는 제로 에미션의 달성에 따라 연간 4,000만엔~5,000만엔의 코스트 절감에 성공하였으며 이는 이익을 창출하는 환경경영의 성공사례로서 자주 소개되고 있다. 또 타사에 앞서서 개발한 에너지 절약형의 복사기가 일본과 미국 시장에서 순조롭게 계속 판매됨으로서 업적개선에 크게 기여했다는 것도 알려지고 있다.

3 환경경영의 평가

1. 환경경영평가의 의의

기업의 평가(등급)는 무디스, S&P 등 등급부여 기관에 의한 등급부여가 유명하지만 이들의 등급부여는 주로 재무 데이터를 기초로 것이며 환경 퍼포먼스를 기초로 하여 등급을 부여하려는 시도는 극히 한정적이다. 우리나라의 경우 시민단체 등에서 실시하고 있는데 환경, 사회적 공헌 등을 포함하여 평가하고 있다. 그러나 최근 들어 전 세계적으로 환경경영을 평가하려는 움직임이 폭 넓게 진행되고 있다.

환경경영을 평가하여 등급을 부여하는 움직임이 활성화되고 있는 것은 1990년대의 후반부터의 일이지만 이 움직임은 SRI(Socially Responsible Investment: 사회적 책임투자)의 확대 움직임과도 부합된다. 즉 금융기관이 새로운 투자신탁형 금융상품으로 수익성, 성장성, 안정성 등의 재무 퍼포먼스에 추가하여 환경성, 사회성도 금융상품 선정의 요소에 포함시킨 소위 SRI펀드를 개발하여 투자가의 관심을 끌어낸 것이 환경경영의 평가, 등급부여의 흐름을 가속화시켰다.

이러한 기업의 등급부여의 이유는 다음으로 요약된다. 먼저 첫 번째의 이유는 정보이용자에 대한 정보제공이라고 하는 측면이 있다.

여기서 정보이용자라고 하는 것은 기업 활동을 통해 관계되는 모든 이해관계집단을 지칭한다. 사회전반의 환경의식이 높아졌다는 것을 감안할 때 「환경」은 비즈니스를 하는데 여러 가지 관계를 구축하는데 있어서 중요한 요소이다. 예를 들면 소비자가 제품을 선별하는 기준, 완제품 메이커가 하청부품 메이커와 거래하는 기준, 행정기관이 물품을 구입하는 기준 등에 있어서도 「환경」이라는 요소가 개입된다. 결국 기업에 있어서 「환경」은 타사와 차별화하는 데서도 중요한 요소이므로 법 규제를 단순히 해결하려고만 하는 것이 아니라 오히려 보다 높은 레벨을 지향하는 것이 타사와 차별화하는데 부합된다. 그런 의미에서 사회적으로 영향력이 있는 기관이 기업의 환경경영을 평가하여 등급을 매긴 결과를 공표하는 것은 기업의 환경경영의 수준을 알게 하는 역할을 함과 동시에 구매행동을 결정하는 판단재료로서의 정보를 제공하게도 된다.

다음 두 번째 이유는 기업브랜드의 구축이라고 하는 측면을 들 수 있다.

기업브랜드는 기업경쟁력을 좌우하는 요인으로서 오늘날 많은 사람이 주목하고 있으며, 당해기업에 대한 제3자의 신뢰도를 표시하는 지표라고 말 할 수 있다. 신뢰도를 나타내는 지표에는 당해기업이 제공하는 제품 · 서비스의 질, 가격, 안전성, 건전성, 사회적 인지도 및 당해기업의 전통 등의 요인이 관련되어 있는 것으로 생각되지만 「환경」도 브랜드 구축의 중요한 요인 중 하나라고 생각된다. 따라서 환경경영의 평가, 등급 부여는 기업 브랜드의 구축에 간접적으로 공헌할 수가 있다.

끝으로 기업간의 경쟁촉진이라고 하는 측면을 지적할 수 있다. 이미 첫 번째와 두 번째 이유에서 지적한 바와 같이 환경경영에서 앞서 나간다는 것은 정보제공과 기업브랜드의 구축에서 우위성을 획득하는 것으로 이어진다. 결국 등급부여기관에 의한 환경경영의 등급화는 기업에 있어서는 자사의 시장가치를 나타내는 중요한 지표의 하나이며 특히 경쟁관계에 있는 타사의 등급이 자사보다 상위에 랭크되었을 경우는 자사의 환경경영을 다시 레벨 업 되도록 시도하기 위한 강력한 동기부여가 될 것이다. 이와 같은 환경경영의 평가, 등급부여는 기업간의 경쟁을 유도하여 전체적으로 환경경영의 저변확대를 기하는데도 유익한 것이다.

2. 환경경영평가사례

1) 일본의 경우

일본경제신문사가 1997년도부터 실시하고 있는 「환경경영실태조사」는 현재 일본에서 가장 영향력이 있는 환경경영 평가 중 하나이다. 매년 연말에 일본경제신문 지상에 공표되는 환경경영의 랭킹은 등급을 부여받는 기업으로서는 자사의 환경경영이 사회적으로 어떻게 평가되고 있는가를 알게 되는 매우 중요한 자료가 되고 있다.

조사는 상장, 자스닥 상장, 신흥시장 상장, 아직 상장되지 않은 유력 기업을 대상으로 질문지를 우송하는 방법을 이용하고 회답결과를 집계할 때에는 각 질문항목에 점수를 매겼으며 편차치를 환산한 다음 종합적으로 스코어를 산출하는 방법을 쓰고 있다. 당초에는 제조업만을 대상으로 조사했지만 1999년도부터 비제조업도 조사대상에 추가하였으며 더욱이 2002년도의 조사에서는 해외생산거점도 포함시키는 등 조사범위를 확대시키고 있다.

제조업분야를 대상으로 2002년 실시된 환경경영실태조사는 2,047개사 중 703사로부터 유효회답을 받았다. 평가항목은 운영체제, 환경교육, 비젼, 오염리스크, 자원순환, 제품, 물류대책 · 온난화대책의 7개 항목으로 되어 있었다. 상위 랭킹 50사는 <표 2>와 같다.

<표 2>

순 위	사 명	순 위	사 명
1	日本IBM	26	안리쯔
2	캐논	26	東海理化
3	NEC	26	松下壽電子工業
4	리코	30	凸版印刷
5	松下電器産業	31	大成建設
5	소니	32	에스팩
7	九州松下電器	32	東芝
8	덴소	32	豊田合成
9	本田	35	昭和電線電機
10	富士寫眞필름	35	다이긴工業
11	도요다自動車	35	INAX
12	TDK	38	샤프
13	日立製作所	38	松下電工
14	고구요	40	日本빅터
15	코니카	41	아사히비루
16	富士제록스	42	오므론
17	松下電池工業	43	協和發酵
18	松下電子部品	43	세이코엡손
19	카시오計算機	43	豊田自動織機
20	松下冷機	43	캐논電子
21	富士通	47	大阪가스
22	大日本印刷	48	岡村製作所
22	光洋精工	49	파이오니아
24	YKK	50	松下通信工業
25	松下精工	50	日清製粉그룹本社
26	關西電力	50	다이하쯔工業

[출처] 日經産業新聞社 2002년 12월 10일자 기사

한편 제7회의 조사는 2003년의 9월~10월에 걸쳐 상장, 자스닥 상장, 신흥시장 상장, 미상장 유력기업 1,772사를 대상으로 실시되었다(유효 회답율 33.8%). 평가항목은 운영체제 · 환경교육, 비젼, 오염리스크, 자원순환, 제품대책, 온난화 · 물류대책 등 6개 항이며 상위 랭킹 50사는 <표 3>과 같다.

<표 3>

순 위	사 명	스코어	순 위	사 명	스코어
1	캐논	733	26	NEC 토킹	673
2	NEC	728	27	NEC인프론티어	672
3	富士寫眞필름	720	27	松下에코시스템즈	672
4	혼다	714	29	다이하쯔工業	671
4	富士제록스	714	29	TDK	671
6	리코	708	31	도요다自動車	668
6	소니	708	32	富士通텐	667
8	松下電器産業	704	32	아이신精機	667
9	富士通	703	34	大日本印刷	666
10	오므론	701	35	三洋電機	665
11	NEC악세스테크니카	693	36	기린비루	664
12	덴소	691	37	日立製作所	663
13	캐논電子	690	37	昭和電線電機	663
14	파나소닉컴뮤니케이션	689	37	藤澤藥品工業	663
15	고꾸요	688	37	에스펙	663
16	京세라	682	41	도요다車體	661
17	三菱電機	681	41	브릿지스톤	661
18	파이오니아	680	43	안리쯔	660
19	松下電池工業	678	44	新日本製鐵	659
19	日本빅터	678	44	東芝테크	659
19	凸版印刷	678	47	INAX	658
22	住友電氣工業	677	48	다이긴工業	655
22	카시오計算機	677	50	積水化學工業	654
24	東海理化	676			
25	NTN	674			

[출처] 日經産業新聞 2003년 12월 11일자 기사

이러한 조사에서는 기업이 사회적 물의를 일으켰거나 환경경영자로서 어울리지 않는 사건을 일으켰을 경우에는 조사 대상에서 제외하고 있다.

일본의 경우 환경경영을 적극 시행하는 선진기업만을 조사대상으로 하여 등급부여를 하는 것이 이 등급부여조사의 큰 특징이라고 말 할 수 있다.

한편, 등급부여의 프로세스는 ① 조사표의 송부 ② 기업에 의한 자기평가 ③ 자기평가에 첨부되는 증거자료의 제출 ④ 증거자료의 체크 ⑤ 기업담당자와의 면담 ⑥ 경영자와의 인터뷰 ⑦ 최종평가 등이다.

최종평가를 내리기 전에 최고경영자와의 인터뷰를 실시하고 있는 것은 대단히 중요하다. 즉 등급부여는 기업담당자와의 면담까지로 충분히 가능하지만 최종평가를 내리기 전에 경영자와의 인터뷰를 통하여 경영자가 자기회사 환경경영의 실상을 어떻게 인식하고 있으며 장래에 대한 비전을 어떻게 가지고 있는지를 확인하는 절차를 밟아 최종평가에 반영하는 작업을 하는 것은 등급부여 데이터에 일정한 신뢰성을 부여하는 것이다. 최고경영자가 어떤 이념과 비전을 가지고 환경경영을 실천하고 있는가에 따라 당해 기업의 환경경영 방향이 크게 좌우된다는 것은 틀림없기 때문이다.

2) 우리나라의 경우

경실련 경제정의연구소는 2009년으로 18회가 되는 경제정의기업상 대상에 주식회사 포스코, 최우수기업상에 광동제약㈜, ㈜경동나비엔을 각각 선정한바 있다.

동 연구소는 사회공동체에 대한 책임과 윤리경영을 통해 사회 환원에 노력을 하고 있는 기업을 발굴해서 알리고 더욱 건전하고 정의로운 사회가 되도록 기업들이 보다 더 책임을 다해줄 것을 당부하는 의미에서 이 상을 수여하고 있다고 한다.

경실련은 포스코의 수상배경에 대해 "구체적인 윤리규범을 제정하고 임직원들과 협력사들에게 실천을 하도록 하고 있으며, 건전한 기업지배구조의 확립과 지속가능경영을 통해 환경보호에도 앞장서고 있다" 며 "협력업체와 중소기업에 대한 자금, 기술, 경영지원을 통해 상생협력을 추구하고 있고 사회봉사활동, NGO와 연계한 사회공헌 프로그램 진행 등을 전개하고 있다" 고 밝혔다.

그리고 광동제약㈜은 "투명경영과 고객만족을 경영방침에 포함시켜 윤리경영 준수를 위해 노력하고 있으며, 협력업체에 기술지원과 납품대금에 대한 지급비율 개선을 실행하고 있고 광동 매칭그랜트 제도를 통해 불우이웃과 소외계층을 위한 기부활동과 어려운 학생들에게 장학금을 지원하고 있다" 고 하였다.

경동나비엔은 전기전자 · 기계업종 최우수기업으로 선정됐으며 “윤리경영과 사회적 책임에 앞장서면서 투명경영을 기업문화로 정착시키고 있다” 면서 “해비타트(habitat) 후원, 양로원과 고아원 등 복지시설에 대한 보일러 기증과 아울러 친환경마크 인증, 탄소라벨링을 통한 탄소정책, 늘푸른 재단을 통한 환경문제 학술세미나 개최와 환경 조경대전 후원, 콘덴싱 환경기금 조성 등 환경보호에도 앞장서고 있다” 고 밝혔다.

여기에서 경실련이 기업을 평가하기 위하여 채택하고 있는 평가항목과 점수를 보면 건전성(주주구성, 투자지출, 자본조달) 25점, 공정성(공정성, 투명성, 협력관계) 15점, 사회봉사기여도(소외계층보호, 사회공헌) 10점, 소비자보호만족도(소비자 권리보호, 품질, 광고) 10점, 환경보호 만족도(환경개선노력, 환경친화성, 위반 및 오염실적) 15점, 종업원만족도(작업장 보건 및 안전인증, 인적자원투자, 임금 및 복리후생, 노사관계, 남녀고용평등) 15점, 경제발전기여도(연구개발노력, 경제성과 및 경제기여) 10점 등으로 구성되어 있다(상세한 내용은 부록을 참조).

지금까지 일본과 우리나라의 기업에 대한 환경경영, 사회적 평가사례에 대하여 검토하였다. 등급부여기구에 의한 등급부여 조사가 기업의 환경경영에 어떤 임팩트를 주는지에 대하여는 계속적인 검증이 필요하다. 그러나 기업에 대한 평가는 분명히 「경제」, 「환경」, 「사회」 이른바 Triple Bottom Line에 기초하여야 한다. 이러한 방식의 기업평가는 유럽을 중심으로 널리 보급되고 있으며 환경경영은 CSR(Corporate Social Responsibility: 기업의 사회적 책임)경영을 구성하는 하나의 요소로서 이해하여야 할 것이다.

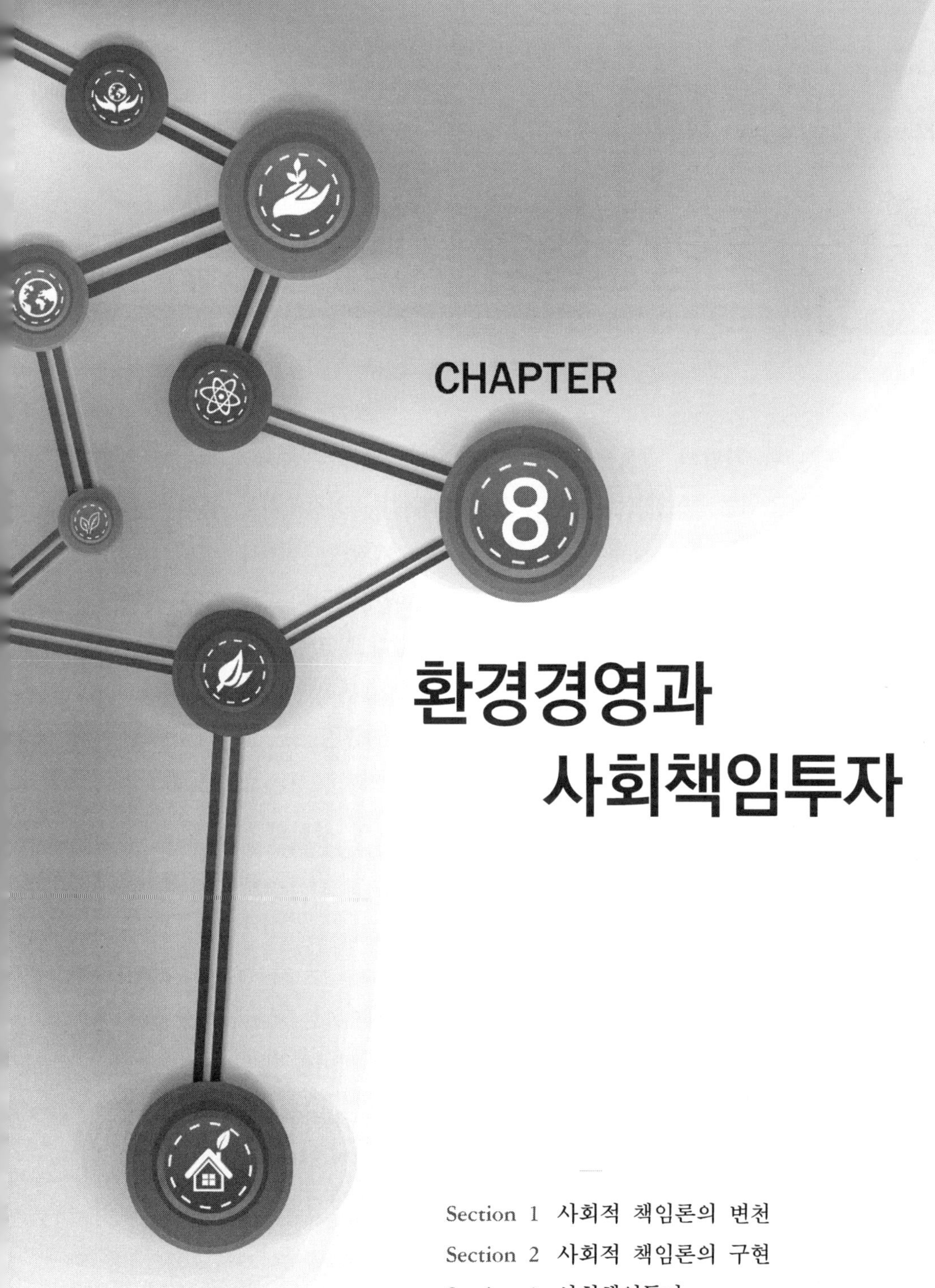

CHAPTER 8

환경경영과 사회책임투자

CHAPTER 08 환경경영과 사회책임투자

지구환경문제에 대한 기업의 대응으로서의 환경경영은 넓게는 사회적 책임의 일환이며 1990년대에 제조업을 중심으로 진행되었다. 즉 전기, 철강, 화학 등의 산업은 기업 활동의 과정상 환경경영의 시류에 적응할 필요성이 있었던 것이다. 이에 대하여 서비스산업의 경우는 기업 활동에 있어서 제조업만큼 환경경영의 필요성이 적었다. 특히 금융업의 경우에는 그와 같은 경향이 현저하게 있었다고 말할 수 있다.

그런데 최근에 금융 분야에도 환경문제에 대한 관심이 고조되고 있다. SRI(Socially Responsible Investment; 사회적 책임투자)와 ESG(Environmental Social and Governance)가 그 전형적인 형태이다. SRI는 투자가가 주식투자를 할 때 지금까지의 재무제표와 같은 데이터에 추가하여 환경대책, 기업윤리, 인권 등 기업의 사회적 책임에 관한 데이터도 고려하여 투자할 곳을 선별하는 투자기법으로 유럽과 미국, 일본을 중심으로 급속하게 보급되는 것을 볼 수 있다.

또한, 금융기관이 제공하는 금융상품 중에 환경면으로 우수한 주택이나 자동차를 구입하는 사람들에 대하여 통상의 금리보다 낮은 이자로 융자하는 에코금융상품도 등장하고 있다. 금융 분야에서 이와 같은 움직임은 대단히 큰 의미를 갖는다.

1990년대 이후 제조업을 중심으로 환경경영은 큰 진전을 보이고 있으나 환경경영의 실천을 통하여 기업경쟁력을 강화하고 기업 가치를 높이며 수익증대를 실현하고 있는 기업은 현실적으로 많지 않다. 많은 기업에 있어서 환경경영은 코스트 부담의 증가로 인식되고 있는 것이다.

그러나 세상은 이미 환경보전형 사회경제시스템으로의 이행이 가속화 되고 있으며 기업이 목표로 하는 환경경영의 최종적인 도달점은 환경경영의 실천을 통한 기업경쟁력의 강화, 기업 가치의 향상, 수익의 증가에 있다는 것은 의심할 여지가 없는 점일 것이다. 그래서 그 도달점에 접근하기 위해서 금융 분야에서의 지원이 필수적인 요소이다. 결국 SRI는 환경경영을 실천하는 기업에 자금을 지원하고 시장에서의 평가를 정보이용자에게 전달하는 역할을 하게 된다.

이런 효과를 생각하면 이제까지 제조업을 중심으로 다루어왔던 환경경영에 대한 관심을 이제 금융업 쪽으로도 전환시켜야 할 것이다. 다음에서는 이러한 인식을 기반으로 사회적 책임론의 변천과 환경경영, 사회책임투자에 관하여 기술한다.

1 사회적 책임론의 변천

기업의 사회적 책임(Corporate Social Responsibility)이라는 것이 기업경영에 있어서 중요한 요소로 등장하였다. 기업활동을 「경제성」, 「사회성」, 「환경성」이라고 하는 3가지의 측면에서 평가하려고 하는 사고방식은 이러한 경향을 반증하고 있다.

SRI역시 여기에서 비롯되는 것이라 할 수 있겠다. 우리나라의 대기업들도 CSR 담당부서를 설치하기도하고 CSR보고서를 작성하기도 한다.

그러나 CSR의 사고방식 자체는 결코 새로운 것이 아니다. 선진적인 기업에 있어서는 현재의 CSR의 붐이 도래하기 이전부터 기업 활동 중에 존재하여 왔다.

CSR이라고 하는 것이 새롭게 특별한 것을 하는 것이 아니라 통상의 경영활동이라고 단언하는 기업에 있어서는 현재의 CSR 붐에 아무런 새로운 가치는 발견할 수 없을 지도 모르겠다.

그렇더라도 현재에도 사회적 책임을 수행하지 못하여 도산까지 이르는 기업이 존재하는 것도 사실이다. 기업에게 이렇게 중요한 영향을 미치는 사회적 책임은 과연 무엇일까?

1. 경영자 의존형의 사회적 책임론

이 형태의 사회적 책임론의 뿌리는 Paternalism(가부장주의 경영)에서 찾을 수가 있다. Paternalism은 경영자를 부친, 종업원을 자식으로 인식하고 부친인 경영자가 온정을 가지고 종업원의 관리자 된다고 하는 사고방식에 근거를 둔다. 노동환경이 열악했었던 19세기에 보급된 사고방식이다.

헨리 · 포드(Ford, H)의 경영이념인 「기업은 사회에 대한 봉사 기관」 등은 경영자의 기업경영에 대한 깊은 통찰로부터 생긴 신념이고, 사회적 책임을 농도 짙게 반영한 내용이라 할 수 있다. 위대한 창업자의 경영이념은 사회적 책임의 유전자를 회사

내에 뿌리내리게 했다. 결국 이러한 형태의 사회적 책임론은 경영자의 신념, 개성에 의존하게 된다.

2. 규제 중심의 사회적 책임론

1960~70년대는 유럽이나 미국, 일본에 있어서 환경오염문제가 심각한 사회문제로 부각된 시기이다. 특히 서유럽 국가들은 산성비, 대기오염, 수질오염 등의 피해가 심각하였으며, 2차 세계대전 후 급속하게 공업화를 추진했던 일본도 수은병, 이타이이타이병 등의 공해병이 발생하여 커다란 사회문제로 대두 되었다. 그때까지 경제성장을 최우선과제로 하고 환경오염대책을 무시해온 각국 정부는 오염방지법의 정비를 진행시키고 오염의 주 발생원인 기업의 활동에 규제를 가했다. 이 시기에 기업은 환경오염의 원흉으로써 사회로부터 심하게 비판받는 상황에 있었고, 환경오염방지를 위한 각종 법규를 준수하는 것이 사회적 책임으로써 요구되었다.

더욱이 이 시기에 있어서 한 가지 더 주목해야할 움직임은 소비자운동이다. 미국에서 1960년대에 변호사인 랄프 네이더가 소비자의 선두에 서서 당시 세계 최대의 자동차 메이커인 제네럴 모터즈의 결함차를 고발하였다. 이를 계기로 소비자는 기업에 대해서 제품의 안전성이나 건강, 사회에 기여하는 영향 등의 문제에 대해서 책임 있는 행동을 취하는 것을 요구하게 된다. 미국에서 시작된 소비자운동은 세계로 확산되어 갔다.

환경오염문제와 소비자운동의 대응을 강요당했던 이 시기에 기업은 이들 문제에 관련해서 새롭게 제정되어진 법률을 준수하는 사회적 책임을 실천해 가게 된다.

3. 브랜드 전략으로서의 사회적 책임론

1980년대에 들어오면서 기업의 사회공헌 활동이 활발하게 행해지게 된다. 미술, 음악, 스포츠 등의 문화사업 활동이나 자선활동에 대해서 기부행위를 한다거나, 혹은 커뮤니티의 여러 가지 활동에 대해서 인적, 물적 지원을 행한다.

이러한 기업의 사회공헌 활동은 메세나(Mecenat), 필란슬로피(Philanthropy) 라고 불렸고 특히 미국에 있어서는 대학이나 도서관, 미술관의 다수가 기업의 재정적 원조를 받고 있다. 더욱 그런데 이후 "전략적 필란슬로피"라고 하는 새로운 개념이 등장한다. 전략적 필란슬로피라는 것은 사회공헌활동을 단순한 자선활동으로 실시하는 것이 아니라 기업 이미지의 향상 혹은 기업 브랜드의 확립 차원에서 실시하고 궁극적으로 기업이익의 증대를 도모하는 경영전략을 말한다.

예로, 마이크로소프트사는 개발도상국의 학교에 대해 소프트웨어를 무료로 공급하는 활동을 실시하고 있다. 훌륭한 사회공헌활동이지만 그 배경에는 개발도상국에 있어 동사의 브랜드 이미지를 확립하여 미래에 판매확대로 연결하겠다고 하는 전략적인 의도가 담겨져 있다고 볼 수 있다.

4. 주주 주권으로서의 사회적 책임론

1980년대부터 90년대에 걸쳐서 미국에서는 기업시민(Corporate Citizenship)이라고 하는 사고방식이 보급되었다. 기업시민이라고 하는 것은 기업을 일반시민에 비교하여, 기업도 사회를 구성하는 일원으로서 사회의 룰을 지키고, 양식 있는 행동을 취하여 사회의 발전을 위해 기여해야 한다고 하는 사고방식으로 기업의 사회적 책임의 확대를 가져오는 역할을 했다. 이러한 가열된 사회적 책임론에 대해서 한편으로는 주식회사의 원리원칙에 근거를 둔 사회적 책임론도 전개되었다.

프리드만(Friedman, M)은 기업은 이익 최대화를 위한 노력만을 하면 되며, 그것에 반하는 행동을 해서는 안 된다고 주장했다. 그의 주장을 요약하면 다음과 같다.

① 기업이 최적효율과 코스트 삭감을 통해서 이익의 최대화를 꾀하면 결과로써 사회에 커다란 이익을 가지고 온다. 이것이야말로 기업활동의 목적이다.

② 반면에 기업이 다른 활동에 관하여 코스트 부담을 증대시킨다고 하면 그것은 기업이익을 압박하고 주주를 비롯한 많은 이해관계자에게 불이익을 초래한다.

③ 많은 기업은 사회적인 여러 문제에 관여하여 처리하는 것에 대해서는 식견을 준비하고 있지 않다.

④ 현대사회에 있어 기업은 이미 충분한 사회적 영향력을 보유하고 있어 사회 문제에 관여시키는 것은 기업권력의 거대화를 가져올지도 모른다.

⑤ 기업은 행정기관과는 달리 대중에게 설명할 책임을 가지고 있지는 않다. 따라서 대중은 기업이 사회문제에 관여하는 것에 관해서 컨트롤하는 기술을 가지고 있지 않다.

프리드만은 노벨 경제학상을 수상한 경제학자이고 그의 기업관은 어디까지나 경제학이 상정하는 기업관에 입각하고 있다. 그러나 그가 이러한 주장을 전개한 1960년대 이후, 오늘에 이르기 까지 사회적 책임론에 커다란 영향을 끼쳐온 것은 사실이다.

주주주권론이라고 하는 것은 현대 기업에 있어 주요한 기업형태인 주식회사에 있어서는 출자자인 주주가 주권자이고 주식회사는 주주이익의 최대화를 위해 행동해야만 한다는 사고방식이다. 따라서 사회적 책임론도 주주이익의 최대화를 위하여 고려되어야만 하고 주권자인 주주의 이익을 떨어뜨리는 것과 같은 활동을 해서는 안 된다고 하는 입장을 취하고 있다.

이 문제는 주식회사의 원리원칙에 관한 문제이고 애초 기업은 어떠한 존재이며 무엇을 목적으로 활동해야만 하는가라고 하는 근원적인 물음에 대한 회답을 요구하고 있다. 주주주권론 혹은 주주중시의 경영은 현재에 있어서도 경영학의 중요한 연구 테마이고 사회적 책임론과의 관계에 있어서 논의가 계속될 것이 예상된다.

5. 환경경영 중심의 사회적 책임론

1990년대에 들어서면 지구환경문제가 세계적인 문제로 주목받게 된다. 전술한 것처럼 1960년대부터 구미 여러 나라나 일본에 있어서는 환경오염문제가 사회문제화 되고 있었지만 당시는 아직 선진공업국 특유의 문제로 생각되어 개발도상국도 포함된 세계수준에서의 노력은 수행되지 않았다.

그러나 1980년대에 지구온난화나 오존층의 파괴 등, 지구의 환경악화를 나타내는 데이터가 본격적으로 차 공표되면서 국제적인 움직임의 필요성이 제기되었다. 지구환경 문제가 세계수준에서 인식되어지는 직접적인 계기가 된 것이 1992년에 브라질의

리오데자네이로에서 개최된「환경과 개발에 관한 유엔회의」, 이른바「지구 서미트」였다. 그리고 90년대에는 환경보전을 위한 여러 가지의 국제조약이 체결되고 세계 각국의 환경보전을 위한 법률이 정비되고 강화 되었다. 이러한 환경변화는 당연히 기업활동에도 영향을 미치지 않을 수 없다.

즉 기업은 지구환경을 배려한 기업 활동을 행하도록 사회로부터 요구받게 되는 것이다. 1996년에는 ISO(International Organization for Standardization)가 국제적인 환경 매니지먼트 규격인 ISO 14001을 발행하면서 더욱 그 경향이 강해졌다.

이렇게 90년대의 기업의 사회적 책임론의 중심에 있었던 것은 환경경영이었다고 봐도 좋다.

그러나 환경경영은 단순히 기업의 사회적 책임의 수행이라고 하는 시점에서만 파악해야할 것은 아니다. 지구환경문제는 사회경제 시스템의 근본적인 재평가, 변경을 강요하는 더없이 큰 스케일의 문제인 이유로 기업 활동에 미치는 영향도 거대하다.

즉 제조기업에 있어서 지구환경문제에 대응한다고 하는 것은 사용이 끝난 제품의 회수 · 리사이클, 리사이클을 상정한 제품의 설계 · 제조 등 종래의 기업활동의 근본적인 변경을 의미하는 것이다. 따라서 환경경영의 실천은 단순히 사회적 책임의 수행이라고 하는 것뿐만 아니라 특별하게 경영전략적인 이유를 가지고 있고, 기업경쟁력의 관점에서도 분석할 필요가 있는 문제이다.

이상에서와 같이 기업의 사회적 책임에 관한 논의는 오래전부터 존재하고, 각양각색의 관점에서 실천되어져 왔다. 현재의 CSR에 대한 논의는 이러한 과거의 사회적 책임론의 논의의 연장선상에 있는 것이다.

2 사회적 책임론의 구현

CSR이라고 하는 단어가 매스미디어에 본격적으로 등장하게 된 것은 1990년대 후반의 일이다.

90년대에 국제적인 움직임의 필요성이 인식되어져 환경보전을 위한 조약이나 법규제가 정비 강화 되어졌다. 그것에 따라 환경을 배려한 기업행동을 취하는 것이 필수 아이템으로 되었으며 기업경영의 프로세스에 환경배려가 편입되게 되었다. 이 환경경영의 진전은 현재의 CSR 경영 붐에 커다란 역할을 하고 있다. CSR경영은 「경제성」, 「사회성」, 「환경성」의 3가지를 중시하는 경영이지만, 그 중에서도 「환경성」이 매우 중요하다.

UN의 아난 사무총장이 1999년에 제창한 「글로벌 컴팩트」에서도 기업의 환경성이 매우 강조되고 있다(<표 1> 참조).

<표 1> 글로벌 컴팩트의 10원칙

[인권]

원칙 1. 기업은 그 영향이 미치는 범위 내에서 국제적으로 선언되고 있는 인권의 옹호를 지지하고, 존중한다.

원칙 2. 인권침해에 가담하지 않는다.

[노동]

원칙 3. 조합결성의 자유와 단체교섭권을 실효 있는 것으로 한다.

원칙 4. 모든 종류의 강제노동을 배제한다.

원칙 5. 아동노동을 실효적으로 폐지한다.

원칙 6. 고용과 직업에 관한 차별을 배제한다.

[환경]

원칙 7. 환경문제의 예방적인 접근을 지지한다.

원칙 8. 환경에 대해서 한층 책임을 가지기 위한 주도권을 잡는다.

원칙 9. 환경을 지키기 위한 기술의 개발과 보급을 촉진한다.

[부패방지]

원칙10. 강요와 뇌물수수를 포함하는 모든 형태의 부패를 방지하기 위해 노력한다.

UN은 세계적 기업에 대해서 인권, 노동, 환경의 3가지의 분야에 있어서 9가지의 보편적인 원칙을 제시하고 기업이 그들 원칙을 지지하여 도입하고 실천하는 것으로 지속가능한 동시에 포괄적인 글로벌 경제의 발전에 공헌하는 것을 요구했다(2004년에 부패방지에 관한 원칙이 추가).

한편, GRI(Global Reporting Initiative)가 「GRI Sustainability Reporting Guideline」을 발표하였다. GRI는 1997년에 미국의 CERES(Coalition for Environmentally Responsible Economies)라고 하는 NGO가 중심이 되어서 결성한 단체이고, 「Triple-Bottom-Line」의 사고방식에 근거를 둔 CSR 경영의 보급에 대해서 지도적인 입장에 있는 조직이다.

2002년에 GRI가 정보공시의 가이드라인을 제시하였으며 이 가이드라인에 따라서 CSR 보고서를 발행하는 기업이 증가하고 있다(<표 2> 참조).

<표 2> GRI 가이드라인

사회적 주제	수행 과제	
노동관행과 공정한 노동 조건	**고 용**	
	노동/노사관계	안전위생
	교육연수	다양성과 기회
인 권	**방침과 매니지먼트**	
	차별대책	조합결성과 단체교섭의 자유
	아동 노동	강제 · 의무노동
	징벌관행	보안관행
	선주민의 권리	
사 회	**지역사회**	
	뇌물수수와 오직(汚職)	정치헌금
	경쟁과 가격설정	
제 품 책 임	**고객의 안전위생**	
	제품과 서비스	광고
	프라이버시의 존중	

[출처] GRI (2002)에서 재작성

그러나 이러한 사회적 책임을 구현하기 위한 노력으로서의 원칙이나 가이드라인의 제시는 나라별로 다른 문화와 경제, 정치의 수준을 반영하기 위한 작업이 병행되지 않으면 전 세계적인 확산이 매우 어려울 수밖에 없다.

3 사회책임투자

1. 사회책임투자의 방법

전술한 바와 같이 SRI는 재무자료의 분석을 중심으로 하는 종래의 투자기준이외에 기업의 사회성, 환경성에 관한 데이터분석을 추가하여 투자처를 선별하는 투자방법을 가리킨다.

유럽과 미국 등의 여러 나라에서는 과거부터 기업의 윤리성에 근거하여 투자하는 방법이 있었지만 SRI가 급속도로 확대된 것은 1990년대 이후의 일이다. 이는 Triple

Bottom Line의 사고방식이 기업 평가의 기저에 자리하고 있음을 의미한다.

이러한 SRI는 간단하게는 두 가지의 방법으로 실천 할 수 있다. 첫 번째로 윤리적으로 허용될 수 없는 기업행동을 취하고 있는 기업을 투자대상에서 제외하는 것이다.

예를 들면, 분쟁지역으로의 무기수출, 독재정권에의 가담, 아동착취, 마이너리티에 대한 차별, 환경오염, 동물실험 등의 기업행동을 취하고 있는 기업에 대해서 투자처 리스트에서 제외시키거나 혹은 이미 투자하고 있었던 경우에는 주식을 매각하는 행동을 취하게 하여 경제적으로 제재를 가할 수가 있다. 이러한 방법은 네거티브 스크리닝이라고 불린다.

두 번째로 윤리적으로 우수한 성과를 나타내고 있는 기업에 대해서는 적극적으로 투자하는 행동을 취하도록 하여 그러한 기업을 경제적으로 지원하는 것이다. 예를 들면 화장품 메이커에서 동물실험을 행하지 않는 것을 선언하고 이 경영방침에 공감하는 투자가는 SRI펀드를 통해서 투자한다. 이러한 투자방법은 통상적으로 포지티브 스크리닝이라고 불린다. 이 네거티브 및 포지티브라고 하는 두 가지의 스크리닝을 통해서 결과적으로 윤리성이 높은 기업을 지원한다고 하는 것이 SRI의 궁극적 목적이다.

물론 SRI에 의한 투자행동이 단순히 스크리닝에 그치는 것이 아니다.

주주행동 및 커뮤니티투자라고 하는 투자행동도 또한 중요하다. 주주행동이라고 하는 것은 투자처인 기업에 대해서 주주의 입장에서 기업이 사회성, 환경성을 중시한 행동을 취할 것을 요구하는 것으로, 주주에게 주어진 여러 가지 권리, 즉 의결권행사, 주주의안의 제출, 주주대표 소송 등을 통해서 기업이 사회적, 환경적 공헌을 하도록 한다. 한편, 커뮤니티투자는 주로 지역 빈곤층의 경제적 지원을 위해 행해지는 투자이고, 빈부의 격차를 시정하는 것이 목적이다. 따라서 커뮤니티투자의 경우, 투자의 대상은 빈곤지역의 기업이나 프로젝트로 한정되어진다. 스크리닝이나 주주행동이 주로 대기업을 대상으로 하고 있는 것과는 좋은 대조가 된다.

2. 사회책임투자의 발전과정

SRI가 본격적으로 주식투자의 내용에 편입되어지게 되는 것은 1990년대의 일이지만 유럽과 미국 여러 나라에서는 그 이전부터 윤리적인 기준에 근거해서 투자기업을 선별하는 투자방법이 존재하고 있었다.

특히, 이런 투자방법이 오래전부터 발달되고 있었던 곳은 미국이다. 미국에서의 SRI의 발전과정은 크게 나누어 3단계로 나누어 생각할 수 있다.

우선 제1단계는 1920년대 종교적 · 윤리적 동기에 기초를 둔 SRI단계이다. 미국에서는 1920년대에 교회가 자금을 운용할 때에 담배, 술, 도박 등 크리스트교의 교리에 반하는 산업을 행하는 기업을 투자처 리스트에서 제외했었다. 즉 네가티브 스크리닝에 의한 투자가 이루진 것이다.

제2단계는 1960년대의 사회운동이 한창이었던 때에 실시된, 주로 주주행동에 근거하는 SRI 단계이다. 1960년대의 미국은 흑인차별의 폐지를 요구하는 시민운동이나 베트남 전쟁에 반대하는 반전운동으로 크게 동요되고 있었다.

이러한 사회정세 속에서 1969년에는 베트남 전쟁에서 미국군이 사용했던 네이팜탄을 제조하는 다우케미컬사에 대해서 네이팜탄의 제조중지를 요구하는 주주제안이 행해졌다. 또, 인종격리정책에 의해서 흑인차별이 계속되는 남아프리카 공화국에서 활동하는 기업에 대해서도 비판이 높아져, 1971년의 제네럴 모터스사의 주주총회에서는 남아프리카공화국에서의 철수를 요구하는 주주제안이 제출되었다. 이 주주제안은 부결되었지만 GM은 설리반 목사를 처음 흑인이사로 임명했다.

흑인 차별에 대한 항의행동은 그 후에도 계속되어 뉴욕주, 캘리포니아주 등의 연금기금, 노동조합 등의 기관투자가들이 남아프리카공화국에서 이익을 취하고 있는 기업의 주식을 매각하는 행동이 대두되었다. 그 때문에 IBM, GM등의 대기업은 남아프리카공화국에서의 비지니스를 대폭 축소시키게 되었고 이것이 후에 남아프리카공화국의 백인정권 붕괴로 이어진 것이라고 평가 된다.

제3단계는 지구환경문제가 국제적인 관심사로 부각된 1990년대에 기업의 환경대책을 기준으로 실시된 SRI 단계이다. 지구환경문제는 1992년에 브라질의 리오데자네이로에서 개최되어진 유엔환경개발회의를 계기로 국제적인 관심이 높아지고 병행하여 기업이 환경문제에 대해 기여하는 것을 기준으로 해서 투자처를 선별하는 에코펀드라고 불리는 새로운 형태의 금융상품이 증가되었다.

특히, 미국의 SRI에서 CERES(Coalition for Environmentally Responsible Economies; 환경에 책임을 가지는 경제를 위한 연합)의 활동은 매우 중요하다. CERES는 환경보호단체나 투자단체등의 연합조직이고 1989년의 발디즈 호 사건을 계기로 결성되었다. 발디즈 호 사건이라고 하는 것은 석유회사인 엑슨사의 대형유조선 발디즈 호가 알라스카에서 좌초, 대량의 원유가 유출된 사고로, 당시 사상최악의 해양오염사고로 일컬어졌었다. 엑슨사의 미비한 사고처리 대응방식에서부터 환경오염을 일으킨 기업에 대해서 엄하게 책임을 묻는 여론이 높아져 그해 9월에 CERES가 결성되었다. CERES는 생물권의 보호, 천연자원의 지속적인 활용, 에너지의 지적이용 등 「발디즈원칙」(후에 세리즈원칙으로 명칭변경)으로 불리는 10원칙을 규정하고 주주제안권을 활용해서 기업에 이 원칙에 대한 서명을 요구하는 활동을 전개해 나갔다.

서명 기업에 대해서는 의무적으로 보고서를 제출시킴으로써 보고서의 내용을 분석하여 투자에 대한 판단을 하였다.

CERES는 그 후 GRI의 모체가 된다. 미국의 SRI는 CSR을 효율적으로 추진하기 위한 중요한 수단으로 계속 확대 발전되고 있다.

3. 사회책임투자 시장

1) 미국시장

SRI의 시장규모가 세계에서 가장 큰 곳은 미국시장이다. 2003년도의 미국 SRI시장의 총액은 2조 1,750억 달러로 이것은 미국의 금융자산의 11%를 차지하는 금액이다. SRI에서 스크리닝에 의한 자산운용은 2조 1,540억 달러를 차지하고 있다고 한다(SIF trends report 참조).

이에 대해서 주주행동만의 운용은 고작 70억 달러에 불과하다. 또한, 커뮤니티 투자도 140억 달러에 그치고 있지만 커뮤니티 투자전문 금융기관인 CDFI(Community Development Financial Institutions)를 통하여 이루어지고, 빈곤층대상의 주택공급이나 고용확보 등에 커다란 성과를 올리고 있다고 한다.

2) 유럽시장

유럽시장전체 SRI의 시장규모는 Social Investment Forum의 자료에 따르면, 약 3,500억 유로로 추정되어 지고 있다. 여기에서 스크리닝에 의한 자산운용이 2,180억 유로, 주주행동에 의한 운용이 1,180억 유로 정도이다. 한편, 국가별 기관투자가 SRI 시장규모를 보면, 네덜란드가 1,814억 유로이며, 1,478억 유로로 유럽 SRI시장의 대부분을 차지하고 있다.

네덜란드와 영국은 연금기금을 적극적으로 SRI로 운용하고 있다고 한다.

3) 일본시장

일본의 SRI시장규모는 미국, 유럽시장에 비교하면 역사도 짧고, 규모도 작다. 일본에서 최초의 SRI자산운용은 1999년에 日興에셋매니지먼트에 의해 발매되어진 「日興에코펀드」이다.

에코펀드는 SRI 중에서도 기업의 환경성에 관련하여 스크리닝을 실시하는 점에 특징이 있으며 2003년 운용액은 약 830억엔이다. 에코펀드는 기본적으로 개인투자가용 투자신탁형 금융상품이다. 그 밖에 기관투자가의 SRI자산 운용으로는 동경 교직원 호조회(東京教職員互助會)의 연금운용(약5억엔), 스미토모신탁(住友信託)의 기업연금용 투자신탁(약25억엔) 등이 있다. 그러나 이들을 합하여 일본시장의 규모는 860억엔 정도가 된다.

한편 주요국가의 SRI시장의 특징을 간단히 요약하면 다음과 같다.

- 미국: 스크리닝과 주주행동, 커뮤니티투자를 적극적으로 병행하는 예가 많다. 사회적 책임투자를 행하는 것이 보편적 투자행태가 되고 있다.
  일부의 공적연금에서도 스크리닝, 주주행동, 커뮤니티투자를 행하고 있다.
- 영국: 개인용 투자신탁을 설정 · 운용하는 투자신탁회사에 스크리닝, 주주행동을 적극적으로 행하는 예가 많이 보여진다.
  그 밖에 공적연금, 사적연금, 보험회사에 포지티브 스크리닝을 행하는 예가 많이 보인다.
- 일본: 기관투자가의 사회책임투자 행동은 개인용 투자신탁을 설정 · 운용하는 투자신탁회사 밖에 볼 수 없고, 그 형태도 포지티브 스크리닝에 한정되어 있다.

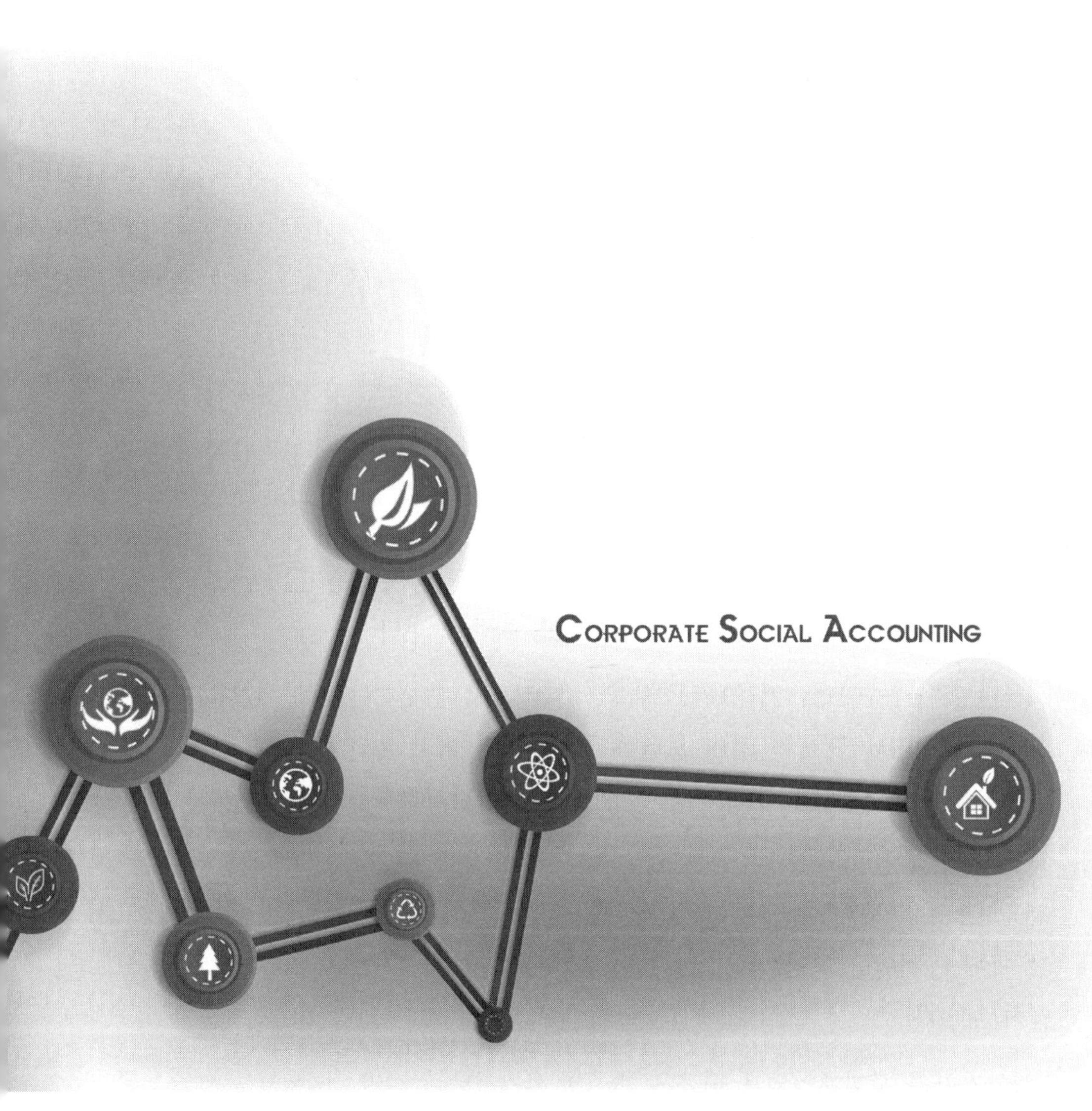

Corporate Social Accounting

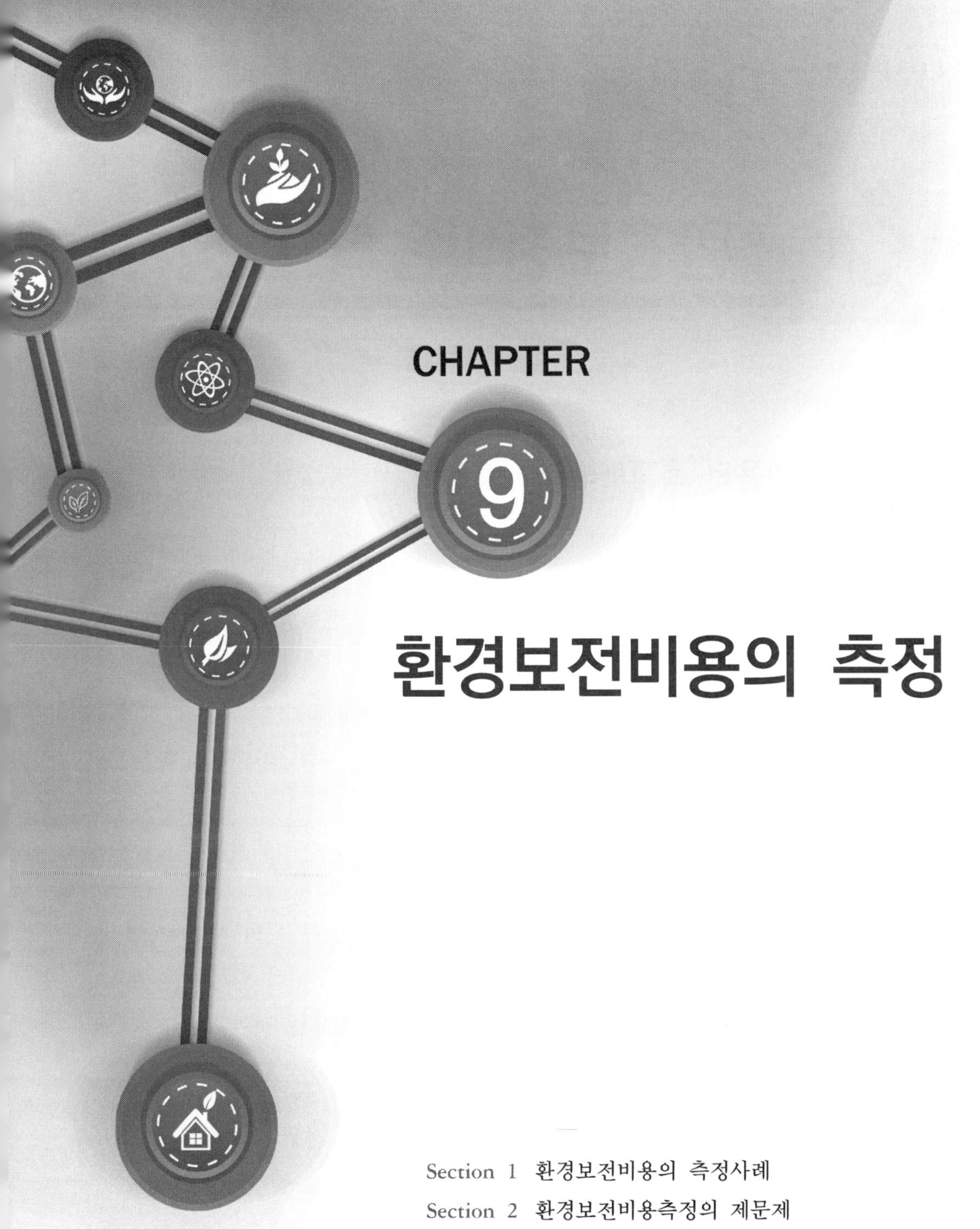

CHAPTER 9

환경보전비용의 측정

환경보전비용의 측정

환경보전비용의 측정사례

환경보전비용의 측정을 보다 원만히 수행하기 위하여는 환경오염의 특징을 잘 이해해야 할 필요가 있는바, 환경오염의 특징은 다음 몇 가지로 분류할 수 있다.[1]

첫째, 환경오염은 인간활동의 결과로 발생된 현상으로 사회에 유해한 영향을 미치는 것

둘째, 이 유해한 영향은 인간의 심신생활환경, 동 · 식물, 물적 자산에 미치며 또한 광범위하게 일반대중이나 지역사회에 미치는 것

셋째, 환경오염은 그 발생원천이 불특정다수이지만 특정인과의 관계입증이 곤란하므로 책임소재를 명확히 하기 어려운 현상이라는 것

넷째, 환경오염은 일반적으로 가해형태가 계속적이며 대기, 물 등의 자연매체를 통하여 간접적으로 행해지므로 피해자는 피해에 대한 구체적 인식이 결여되기 쉽고 사회적으로 받아들이는 한도의 판정에도 곤란하다는 것이다.

이와 같이 볼 때 환경오염(공해)이란 사업활동이나 기타 사람들의 활동에 따라 발생하는 상당범위에 걸친 대기오염, 수질오염, 토양오염, 소음, 진동, 지반침하 및 악취에 의해 인간의 건강 또는 생활환경에 관계된 피해가 발생하는 것이라고 생각할 수 있다.

이와 같이 환경오염의 특징을 고려하여 볼 때 환경보전비용의 측정을 시도할 때에 가장 중요하고 곤란한 영역은 바로 측정이며, 그것을 어렵게 하는 일반적 원인은 다음 두 가지 점이다.[2]

---

1) 小川邦夫.高橋達直.塚本弘, 『公害費用負擔の理論と實際』, 東京: 通商産業調査會, 1975, pp.3~ 4.

2) AAA, Committee on Measurement of Social Costs, "Report of the committee on Measurement of Social Costs," *Accounting Review*, Supplement to Vol. XLIX, 1974, p.102.

① 당해활동이 시장조건을 반영하는 교환거래를 수반하지 않는 것이 있다는 점
② 환경오염발생자가 복합적이므로 그 원인 귀속관계의 식별이 곤란한 경우가 있다는 점

이러한 곤란을 극복하기 위하여 한편으로는 각 기업에 외적 규제가 부과되어 있는 경우에 한정하여 당해규제에 기초한 부담액의 측정이 주장되며 다른 한편으로는 물량척도에 의한 측정이 주장되고 있으며, 여기에서는 NAA와 AAA의 사례를 검토하여 측정의 문제점을 파악하고자 한다.

1. NAA의 환경보전비용의 측정사례

NAA의 측정사례는 「기업활동이 환경에 미치는 영향을 평가하기 위해 기업이 이용하는 응집력있는 측정기법과 정보시스템을 전개하는 것」[3]을 목적으로 한 실증적 연구의 성과이다. 따라서 초기부터 외부보고를 목적으로 한 환경보전비용의 측정을 전개한 것은 아니지만, 외부보고에는 내부체제의 정비가 전제되므로 이 견해는 외부보고를 목적으로 한 환경보전비용의 측정에도 많은 것을 시사하고 있다.

이 연구는 앙케이트 조사와 인터뷰를 행하고 다른 한편으로는 문헌연구를 행하여 양자를 결합한다는 접근방법이 채용되었다. 앙케이트 조사는 Fortune지에 게재된 상위기업 984사를 대상으로 하여 얻은 95사의 회답을 집계 · 분석한 것이며, 여기에서는 「환경요인이란 대기 · 수질 · 토양의 오염, 미관보존 및 대체불가능한 물적 자원의 소비 · 재이용 · 처분을 의미한다」라는 정의에 입각하여 기업활동이 이러한 요인에 미치는 영향과의 관계에서 부담하는 비용과 지금까지 얻은 효익으로 구분하여 질문하였다.

그러나 중심 주제인 측정에 관한 조사에 있어서 비용과 효익 양자에 대한 정량화의 유무 및 만약 정량화를 한다면 그것이 화폐단위에 의한 것인지를 질문하고 <표 1>과 <표 2>로 그 결과를 나타내었다.

<표 1>과 <표 2>에 나타난 앙케이트 조사에 대한 약간의 인터뷰를 첨부하여 문헌연구의 결과를 결합하고 비용 · 효익 각각을 다음과 같이 정의 · 분류하여, 각각에 대해 평가표의 작성을 제창하였다.[4]

---

3) L.A. Nikoley, J.D. Bazley and R.L.Brummet, *The Measurement of Corporate Environmental Activity*, NAA(New York), 1976, pp.12~ 18.

4) *Ibid.*, pp.47~ 62.

<표 1> 환경보전비용의 측정[5)]

구 분	화폐적 측정	물량적 측정	비정량적 측정
추가적 원초비용			
연구 · 개발비	62.0	0.0	18.0
설비비	93.0	14.0	0.0
부문독립비	37.0	9.0	11.0
법적비용	34.0	5.0	12.0
평균	56.5%	7.0%	10.25%
추가적 운영비용			
생산비	61.0	3.0	0.0
감시비	54.0	5.0	12.0
재생비	39.0	2.0	11.0
회피비	31.0	2.0	6.0
폐기물처리비	66.0	6.0	0.0
유지비	66.0	3.0	3.0
평균	52.8%	3.5%	5.3%
추가적 잡비			
미관보존비	22.0	0.0	20.0
수선비	25.0	2.0	8.0
이미지개선비용	18.0	0.0	19.0
평균	21.7%	0.7%	15.7%
총평균	46.77%	3.9%	9.2%

5) *Ibid.*, pp.12~18.

<표 2> 환경보전효익의 측정[6]

구 분	화폐적 측정	물량적 측정	비정량적 측정
① 생산비의 소멸	48.0	6.0	11.0
② 법적 비용의 회피	27.0	3.0	15.0
③ 일반대중이미지의 개선	11.0	1.0	29.0
④ 고용조건의 개선	11.0	1.0	34.0
⑤ 기업활동을 원인으로 발생한 오염감소	33.0	15.0	25.0
⑥ 기업이 생산한 제품이 비용으로 발생한 오염감소	14.0	6.0	12.0
⑦ 희소자원의 보존	44.0	7.0	23.0
평 균	26.86%	5.57%	21.26%

1) 환경보전비용

환경보전비용[7]이란 환경개선 및 환경악화의 예방, 규제, 경감 또는 배제를 위해 기업이 실시하는 활동에서 발생하는 추적가능한 증분비용을 말한다. 이 비용은 연방, 주(州), 지방자치단체가 공포하는 기준을 달성하기 위한 지출과 기업의 자발적 행위의 결과로 부담하는 지출로 이루어진다. 만약 해당지출의 효과가 경제상의 효과와 환경상의 효과 모두를 공유한다면 환경보전비는 지출 중 오직 환경상의 효과를 초래하는 것에만 부담하는 부분을 가리키는 것이다.

① 원초비용

㈎ 토지: 환경보전시설을 위한 용지비용. 배수처이용저수지와 폐기물처이용지, 미관개선용용지비용 등

㈏ 설비: 기계 · 건물 및 그 반송 · 시운전을 포함한 오염경감설비에 필요한 비용 등

㈐ 환경기술: 환경상의 제문제에만 종사하는 기술부의 비용, 환경기사가 기타 일반기술부의 일원인 경우 이들의 비용 등

---

6) *Ibid.*, pp.19~ 23.

7) 이론적으로 환경비용(원가)은 환경손상비용과 환경보전비용으로 대별되며, 환경손상비용은 폐기물이 환경에 방출된 후 그것이 원인이 되어 발생한 손상을 화폐액으로 평가한 것이고, 환경보전비용은 환경오염 내지 파괴를 사전에 방지하기 위한 비용과 손상을 회복하거나 처리하기 위한 비용이다.

㈑ 연구개발: 환경기술연구 및 개발
㈒ 기타

② 운영비

㈎ 설비운전비: 보전설비의 관리, 운영을 위한 재료비. 노무비. 경비 등
㈏ 추가생산비: 재료전환, 생산능률의 저하, 노동집약도의 상승에 의한 비용 등
㈐ 유지비: 환경보전시설의 유지에 필요한 노무비. 재료비 등
㈑ 폐기물처리비: 재생 이용되지 않는 폐기물처리에 필요한 비용 등
㈒ 감시비: 환경기준의 준수를 감시하는데 필요한 비용
㈓ 감가상각비: 통상의 재무회계 절차에 따름
㈔ 기타: 법적비용, 이미지개선비 등

③ 종료비용

광산업에 있어서 노천굴과 같은 투자활동 종료후 원상회복에 필요한 비용

2) 환경보전 효익

환경보전 효익이란 환경보전비의 지출에서 얻어진 환경에 대한 효익이다. 이 효익에는 기업에 직접적이며 사회에는 간접적으로 효익을 초래하는 내부효익과 사회에는 직접적, 기업에는 간접적으로 효익을 초래하는 외부효익이 있다.

① 내부효익

㈎ 재생원료사용액
㈏ 재생연료사용액
㈐ 부산물매출액
㈑ 전매가능 환경보전장치
㈒ 작업조건의 개선, 상해율의 저하, 신규종업원유인력, 결석자의 감소
㈓ 「선량한 시민」으로의 명성의 개선

② 외부효익(수질)

㈎ 가정급수조건의 개선

㈏ 수영 및 기타 스포츠조건의 개선
㈐ 어패류양식조건의 개선
㈑ 농공업급수조건의 개선
㈒ 항행조건의 개선
㈓ 건강상태의 개선
㈔ 미관개선
㈕ 전반적 개선

③ 외부효익(대기)

㈎ 건강상태의 개선
㈏ 농작물생육조건의 개선
㈐ 동물생육조건의 개선
㈑ 건조물손상의 개선
㈒ 야생생물생존조건의 개선
㈓ 미관개선
㈔ 전반적 개선

그런데 상기한 제항목의 측정에 관하여 비용은 화폐단위의 측정을 주로하고, 효익에 대해서는 내부효익 ㈎에서 ㈑까지의 항목을 제외하고는 반드시 화폐단위의 측정을 가능하게 하는 것이 아닌 경우에 물량단위에 의한 측정, 나아가 문장적 표현도 주장하고 있다. 그러나 이들을 비화폐적 측정항목이라 해도 궁극적으로는 화폐단위에 의한 측정방향을 모색해야 할 것이다.

또한 화폐적 측정을 제창하고 있는 항목에 대해서도 모두 동일기준의 적용을 주장하고 있는 것은 아니다. 즉 비용에 대해서는 지출액을 기준하는데 반해 효익 중 재생이용에 의한 원가절약에 대해서는 당해원료, 연료의 외부조달가격으로 측정하고 부산물이나 전매가능장치에 대해서는 정상실현가능가액에 의한 측정도 제창하고 있다.[8)]

8) *Ibid.*, pp.61~62.

2. AAA의 환경보전비용의 측정사례

AAA가 1974년에 발표한 「사회적 비용의 측정에 관한 위원회보고」의 보충으로서 사회적 비용의 측정이 종래의 전통적 회계의 것보다도 더 광범위한 구조를 가짐을 설명하기 위해 제시한 가설례를 살펴보기로 한다.[9]

❑ 가설례

어느 기업의 공장이 대기오염규제에 직면하고 있는 경우를 가정

① 환경규제조건

- 1975년 말까지 대기오염배출량을 현재보다도 40% 삭감함 · 미달성의 경우 벌칙
- 1977년까지: 1년당 50만불의 벌금
- 1977년 말 시점 미달성 경우: 감독관청의 권한에 의한 공장폐쇄

② 당해공장의 경제조건

- 내용연수: 1975년부터 1985년까지 10년
- 10년간의 기대이익합계: 5,600만불(1975년 말 현재가치)
- 1975년 말부터 1977년 말까지 2년간의 견적이익: 1,600만불
- 공장폐쇄매각에 의한 정상실현가능가액
- 1975년 말: 3,500만불
- 1977년 말: 3,000만불
- 1975년부터 1985년까지 10년간의 피해액 1억4,000만불(1975년말 시점현재가치)

대기 오염 물질	년간 배출량	배출 pound당 비용	년간 오염비
유 황 산 화 물	100,000천파운드	15센트	1,500만불
질 소 산 화 물	150,000천파운드	2센트	300만불
부 유 입 자 상 물 질	16,667천파운드	12센트	200만불
합 계			2,000만불

③ 오염원과 피해액

- 오염원: 석탄연료를 사용하는 발전기에서 발생한 배출물
- 배출물 중의 유해물질: 유황산화물, 질소산화물, 부유립자상물질
- 오염에 의해 주변주민이 부담하는 비용[10]

---

9) AAA, Committee on Measurement of Social Costs, *op.cit*, pp.104~ 107.

10) *Ibid.*, p.105. 주민이 부담하는 대기오염 손상 비용에 관하여, 동보고서는 미국 환경 보호청 1968년의 자료를 연간 인플레율 2.5%로 1972년에 수정한 수치를 사용하고 있다.

이상의 조건하에서 회사가 선택할 수 있는 대체안은 다음 4가지이다.

〈제1안〉 1975년 말에 공장폐쇄매각

- 회사비용 – 당해공장을 1975년부터 1985년까지 10년간 조업을 계속한다면 얻어질 수 있는 이익합계: 5,600만불
- 회사효익 – 공장매각에 의한 정상실현 가능가액: 3,500만불
- 주변주민의 효익 – 오염피해절약액: 1억4천만불

〈제2안〉 2년 후 공장폐쇄매각(1977년 말)

- 회사비용 – 벌금: 100만불
- 공장의 내용연수 '85년까지 조업을 계속한다면 얻어질 수 있는 이익합계: 4,740만불(폐쇄 후 8년간에 걸친 2년 단위 1,600만불 이익의 연말시점 현재가치)
- 회사효익 – 1976, 1977년 2년간에 얻은 이익: 1,600만불
- 공장매각에 의한 정상실현가능액: 3,000만불
- 주변주민비 – 1976, 1977년 2년간에 입은 오염피해액: 4,000만불
- 주변주민효익 – 공장폐쇄에 의한 1978년 이후의 오염피해절약액: 1억1천914만불(폐쇄 후 8년간에 걸친 연간 2,000만불의 피해액 1977년말 시점 현재가치)

〈제3안〉 1975년 말까지 배출량을 40% 삭감하는 오염방지장치를 구입
(구입가격 1,500만불)

- 회사비용 – 오염방지장치구입비: 1,500만불
- 회사효익 – 1985년까지 10년간의 기대이익 합계: 5,600만불
- 주변주민비 – 40% 삭감후 입은 피해액: 8,400만불(1985년까지 10년간에 걸친 연간 2,000만불의 60% 피해액의 1975년말 시점 현재가치)
- 주변주민효익 – 40% 삭감에 의한 피해절약액: 5,600만불(상기 연간 피해액의 40%분)

〈제4안〉 석탄연료발전기에서 천연가스발전기로 전환
(전환비용 500만불, 추가연료비 3,500만불, 오염물질배출량 85% 삭감)

- 회사비용 – 연료전환비: 500만불, 천연가스사용에 의한 추가연료비: 3,500만불

(1985년까지 10년간의 추가연료비를 1975년말 시점에 할인한 가치
•회사효익 – 10년간의 기대이익 합계: 5,600만불
•주변주민비 – 85% 삭감후 입은 피해액: 2,100만불(10년간에 걸친 년간 피해액 2,000만불의 15%로 1975년말 시점 현재가치)
•주변주민효익 – 85% 삭감에 의한 피해절약액: 1억 1천 900만불(상기 연간 피해액의 85%분)

이상의 각 대체안을 요약하면 <표 3>과 같다.

<표 3> 비용 · 효익비교표

(단위: 만불)

대 체 안	회 사			지역주민		
	비 용	효 익	차 액	비 용	효 익	차 액
제 1 안	5,600	3,500	−2,100	0	14,000	14,000
제 2 안	4,840	4,600	−240	4,000	11,914	7,914
제 3 안	1,500	5,600	4,100	8,400	5,600	−2,800
제 4 안	4,000	5,600	1,600	2,100	11,900	9,800

이 표에 의하면 회사측에서는 <제3안>이 주민측에서는 <제1안>이 가장 기대됨을 알 수 있고 또한 반대의 경우는 최악의 안이라는 점을 알 수 있다. 또 <제1안>에 대해서도 공장의 즉시폐쇄가 주변주민의 환경피해를 해소시킬 수 있다 해도 이것이 지역사회에 미치는 경제적 불이익은 고려되고 있지 않은 것을 생각해야 한다.

중요한 것은 경제적 풍요가 사람의 건강이나 정신적 풍요를 희생시키며 추구된다는 것은 허락될 수 없다는 점이며 이 점에서 보면 <제4안>이 최선이라고 하겠다.

그런데 상기 AAA위원회보고가 보여준 사례는 기업의 환경활동에 관한 의사결정과 측정개념에 사실상 많은 시사를 준다. 의사결정에 관해 말하면 <제1, 2안>과 <제3, 4안> 사이의 선택에는 환경보전활동에 의한 공장존폐의 의사결정이 시사된다. 이중에서 <제1안>과 <제2안>의 어느 것을 선택할 수 있는가의 문제는 공장조업활동폐지를 전제로 하여 어떠한 시점에서 폐지하는 것이 경제적으로 유리한가라는 폐지시기결정이 문제가 된다.

2 환경보전비용측정의 제문제

이상과 같은 NAA 및 AAA의 견해에서 기업과 환경 사이에는 일정한 관계가 존재함을 알 수 있다. 그 하나는 환경을 매개로 한 기업과 지역사회의 관계이며, 다른 하나는 기업활동이 환경에 영향을 미치고 그 영향이 당해 기업에 피드백 되는 관계이다. 즉 기업의 생산활동이 환경에 불리한 영향을 미치면 이것이 지역사회에 의해 여러 가지 손상으로 지각되는 관계와 기업의 환경보전활동이 환경에 유리한 영향을 미치면 이것이 지역사회에 의해 환경개선으로 지각되는 관계를 생각할 수 있다.

한편 기업이 환경에 불리한 영향을 미치는 경우에는 당해 기업자체의 부담감소로 지각되는 경우가 있으며, 유리한 영향을 미치는 경우 기업자체의 부담증가로 지각된다. 따라서 이것은 기업의 환경보전활동의 인식국면에는 기업행동이 환경에 영향을 미치는 발생국면과 이 영향을 되받는 지각국면이 존재함을 의미한다.[11)]

또한 양국면은 상기의 기업과 환경의 관계에서, 발생국면에는 환경에 미치는 불리한 영향과 유리한 영향의 2국면이, 지각국면에는 이들 양 영향 각각을 지역사회와 당해기업 자신이 지각하는 4국면이 존재한다. 기업환경보전활동의 인식에 관한 이들 제국면의 존재는 이에 상당하는 측정국면의 존재를 의미한다.

이러한 관계를 비용 · 효익의 관계에서 살펴보면 기업이 환경에 미치는 불리한 영향에 대해서는 발생국면에서 기업은 환경상의 손상을 부담하지 않음으로써 효익을 얻고 지각국면에서 지역사회 및 당해기업자체는 비용을 부담한다. 유리한 영향에 대해서는 반대로 발생국면에서 비용을 부담하며, 지각국면에서는 효익을 얻는다. 따라서 기업의 환경보전활동의 측정이란 이들 비용과 효익에 어떤 측정척도를 적용시키는가의 문제라고 해석할 수 있다. 이상의 관계를 나타내면 <표 4>와 같다. 결국 이 문제는 곧 사회적 입장에서의 기업환경보전활동의 측정, 기업의 입장에서의 사회공헌도의 측정을 요구하는 것이나, 실제적으로 기업사회회계에서의 측정은 기업의 입장에서 기업의 내부사회비용과 효익, 기업의 외부사회비용과 효익으로 파악하여 확정짓는 일이 시급하며 또한 기업의 내부사회비용과 기업의 외부사회비용의 구분이 반드시 효과적 측정을 나타내는 것은 아니라고 본다.

---

11) 德谷昌勇,「企業社會會計の測定對象と方法」,『會計』, 1979.4, pp.58~61.

측정척도에는 물량 및 문장 등 다양한 측정방법이 요구되지만 가능하다면 화폐적 측정이 요구된다. 그러나 NAA조사에 나타난 바와 같이 환경보전활동의 측정에는 효익의 측정과 같이 화폐적 측정이 곤란한 영역, 나아가서는 미관에 미치는 영향과 같은 정량화가 곤란한 경우, 문장적 표현에 의하지 않으면 안되는 영역도 있다. 따라서 환경보전활동의 측정은 화폐적 측정을 중심으로 물량적 측정 나아가서는 문장적 표현으로 이를 보충하는 것이 필요하다.

<표 4> 기업 · 환경 · 지역사회의 관계

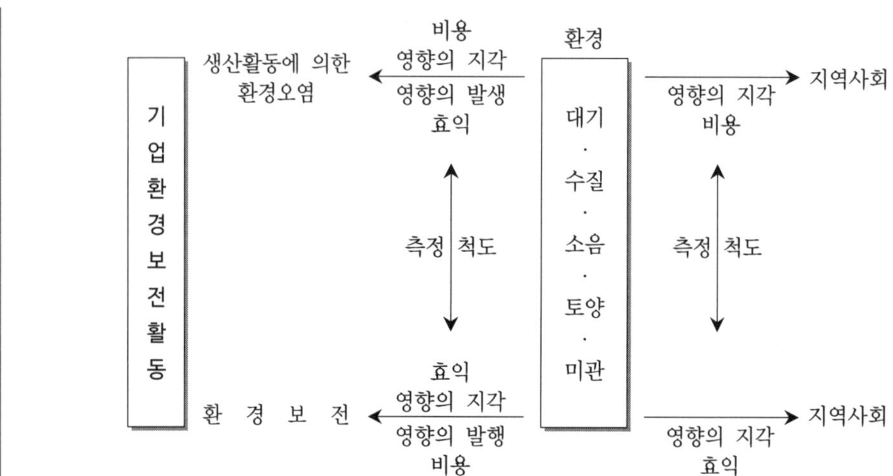

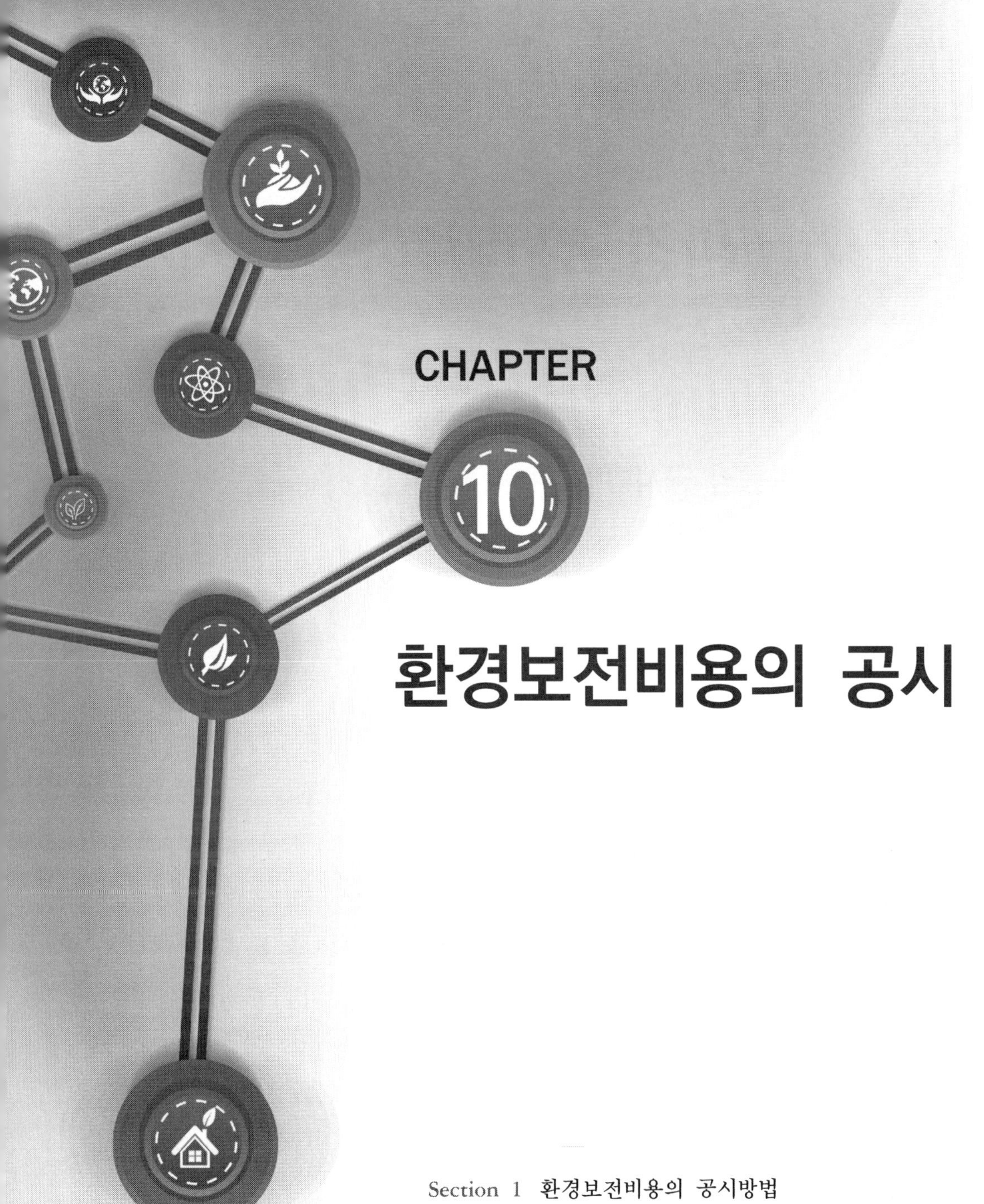

CHAPTER 10

환경보전비용의 공시

환경보전비용의 공시

1 환경보전비용의 공시방법

일반적으로 환경보전비용의 공시방법은 다음과 같은 것들이 있다.

① 재무제표에 공시하는 방법

㈎ 재무제표 본문에 표시하는 방법

㈏ 주기로 표시하는 방법

㈐ 부속명세서로 표시하는 방법

② 영업보고서에 공시하는 방법

③ 수탁책임별 다란식 재무제표에 의한 방법

④ 환경활동을 포함한 사회활동의 편익과 희생을 표시하는 방법

⑤ 기업의 자발적 활동에 한하여 환경활동을 포함한 사회활동을 표시하는 방법[1)]

⑥ 물량 표시의 충실을 강조하는 방법

⑦ 당초의 내부보고 목적에 초점을 맞추고 환경활동을 포함한 사회활동 프로그램을 평가하는 방법

회계정보의 하나로서 환경정보를 제시하고자 하는 것은 회계시스템의 성과중심으로서 재무제표에 의한 방법의 검토가 최우선이 된다.

AAA환경위원회는 주체적 제안을 마련하고 회계담당자 및 회계사가 환경정보의 외부보고를 달성하는 역할이 점점 중대하게 되고 있는 이유로서는 다음의 6가지를 주장하고 있다.

① 가장 큰 이유는 많은 회계정보는 재무적 정량화가 가능한 성질을 가지고 있고, 자산평가 및 기타에 현저하게 영향을 미치는 것이다.

1) D.F. Linowes, "The Accounting Profession and Social Progress," *Journal of Accountancy*, July 1973, pp.38~40.

② 환경비용이 사회적 비용으로 생각되어지고, 그러한 사회적 비용이 회사의 고유의 원가라는 인식이 일반화되고 있다.

③ 회계가 현존하는 하나의 전문직으로서 지위를 획득하고 발전한 것은 그것이 사회요구에 대응하고 있는 것이고, 사회는 조직환경정보를 요구하고 있으며 회계는 이러한 요구에 응하지 않으면 안되는 것이다.

④ 환경정보 제공이 일반적으로 인정되는 회계원칙(GAAP) 및 감사기준의 일부분으로 되리라는 것은 그다지 멀지 않는 장래로 추측되어지는 것이다.

⑤ 수익성이나 재무유동성을 비교하는 경우 오염회사가 환경개선에 상당한 재무적 노력을 확대하고 있는 회사보다도 유리한 경향을 나타내는 경우에, 만약 회계가 환경정보 제공으로 적극적인 역할을 달성하지 못한다면 그것은 외부이용자, 사회일반 목적에 역행하는 것이 되고 회계지위의 저하를 초래하는 것이다.

⑥ 환경정보 제공에 적극적인 역할을 달성하는 것은 회계사로서 매니지먼트, 서비스활동 기회의 증대 등을 통하여 서비스 영역확대 기회를 주고 나아가서는 경제적 보수 증대로 인도하는 것이다.

이러한 이유에 근거하여 환경정보의 외부보고를 제창하는 것에 대하여 동위원회는 재무제표를 매체로 할 것을 주장하고, 환경보전비용이 기본적으로 기업 생산과정에서 발생하는 비용일 것을 요구하고 있다. 즉 기업 생산과정에서 발생하는 비용이라면 그것은 다른 생산제비용과 같은 것으로 발생주의에 의해 인식되어지고, 완전공시 원리에 의해 공시되어야 한다고 주장하고 있다.

Beams와 Fertig가 재무제표본문에 의한 환경정보 공시를 제창하는 논거도 그 점에 있다. 그들도 지적하는 것은 환경문제 회계처리에 발생주의회계를 적용하는 것에 의하며, 앞의 이유 ⑤에 있는 기업간 비교를 당하는 폐해가 해소되어진다. 그것은 구체적으로는 당기 제조활동에 관련하여 부담한 비용은 당기 제조원가로서 처리하고, 장래 오염방지 경우에 부담하는 원가는 자본화하므로 장래 제조활동에 배분하고, 우선 지난 연도에서 발생되어진 환경파괴 복구에 수반하는 원가는 전기손익수정으로 처리하는 것을 의미하고 있다.[2)]

발생주의회계 적용에 의해 인식되어진 환경보전비용을 재무제표상에 독립 표시하면

2) F.A. Beams and P.E. Fertig, "Pollution Control through Social Cost Conversion," *Journal of Accountancy*, November 1971, pp.40~42.

재무제표 본문에 실태공시를 가능하게 한다. 이 점에 관한 현행 재무제표의 개선에 대하여 AAA환경위원회는 구체적으로 다음의 여러 가지 점을 제안하고 있다.

① 손익계산서상에 환경보전비용 독립표시

② 자금계산서상에 환경보전지출액 합계 독립표시

③ 대차대조표상의 환경보전설비(및 그것에 관련한 감가상각누계액) 독립표시

④ 임시손실(예를 들면 공장폐쇄) 혹은 전기손익수정(예를 들면 지난 연도 용지에 미친 파괴의 복원)을 초래하는 것처럼 환경규제에 의한 기간외 항목 독립표시

⑤ 발생주의회계 적용에 근거하는 과거의 거래에서 발생하는 장래의 오염방지지출 부채계상, 예를 들면,

㈎ 환경기준을 달성하지 못하여 부과되지만 아직 지급하지 않은 벌금 혹은 세금의 부채계상

㈏ 환경기준 혹은 규제달성 기한을 충족하지 않은 것에 대한 벌금 혹은 벌금견적액 부채계상

㈐ 과거 혹은 현재 파괴에 대한 자발적인 복구 경우의 견적비용 부채계상

물론 이러한 개선책에 많은 문제가 없는 것은 아니다. 예를 들면 환경보전설비의 기재에 있어서 최신 성능을 가지고 있는 신설비에 오염경감장치가 설치되어 있는 경우 당해설비원가 범위에 오염방지장치에 관련된 부분이 얼마나 배당되어지는가 하는 문제 혹은 견적채무 계상에 있어서 장기계약에 수반하는 미이행채무 계상의 타당성은 현재 논쟁중에 있지만 원상복구하는 것을 조건으로 하는 개발을 행하는 경우 당해원상복구 의무를 어떻게 할 것인가 하는 문제 등이 있다. 그렇지만 이것의 문제는 다음과 같이 처리하여 환경정보를 공시하는데 노력해야 한다. 즉 전자의 경우는 환경기준에 근거하여 오염경감장치를 설치하는 것이 신설비가동의 조건으로 되고 있는 것이 통상적인 것에서, 그러한 장치에 해당하는 부분과 그렇지 않는 부분에 원가를 배분하는 것은 타당하지는 않고, 각주에 의한 환경기준에 대하여 설치하고 있는 설비를 특히 명시하는 것을 필요로 한다. 또한 후자의 경우에 의해 계약시의 상태로 복원하는 것을 조건으로 개발을 실시하는 경우 등에 대해서는 최소한 장기계약 미이행부분의 완전한 기술, 견적원가의 명세 혹은 재무상태 및 경영성과에 미치는 영향의 명시에 의해 이용자의 판단을 도울 필요가 있다.

그런데 이러한 개선책의 전제는 회계제요소 분류체계의 개정에 있다. 환경정보를 회계정보로 공시하고자 하는데 곤란한 점은 현행 형태별 분류중심의 체계인 것이다. 이 점은 환경보전책임을 포함하고 기업 사회책임에 대하여 회계학적 접근을 시도하고자 하는데 있어서 반드시 지적되어지는 것이다. AAA환경위원회도 이 점을 반성하고 기능별 분류를 전제로 하여 앞서의 개선안을 제시하고 있고, 일본능률협회의 복합책임회계에 있어서도 기능분류가 전제되어지고 있다. 즉 연구개발활동의 독립공시나 부문별 보고의 실시를 수반하고 기업내용공시제도상 목적별 분류의 의의가 인식되어지기 시작하지만 현행 회계제도에는 기본적으로 형태별 분류에 기초하므로 환경보전설비나 환경보전비용이 표면으로 나타나지 않는다. 그 결과 그러한 설비나 비용은 불투명하게 처리되고 있다. 환경문제를 고려하지 않으면 기업경영이 곤란하게 되어 있는 지금의 재무제표를 모체로한 환경정보공시에는 현행 분류체계를 기능별 분류 중심으로 개정할 필요가 있다.

이러한 개혁에 의해서 환경정보공시 요구에 종래보다 더욱 더 부응 할 수 있으나 아직 만족할 단계는 아니다. 즉, 그러한 개선은 기업 환경보전활동을 화폐단위로 표현하는 것을 의미하고 있다. 그러나 화폐단위는 기업환경보전활동에서 희생치 측정에 유용한 지표로 제공되고 있으나 편익치 측정단위로서는 반드시 유용하지는 않고, 따라서 비재무적 단위에 의해 보충이 필요한 것이다. AAA환경위원회는 현행 보고모델의 확대를 전제로, 이 점에 관하여 언급하고 있다.

그런데 이러한 비재무적 정보는 각주, 부속명세표 등의 재무제표 본문에 대한 보조적 지위에 그치고, 재무제표본문은 어디까지나 재무적 성격의 정보가 있어야 할 것이다. 그 이유는 기업 본래의 업무는 경제적 활동에 있고, 기업 경제적 활동은 궁극적으로는 재무적 성격을 나타내고 있는 것이며, 또한 기업이 그러한 활동의 수행을 기대하고 있는 것은 기업의 주된 자원위탁자인 주주를 위시하여 투자가가 있어, 기업경영자가 이행해야 할 회계책임의 최우선 순위는 그들에게 부여되어야 되기 때문이다.

이상의 논의는 외적으로 부과되어진 어떠한 형태의 규제기준이 존재하고 있는 경우에 한정하고 있지만 이것은 기업이 당연히 수행해야 할 책임이며 기업이 자발적으로 행한 환경보전활동의 입장을 한정해야할 것에 있다고 말하는 논의도 있다.[3)]

---

3) D.F. Linowes, *op.cit.*, p.38.

기업에 있어서의 사회관련 활동 공시의 적극적 제창, 그것도 플러스 · 마이너스 각 측면으로 구분하고 개개 항목을 화폐단위에 의해 표시하고자 하는 적극적인 의욕은 높게 평가된다. 그러나 외부재무보고에서는 외부의 규제를 받아들이고 있는 경우를 제외할 필요 없이, 오히려 그 경우도 포함해야 할 것이다. 기업활동에 대해서 외적 규제를 받아들이고 있는 환경과의 관계가 공시되어지지 않는 것이 외부재무보고 현황이다. 그러한 현황을 고려한 AAA환경위원회 보고에 의하면 외적 규제에 근거하는 기업에 있어 환경보전활동을 공시하는 것도 가치 있는 일이다.

한편 AAA에서 외적 규제를 받아들이고 있는 경우의 입장에 한정할 필요도 없다. 현행 재무보고모델 확대의 제창에서, Linowes가 주장하는 것처럼 기업에 있어 자발적인 환경보전활동도 확대안의 1항목으로 받아들일 필요가 있다. 현실적으로는 환경오염방지, 환경개선에 기업이 달성해야 할 책임에 대한 최우선 순위가 부여되고 있다. 또 실제로 환경미화 등 자발적으로 환경개선에 적극적인 기업도 있다. 단지 이러한 기업에 그 활동성과를 계량화된 정보로서는 공시하지 않는다. 가능하면 부분적이라도 그러한 기업행동이 계량적 정보로 공시되어진다면, 기업 환경보전활동에 관한 노력의 실태가 보다 명확하게 될 것이다.

2 주요국가의 환경정보 공시규정

본 절에서는 환경에 대한 '지속가능한 발전'(sustainable development)이라는 목표를 달성하기 위한 국제기구의 환경정책 및 주요국가의 환경관련법 체계와 환경회계정보 공시규정에 대해 살펴본다.

1. 국제기구의 환경회계정보 공시

1) UN의 환경정책과 기업활동 보고

UN은 1984년 발족한 「환경과 개발에 관한 세계위원회」(World Conference on Environmental and Development: WECD)에서 지구환경문제에 대한 전략과 그 실현을 위한 구체적 방안을 제안하도록 요청하였으며, 그 요청에 따라 위원장인 노르웨이 수상

브런트랜트(Gro Harlem Brundtland)의 이름을 딴 「브런트랜트 보고서」(Brundtland Report)를 1987년에 공표하였다.[4)]

환경회계정보가 처음으로 취급되게 된 1989년의 보고서는 재무제표의 보충자료로써 이사회보고서는 ① 기업개관(기업활동 전반의 보고), ② 부문별 보고, ③ 재무상황 개요를 포함할 것을 제안하였다. 이 가운데 기업개관으로 예시되고 있는 것은 기업전략, 우발사상, 기업매수 및 매각, 인적자원(부가가치정보), 사회적 책임, 연구개발, 투자계획, 장래 예측 등 8개 항목으로 구성되어 있지만 환경회계정보는 사회적 책임정보의 하나로서 예시되는 정도로 취급되고 있다. 그러나 제8년도(1990년) 보고서 이후 환경회계정보의 인식도는 높아졌다.

'회계와 보고의 국제기준에 관한 국제연합 정부간 전문 작업단'(The United Nations Intergovernmental Working Group of Experts on International Standards of Accounting and Reporting)에서는 환경 재무정보의 공시에 역점을 둔 권고내용이 발표하였다. 그것은 다음과 같은 정보를 확립하려는 의도로 착수되었다.[5)]

① 재무제표의 작성자가 현재 주목하고 있는 환경문제에 관한 정보

② 진실하고도 공정한 관점(true and fair view)에 기초를 두고 정보이용에 필요한 환경회계정보에 관한 그 권고 내용은 다음과 같다.[6)]

㈎ 기업이 속하는 산업과 관련된 환경문제의 형태

㈏ 환경 보호 대책에 대해 기업에서 사용되어 온 방침이나 프로그램

㈐ 이와 같은 방침이나 프로그램이 존재하지 않는 경우에, 과거 5년간 실시되어져왔던 주요 분야의 개선

㈑ 기업 스스로 설정한 환경 배출 목표와 그 목표에 관련하여 수행하고 있는 방법

㈒ 정부규제에 따른 환경보호대책의 정도와 달성되어진 정도

㈓ 환경법에 따른 중요한 소송문제

㈔ 환경 보호 대책이 자본지출 및 당기 기업이익에 관련되는 재무적 내지 영업활동에 미치는 영향, 그리고 장래에 미치는 어떠한 특정 영향

---

4) UN 다국적 기업센타는 UN경제이사회의 하부기관인 다국적 기업위원회의 사무국으로서 1974년에 설립되었다.

5) 제8년도에는 '환경정책에의 회계적 대응'이 사용되고 있으나, environmental measure의 개념이 명확하지 않다. 제9년도(1991년)에 있어서는 '환경보호정책에 대한 회계적 대응'으로 변화하고, 제10년도(1992년)에는 '환경회계'(Environmental Accounting)로 결정되었다. (박종서, 환경회계에 관한 연구, 「경성대학교 논문집」, 제21집 제1권, 2000, pp.373-387.)

6) 山上達人 · 菊谷正人 編著, 「環境會計の現狀と課題」, 同文舘, 1995, p.99.

(아) 중요한 내용은 환경대책의 설명과 함께 당기 영업활동으로 부과된 실제액을 표시

(자) 환경 보호 대책과 관련한 금액을 구분하는 것이 불가능한 경우, 중요한 내용이라면, 당기중에 자본화한 금액, 누계액, 그리고 상각기간을 환경대책기술과 함께 공시할 것

(차) 환경대책과 관련한 금액을 분리하는 것이 불가능한 경우, 미 증권거래위원회(Security and Exchange Commission: SEC)에 의한 환경 재무정보의 규제에 따른다.

2) OECD와 EU의 환경정책

OECD는 수많은 환경문제와 환경정책에 관한 보고서를 발간하고 있다. 1979년부터 6년마다 발행하는 OECD 환경백서를 통해 주로 거시적 수준의 환경회계정보와 환경지표를 명백히 하고 있다. 개별 기업수준에서도 「OECD 다국적 기업 가이드라인」을 공표해 환경보호 문제에 대한 국제적인 협조관계의 필요성을 설명하고 있다. 그 대표적인 것이 환경감사 제도화에의 움직임이다. 과거 4차에 걸친 환경 행동계획이 행해졌고, 또한 1990년에는 유럽환경청이 설치되어 EU지령의 이해 상황을 감시하고 환경행동계획의 촉진을 꾀하고 있다.[7)]

2. 미국의 환경회계정보 공시

1) 환경법 체계

1960년대부터 1970년까지는 세계적으로 환경파괴가 진행되고, 환경문제에 대한 관심이 급속하게 높아졌던 시기이다. 미국에서는 1970년대에 환경행정기관으로서 환경보호청(Environmental Protection Agency: EPA)이 창설된 이후 직접 규제하는 연방법 차원에서의 환경법이 잇달아 제정 · 시행되고 있다.

현재 환경과 관련된 연방법은 국가환경정책법(National Environmental Policy Act: NEPA, 1970), 대기정화법(Clean Air Act: CAA, 1990), 직업안정보건법(Occupational Safety and Health Act: OSHA, 1970), 수질정화법(Clean Water Act: CWA, 1987), 안

7) A. Honkasalo, The EMAS scheme: a management tool and instrumental environmental policy, *Journal of Clean Production*, 6, 1998, pp.119-128.

전음료수법(Safe Drinking Water Act: SDWA, 1974), 원유오염법(Oil Pollution Act: OPA, 1990), 고체폐기물처리법(Solid Waste Disposal Act: SWDA, 1965), 자원보전회복법(Resource Conservation and Recovery Act: RCRA, 1976), 유해고체폐기물법(Hazardous and Solid Waste Amendments: HSWA, 1984), 포괄적환경대책보상책임법(Comprehensive Environmental Response, Compensation and Liability Act: CERCLA, 1980), 슈퍼펀드법 수정 및 재허가법(Super-Fund Amendments and Reauthorization Act: SARA, 1986), 유해물질규제법(Toxic Substance Control Act: TSCA, 1976), 그리고 긴급대처계획 및 지역주민의 알 권리법(Emergency Planning and Community Right-to-konw Act, 1986) 등 총 13개가 있다.[8)]

2) GAAP에 의한 환경보고

미국 기업들이 환경회계에 본격적으로 관심을 가지게 된 것은 1980년대 이후이다. 이와 같은 흐름 속에는 환경에 영향을 끼쳤던 중요한 사건이 있었다.

첫 번째는 1978년의 '러브커낼사건'(The Love Canal incident)이다.[9)] 이것을 계기로 'super fund'법이 제정되어 16억 달러의 신탁기금이 조성되었는데 그 재원은 주로 석유제품세와 42종의 화학제품세로부터 징수되었다. 두 번째는 발데스호 사건이다. 이것은 원유유출사고로 환경적 · 경제적으로도 막대한 손실을 가져왔다. 이 사건에 의해 기업의 환경보존을 위한 'CERES 원칙'[10)]이 작성되었다. 이것은 환경의 원상회복을 위해 모든 기업에게 의무를 부과하고 이를 채택하려는 의도였다.

'일반적으로 인정된 회계원칙'에 의하면 우발채무에 관한 재무회계기준서(SFAS) 제5호 「우발사상의 회계(Accounting for Contingencies)」는 발생가능성과 금액의 합리적 측정가능성이라는 두 가지 요건을 충족시킨 시점에서 우발채무를 인식할 수 있

---

8) 심갑용, 미국의 환경회계정보 공시와 함의, 「회계정보연구」, 제11권, 한국회계정보학회, 1999. 6., pp.117~135.

9) 1942년에서 1952년에 이르기까지 당시의 법률 하에서는 합법적인 행위였던 화학폐기물처리(러브커낼이라는 운하에 투기하는 것)가 후에 유해물질에 의한 지하수오염, 토양오염 및 주민의 건강문제가 표면화된 사건이 1978년의 '러브커낼사건'(The Love Canal Incident)이다. 이를 계기로 'super fund'법이 제정되었으며 16억 달러의 신탁기금이 조성되었고, 그 재원은 주로 석유제품세와 42종의 화학제품세로부터 징수되었다.

10) 1989년 CERES 원칙(처음에는 '발데즈원칙'(The Valdez Principles)이었다가 후에 개정됨)을 채택 · 지지 · 실행하였으며, 다음과 같은 조항들로 구성되어 있다.
1. 생물권의 보호, 2. 천연 자원의 지속가능한 이용, 3. 폐기물의 경감과 적절한 처리, 4. 에너지의 효과적인 이용, 5. 종업원과 지역사회에 대한 위험의 감소, 6. 안전한 재화와 용역의 제공, 7. 손해배상, 8. 정보공시, 9. 환경문제담당 임원(환경관리자)의 설치, 10. 평가와 연차감사

으며, 환경에 관한 우발채무에도 적용 가능하다.[11]

3) SEC 규제에 의한 환경보고

미국 증권거래위원회(Security Exchange Commission : SEC)가 발표한 Regulation S-K는 등록보고서와 연차보고서의 비재무적 부분에 적용할 수 있는 공시규정을 여러 항목으로 나누어 기술하고 있다. 이중 환경문제에 대한 공시를 요구하는 항목은 '항목 101 - 영업내용에 대한 기술', '항목 103 - 계류중인 법적 소송', '항목 303 - 경영자의 재무상태와 영업결과에 대한 토의와 분석'이다. 그 외에 SEC의 환경관련 회계규정으로 Staff Accounting Bulletin(SAB) No.92(우발손실에 관련된 회계 및 공시)가 있다.

4) FASB의 환경회계 및 공시규정

FASB는 환경지출의 자본화 또는 비용화 문제와 우발채무에 초점을 맞추고 있다. 환경지출문제는 FASB의 EITF(Emerging Issues Task Force: EITF)에서 발표하고 있다. 그 내용을 보면, ① SFAS No.5(우발사상의 회계처리), ② FIN 14(손실액의 합리적 추정 - SFAS No.5의 해석), ③ EITF No.89-13(석면제거비용의 회계처리), ④ EITF No.90-8(환경오염관련 비용의 자본화)이 있다.

5) AICPA의 보고규정

AICPA는 환경부채를 인식, 측정, 공시하는 특정한 상황에 대해 기존의 회계규정을 적용하는 방법을 개선하고 범위를 좁히기 위하여 문제제안서(Statement of Position: SOP) 96-1을 공표하였는데, 그 내용은 '환경복구부채(Environmental Remediation Liabilities)'를 중심으로 한 것이다.

SOP 96-1의 환경부채에 대한 회계처리는 중요하고 가치가 있다. FASB의 EITF와 SEC의 스텝에 의해 제공된 지침은 특정 분야에 대한 제한적인 것임에 비하여 SOP 96-1은 가장 포괄적인 지침으로 GAAP의 역할을 수행하는 지위를 가지고 있다.

---

11) FASB, *Statement of Financial Accounting Standards* No.5, Accounting for Contingencies, 1975, para.8.

3. 캐나다의 환경정보 공시

1) 법률과 제도

캐나다에는 다수의 환경법규가 있지만 그 가운데서 가장 대표적인 법규가 연방정부의 「캐나다 환경보호법」(Canadian Environmental Protection Act: CEPA)과 온타리오주의 「환경보호법」(Environmental Protection Act: EPA)이다. 「캐나다 환경보호법」은 특정한 유독물질의 방출을 규제하는 법률로써 현재 PCB, 프레온가스, 석면, 염화비닐 등 13종류의 유독물질을 관리하고 있다.[12)]

「캐나다 환경보호법」은 기존의 「대기정화법」(The Clean Air Act), 「환경오염물질법」(The Ocean Dumping Control Act), 「캐나다 수질관리법 제3부」(Part Ⅲ of the Canada Water Act)를 포함하고 있고, 유독물질의 배출규제뿐만 아니라, 국제적인 대기오염의 규제, 연방정부작성의 「국내유독물질목록」(Domestic Substance List)에 게재된 화학제품 등 지정물질의 캐나다 내에서의 제조규제 · 수입규제, 유독물질의 수출규제, 유해화합물의 배출규제, 해양투기의 규제를 포함하는 포괄적인 내용을 가지는 환경보호법으로 되어 있다.

「캐나다 환경보호법」에서는 허용한도를 초월한 지정유독물질의 배출뿐 아니라 그 조짐이 있는 경우에도 유독물질의 소유자, 배출한 유독물질의 관리책임자, 유독물질의 배출을 일으키거나 그 원인이 된 사람 모두에게 일정한 의무가 부과된다. 그 의무란 당해배출의 보고의무, 환경과 인류의 생명 · 건강에 대한 피해로부터의 구제와 피해의 진정화를 위한 노력, 피해를 입을 것이라고 생각되는 사람들에게 대한 보고를 뜻한다.

한편, 온타리오주의 「환경보호법」은 개인이나 법인이 법정한도를 초월한 양의 오염물질을 자연환경에 배출하는 것을 금한다.[13)] 즉, 그것은 자연환경에의 오염물질의 배출규제, 폐수 등의 방출규제, 산업폐기물의 관리규제법이다. 따라서 온타리오주에서는 「대기오염법」(The Air Pollution Act) 등을 별도로 규정하고 있지 않다. 온타리오주의 「환경보호법」의 관리 · 시행상의 책임은 온타리오 환경성(Ontario Ministry of Environment)에 있다.

---

12) J. Andrew Schlickman, Francis J. F. Handy, Douglas T. Hamilton, *International Environmental Law and Regulation*, New Hampshire, Butterworth Legal Publishers, 1991, p.Can-11.

13) 이와 관련된 오염물질에는 인간의 행동으로부터 직 · 간접적으로 발생하는 모든 유해한 고형물, 액체, 가스, 악취, 열, 소리, 진동, 방사능물질이 포함된다.

2) 회계기준과 CICA 등의 활동

환경문제에 대한 활동은 주로 캐나다 공인회계사협회(Canadian Institute of Chartered Accountant : CICA)에 의해 1989년부터 이루어지고 있다. 협회의 연구단(study group)에 의하면, '환경이란 대기 · 물 · 광물 · 생물 그리고 이를 둘러싸고 있으며, 항상 영향을 미치게 하고 있는 기타의 모든 외부 요인'이라고 정의하고 있다.[14] 환경에 큰 영향을 미치는 사업과 관련하여, 사전에 그 사업이 환경에 미치게 하는 영향을 조사 · 예측 · 평가하고, 그것들에 대해 주민의 의견을 수용하는 등 환경보전에 관한 적정한 절차를 정한 환경평가제도를 언급하고 있다.

1990년에 CICA에 의해 발표된 「현재의 재무보고 구조내에서의 환경문제에 대한 회계처리와 보고」에서는 기존의 회계규정에 의한 환경관련 사항의 처리를 검토하고 있다. 1992년에 공표된 「환경감사와 회계전문가의 역할」은 환경문제의 확대검토, 여러 종류의 환경감사업무에 있어서 요구되는 지식과 기술에 관한 고찰, 환경감사의 장래 전망의 검토 등을 내용으로 한다.[15]

1993년에 공표된 「환경원가와 환경부채: 회계처리와 재무보고상의 문제점」은 캐나다의 회계기준 심의회의 의뢰에 의해 기존의 회계기준 내에서의 환경문제의 재무보고, 환경원가의 정의, 환경계약채무와 우발채무의 인식과 측정문제, 환경계약채무와 우발채무의 공시문제, 일어날 수 있는 장래의 환경지출 또는 손실의 공시문제 등을 검토했다.

그 외에 CICA에 의한 토의 자료 「환경성과에 관한 보고」가 1994년에 공표되었으며, 캐나다 관리회계사협회에 의해 수행되어 환경회계에 있어서의 정부의 역할, 기업의 사회적 책임과 그 비용 · 효익 · 환경보호를 위한 회계처리 등의 주제에 대하여 각종 제언을 한 「환경을 위한 회계」(Accounting for the Environment)라는 보고서가 1992년에 발행되었다.

---

14) Canadian Institute of Chartered Accountants(CICA), *Environmental Costs and Liabilities: Accounting and Financial Reporting Issues*, Ontario, 1993.

15) 박종서, 환경회계에 관한 연구, 「경성대학교 논문집」, 제21집 제1권, 경성대학교, 1999, p.11.

4. 일본의 환경회계정보 공시

일본에서 환경회계에 관한 논의가 본격적으로 전개된 것은 1990년대 중반부터이다. 山上 교수를 중심으로 한 일본사회관련회계학회(1988년 발족)를 통해 환경회계의 체계형성을 위한 이론적인 연구를 전개하였으며, 사회적 · 환경적 회계책임 개념이 중심적으로 사용되었다. 그리고 1990년대 말 國部 교수를 중심으로 환경회계정보 공시에 대한 사례연구가 진행되었다.[16)]

1) 경단련의 환경회계정보 가이드라인

경단련의 1991년 「경단련 지구환경헌장」은 기업의 자율적인 환경보고서 작성에 크나큰 영향을 미친 것으로 평가되고 있다.[17)] 아울러 경단련은 1996년 7월에 환경어필 「21세기 환경보전을 향한 경제계의 자율행동선언」을 발표하였는데, 그 내용은 ① 지구 온난화 대책, ② 폐기물 대책, ③ 환경관리시스템, ④ 해외 사업활동에 있어서의 환경보전 등 네 개의 항목이 설정되어, 각 항목별 목표와 대책이 업종별로 제안되었고 업종별 협회가 적절한 행동계획을 책정하여 산하 기업의 자율적 행동을 유도하고 있다.[18)]

2) 환경성의 환경회계 도입을 위한 가이드라인(2000년)

일본 환경성이 발표한 「환경회계 도입을 위한 가이드라인 2000년 보고」에 있어서 주목할 점은 환경관련효과의 도입이다. 이 보고서에서는 「환경회계시스템」을 기업 등이 지속가능한 발전을 위해 사회와의 양호한 관계를 유지하면서 환경보전에의 노력을 효율적이고 효과적으로 추진해 나가는 것을 목적으로 사업활동 상의 환경보전원가와 그에 따른 효과를 가능한 정량적으로 파악(측정), 분석하여 공표하기 위한 시스템으로 정의하고 있다.[19)]

여기서 기업 등의 환경보전대책에 관련된 「환경보전원가」에 대응하는 효과는 크게 ① 사업활동에 의한 환경부하를 억제 혹은 회피하는 환경보전효과와 ② 사업수익에 공헌하는 환경보전대책에 따른 경제효과로 상정하고 전자를 사회적 효과, 후자를 동

---

16) 박은지, 일본기업의 환경회계정보 공시동향, 「회계연구」, 제6권 제1호, 대한회계학회, 2001, pp.219~243.
17) http://www.keidanren.or.jp/english/policy/index.html에서 Keidanren Grobal Environment Charter(April 23, 1991) 참조.
18) http://www.keidanren.or.jp/english/policy/pol046.html
19) 環境省, *Environmental Reporting Guidelines(Fiscal Year 2000 Version) - Guidance for Publishing Environmental Reporting*, 2000, pp.3~59.

시에 발생하는 내부효과로 지적하고 있다.

이 보고서는 주로 환경보전대책에 관련된 효과의 파악에 중점을 두고 있다. 여기서는 효과의 정확한 파악 · 측정을 위해 환경보전효과에는 환경부하량과 그 증감을 파악하기에 적절한 물량단위를, 환경보전대책에 따른 경제효과에는 환경보전대책으로 얻어진 사업수익이나 비용의 절감 · 회피를 파악하기에 적절한 화폐단위를 이용할 것을 제안하고 있다.

5. 우리나라의 환경회계정보 공시

1) 환경관계법령20)

헌법 제35조의 규정(모든 국민은 건강하고 쾌적한 환경에서 생활할 권리를 가지며, 국가와 국민은 환경보전을 위하여 노력하여야 한다)에 의해 보장된 환경권을 구체화한 법령은 크게 여덟 가지 범주인 ① 환경정책기본법, ② 자연환경의 관리에 관한 법률, ③ 대기환경의 보호에 관한 법률, ④ 수질환경의 보호에 관한 법률, ⑤ 폐기물의 관리 및 재활용에 관한 법률, ⑥ 기타 배출규제 및 관리에 관한 법률, ⑦ 상수원의 관리에 관한 법률, ⑧ 기타의 환경관계법으로 구분된다.

① 환경정책기본법

모든 환경법의 기본이 되는 법으로서 국가환경보전 시책의 기본이념과 방향을 제시하고, 환경에 관한 기본정책을 규정하고 있다. 환경정책기본법은 그 법적 성격이 규제법이나 집행법이 아닌 정책법으로서 환경관계 개별대책법들의 상위법으로서의 지위를 가진다. 주요내용으로는 오염원인자 비용부담원칙, 환경보전장기 종합계획의 수립 및 그 시행에 관한 사항, 환경오염피해에 대한 무과실 책임 및 사업자의 연대책임 등에 관하여 규정하고 있다.

② 자연환경의 관리에 관한 법률

자연환경보전법, 환경 · 교통 · 재해 등의 영향 평가법, 독도 등 도서지역의생태계 보전에 관한 특별법, 자연공원법, 토양환경보전법, 습지 보전법, 조수 보호 및 수렵에 관한 법률이 있다.

---

20) 환경부, 환경백서, 2001, pp.12-24.

③ 대기환경의 보호에 관한 법률

대기환경 보전법, 소음 · 진동규제법, 지하생활 공간 공기질 관리법이 제정되어 있다.

④ 수질환경의 보호에 관한 법률

수질환경보전법, 오수 · 분뇨 및 축산폐수의 처리에 관한 법률, 하수도법, 한강수계 상수원수질개선및주민지원등에관한법률이 있다.

⑤ 폐기물의 관리 및 재활용에 관한 법률

폐기물관리법, 자원의 절약과 재활용촉진에 관한법률, 폐기물처리시설설치촉진및주변지역지원등에관한법률, 폐기물의 국가간 이동 및 그 처리에 관한 법률이 있다.

⑥ 기타 배출규제 및 관리에 관한 법률

유해화학물질관리법, 환경범죄의 단속에 관한 특별조치법이 있다.

⑦ 상수원의 관리에 관한 법

수도법, 먹는 물 관리법이 있다.

⑧ 기타의 환경관계법

환경기술개발 및 지원에 관한법률, 환경분쟁 조정법, 환경개선특별회계법, 환경개선비용 부담법, 환경관리공단법, 한국자원재생공사법, 수도권매립지관리공사의설립및운영등에관한법률이 제정되어 있다.

2) 환경회계정보의 공시 규정

과거 기업회계기준에서 감사보고서의 보충적 주석사항으로 기업의 환경기준과 정책, 안전 및 사고에 관한 사항, 환경관련투자액, 자원과 에너지의 소비, 부산물 및 폐기물의 발생 및 처리에 관한 사항을 기재하도록 규정(1996. 3. 30 이후 최초로 개시하는 회계연도부터 적용됨)하고 있었고, 현재는 온실가스배출권, 배출부채에 대한 회계처리도 규정되어 있을 정도로 환경회계정보공시는 확대되고 있다.[21] 따라서 기업들은 강제적이지는 않지만 추가적으로 환경정책 및 환경관련 정보를 감사보고서 등의 주석

21) 일반 기업회계기준 33장 참조

사항으로 확장공시하게 될 것이고, 앞으로는 기업의 자발적인 공시가 더욱 더 확대되리라 예상된다.

이러한 경향의 일환으로 환경부에서는 「환경보고서 가이드라인 2002」를 발표한 바 있다. 2001년 9월부터 7개월에 걸친 시범사업을 통한 결과물인 「환경보고서 가이드라인 2002」는 기업의 환경경영 실천에 도움이 될 것으로 예상된다. 「환경보고서 가이드라인 2002」의 정보공개항목은 기업개요, 환경방침 및 목표, 환경경영시스템, 환경영향 및 성과, 이해관계자 파트너십, 지속가능한 경영 등 6개 분야 21개 항목으로 구성되어 있다. 그 내용은 아래 <표 1>과 같다.

<표 1> 「환경보고서 가이드라인 2002」의 정보공개항목

공개분야	공개항목
기업 개요 (3)	1. 최고경영자의 선언 2. 사업 개요 3. 환경보고서 개요
환경방침 및 목표 (1)	환경방침 및 목표
환경경영시스템 (3)	1. 환경경영체제 2. 환경사고 대응체계 3. 환경감사
환경영향 및 성과 (9)	1. 자원 사용(Input) → 물질 / 에너지 / 용수 사용 2. 오염물질 배출(Output) → 대기 · 수질오염물질 / 폐기물 배출 및 재활용 3. 보건 · 안전 4. 환경영향평가 5. 소음 · 진동 6. 환경친화제품 생산 · 소비 7. 환경친화적인 포장 8. 환경친화적인 수송 9. 환경회계
이해관계자 파트너쉽 (4)	1. 자연생태계 보전노력 2. 이해관계자 관계 3. 법규 준수 4. 인증 · 수상 경력
지속가능한 기업경영 (1)	지속가능한 기업경영 비젼 및 전략

이상과 같이 국제기구와 주요국가의 환경관련 법령과 환경회계정보의 공시규정을 요약하면 다음 <표 2>와 같다.

<표 2> 각국의 환경관련 법령과 환경회계정보 공시규정 비교

국 가	환경회계정보의 공시규정
국 제 기 구	• 브런트랜트 보고서(1987) • 회계와 보고의 국제기준에 관한 국제연합 정부간 전문작업단의 권고사항(1990) • OECD 다국적 기업 가이드라인(1979) • EU 지령(1990)
미 국	• 국가환경정책법, 대기정화법 등 13개 • Regulation S-K 항목 101, 103, 303 • SFAS No.5, Fin 14, EITF No.89-13, EITF No.90-8 • SOP 96-1
캐 나 다	• 캐나다 환경보호법 • 온타리오주의 환경보호법 • 현재의 재무보고 구조내에서의 환경문제에 대한 회계처리와 보고(1990) • 환경감사와 회계전문가의 역할(1992) • 환경을 위한 회계(1992) • 환경원가와 환경부채: 회계처리와 재무보고상의 문제점(1993) • 환경성과에 관한 보고(1994)
일 본	• 경단련 지구환경헌장(1991) • 환경에 관한 자율적 계획(1992) • 21시기 환경보전을 향한 경제계의 자율행동선언(1996) • 환경회계 도입을 위한 가이드라인 2000년 보고(2000)
한 국	• 환경정책기본법 등 총30개 • 기업회계기준 제87조 제14호 • 환경보고서 가이드라인 2002(2002)

[출처] 환경부, 환경보고서 가이드라인 2002, 2002, p.6.

공시관련 연구

1. Jones의 연구

Jones는 1960년에서 1970년까지의 비교적 규모가 큰 55개사의 연차보고서를 분석하였는데, 사회적 책임 항목의 기재 회사수는 다음의 <표 3>과 같다.[22)]

<표 3> 연차보고서 내용과 각 항목의 기재회사

대　　상	받아들이고 있는 회사수	
	1970	1960
대기오염의 규제	39	0
수질오염의 규제	31	0
종업원－혜택 없는 노동자의 채용	21	0
경관오염규제	19	0
안전성	19	10
지역사회와의 관계－시민	16	5
교육 및 비기업에 의한 기초적 조사의 원조	15	15
종업원－기업외 교육 및 훈련	10	12
지역사회와의 관계－도시개발	9	1
자선사업	8	3
기업의 사회적 책임에 관한 조직	7	0

2. Eilbirt와 Parket의 연구

Eilbirter와 Parket에 의한 1973년 조사에 의하면[23)] 미국 대기업 400사중 응답회사 96사 56%인 54사가 기업의 사회적 책임 활동에 적응하기 위하여 기업이 조직기구를 변경하여 사회적 책임 담당관리소를 두고 있으며, 뿐만 아니라 그들의 90% 이상이 대학 이상의 학력을 소유한 자로서 40세 이상의 연령층이 80%를 점하며, 전담당직이

22) S.Jones, "Reporting Corporate Social Responsibility Activities," *Financial Management Association*, Vol. XII, October. 1971. p.7.

23) H. Eilbirt and I.R. Parket, "The Corporate Responsibility Officer : A New Position on the Organization chart," *Business Horizens*, Feb. 1973, pp.45~51.

P.R, 마아케팅, 인사 등의 요직을 담당했던 자가 대부분인 것으로 나타나고 있다. 한편 환경오염은 75개사가 중요한 사회적 책임 활동으로 인식하고 있다.

3. Corson과 Steiner의 연구

Corson과 Steiner는 1973년 미국의 대표적 기업 284개사를 대상으로 기업의 사회적 책임의 활동 상황을 조사하였는데 다음 <표 4>과 같은 결과를 얻었다.[24)]

<표 4> 미국 대기업의 사회적 책임에 대한 관심도 순위

중요도 순위	활 동 상 황
1	소수민족의 채용 및 승진기회 보장
2	교육기관에의 장학금 및 재정지원
3	불리한자의 적극적 고용
4	노동자의 기술향상과 승진기회의 개선
5	공해방지를 위한 현대시설

4. Barnett 와 Caldwell의 연구

Barnett와 Caldwell은 회계전문가 261명을 대상으로 NAA가 주장한 기업의 사회적 업적에 관한 4가지 영역이 과연 회계정보시스템에 포함시킬 정도로 중요성을 가지고 있는지에 대하여 질문조사를 하였는데[25)] 그 결과 90% 이상의 응답자가 환경오염에 대한 정보가 유용하다고 인식하고 있었다.

5. Dilley의 연구

1975년에 Dilley는 250개사의 1974년도 연차보고서를 조사하였다.[26)] 외부보고의 공시를 행한 장소나 표시방법을 중심으로 구별한 전형적인 형식을 요약하면 다음 <표 5>과 같다.

---

24) J.J. Corson and G.A. Steiner, "Measuring Business's Social Performance," *The Corporate Social Audit, New York : The Committee for Economic Development*, 1974, pp.27~29.

25) A.H. Barnett and James C. Caldwell, "Accounting for Corporate Social Performance, A Survey," *Management Accounting*, Nov. 1974, p.25.

26) Steven C. Dilley, "External Report of Social Responsibility," *M.S.U. Business Topics*, Autumm 1975, p.14.

<표 5> 기업의 연차보고서상 사회적 업적의 공시방법

공시의 장소	공시 · 유형		
	화폐적	수량적 (비화폐적)	서술적
재무제표의 본문	희소하다	희소하다	희소하다
재무제표의 주석	비교적 일반적이다	희소하다	비교적 일반적이다
주주 앞으로의 서한	비교적 일반적이다	희소하다	비교적 일반적이다
기타의 구분 (예를 들면 특별히 분류된 개별적인 구분 또는 연차보고서중의 경영에 대한 검열결과에 주석하는 부분)	비교적 일반적이다	비교적 일반적이다	비교적 일반적이다

여기에서 우리가 알 수 있는 것은 일반적으로 이용되고 있는 공시 형식은 화폐적 · 서술적 방법이며 재무제표의 본문에 공시하는 것은 드물다는 것이다.

6. Elias와 Epstein의 연구

Elias와 Epstein은 47개사를 대상으로 기업의 사회적 보고의 동향을 조사한 결과 사회적 책임 항목의 우선순위는 교육, 자선 및 보건에 관한 사항이 27개사(57%)이며 환경에 관한 사항이 24개사(51%), 소수민족에의 기회부여가 21개사(45%)였다.[27)]

7. Ernst & Ernst사의 연구

Beresford의 지도에 따라 Ernst & Ernst 회계사무소가 사회적 책임의 공시범위와 그 특질을 수년간에 걸쳐 조사 · 검토하여 Forturn지에 게재한 미국 대기업 500개사의 통계조사 결과는 다음 표와 같은데, 이 조사에서 사회적 책임의 내용은 환경사항, 평등한 기회, 인사, 지역사회와의 관계, 제품에 관한 것, 윤리규제상의 책임 등으로 구분되고 있으며[28)] 사회적 보고의 영역으로 중요한 것들은 ① 환경상의 질, ② 평등한 고용기회, ③ 제품의 안전성, ④ 교육보조, ⑤ 자선적 기부, ⑥ 산업에 종사하는 노

27) N. Elias and M. Epstein, "Dimensions of Corporate Social Reporting," *Management Accounting*, March 1975, p.38.
28) D.R. Beresford, "Social Responsibility Disclosure Grows," *Management Accounting*, May 1977, p.56.
D.R. Beresford and S.A. Feldman, "Companies Increase Social Responsibility Disclosure," *Management Accounting*, March 1976, p.51.

동자의 안전성, ⑦ 지역사회에의 원조계획 등으로 이 중에서도 환경문제가 가장 중요시되고 있다.29)

<표 6> 미국 대기업의 사회적 책임공시30)

사 항	1976	1974	1973	1972	1971
사회적 책임사항을 공시하고 있는 회사	425	345	298	286	239
사회적 책임사항을 공시하고 있지 않은 회사	75	152	198	206	226
쉽게 이용할 수 없는 보고서	0	3	4	8	35
계	500	500	500	500	500
사회적 책임사항을 공시하고 있는 회사의 비율(%)	(85.0)	(69.2)	(59.6)	(57.2)	(47.8)

8. 기업제도연구회의 조사

기업제도연구회가 기업의 사회적 책임에 대해서 상장회사의 사업보고서에 기재하고 있는 실태를 조사한 바 있는데, 이에 따르면 사회적 책임에 대해 설명식으로나 양적(화폐, 비화폐단위)으로 공시하고 있는 기업의 수는 조사대상기업 724개사 중 252개사로 약 35%에 이르고 있으며, 양적으로만 기재하고 있는 기업의 수도 126개사(17%), 특히 독립항목으로 기재하고 있는 기업의 수도 98개사(14%)에 이르고 있다.31)

그리고 양적으로 표시한 실질적 기재사항의 내용을 보면 공해, 환경관계에 관한 것이 24.4%에 달하고 있다.

9. Schreuder의 연구

Schreuder는 네델란드에서 실제로 공표되는 기업의 사회책임보고서에 대하여 사회보고의 주요대상이 되는 종업원의 태도조사를 연구목표로 설정하여 연구를 수행하였는데 주요 연구결과는 다음과 같다.32)

① 기업의 커뮤니케이션 수단 중에서 사회보고서의 상대적인 중요도를 조사한 결과에 의하면 사회보고서는 기업의 커뮤니케이션 수단 중에서 중간정도의 중요

29) Abt Associate Inc., *The Social Audit for Management*, New York: American, 1977, p.217.
30) D.R. Bersford, *op.cit.*, 1977, p.51
31) 日本 通産省産業政策局 企業制度研究會, "事業報告書の實態," 文部省印刷局, 「商社法務」, No. 776, 1978, p.29.
32) Hein Schreuder, "Employee and the Corporate Social Report : The Deutch Case," *The Accounting Review*, Vol. LVI, No.2, April 1981, p.301.

도를 갖는 것으로서 분석되었다.

② 사회보고서에 대한 이용도를 조사한 결과를 보면 사회보고서는 응답자의 80.2%가 사용하고 있는 것으로 나타났다.

③ 사회보고서의 공시항목에 대하여 i) 공시항목을 읽는지 여부의 관점(reading), ii) 공시항목의 중요도의 관점(importance), iii) 공시항목의 취급정도의 관점(treatment) 등의 3가지 면에서 우선순위를 조사한 바, reading과 importance의 우선 순위간에는 약한 상관관계를 나타냈으나 reading과 treatment의 우선 순위간에는 밀접한 상관관계를 나타내고 있는 것으로 밝혀졌다.

10. Langevin의 연구

Langevin은 그의 논문에서 캐나다의 사회적 책임 항목에 대한이해관계자 집단의 반응을 조사 · 연구하였는데[33], 13개 사회적 책임 항목에 대한 이해관계자 집단(경영자, 회계전문가, 종업원, 소비자)별 태도의 조사결과, 산업화재예방과 공해방지는 모든 집단이 공통적으로 가장 중요한 항목으로 생각하고 있는 것으로 나타났다.

11. ICAEW의 연구

ICAEW가 1981년 주요 300개 기업을 대상으로 조사한 바에 의하면 사회보고를 공시하는 기업은 134사이며 사회 보고의 주요 내용으로는 안전자원, 환경오염, 에너지, 지역사회, 제품, 기타 사회적 책임 등으로 주로 이해관계자들에게 이사회에서 서술형식으로 보고되고 있다고 나타났다.[34]

12. 황윤식의 연구

황윤식의 연구는 기업의 사회적 책임에 대한 인식을 이해관계자 집단별(경영자, 종업원, 회계전문가, 소비자), 규모별(대기업, 중소기업)로 파악하기 위하여 설문조사를 실시하였으며 주요 연구결과는 다음과 같다.[35]

---

33) Marcel Langevin, “Corporate Social Responsibility Accounting : A Canadian Empirical Study,” *Ph.D. Dissertation. Syracuse University*, 1982.

34) ICAEW(Institute of Chartered Accountants in England and Wales), *Financial Reporting*, 1983, pp.156~160.

35) 황윤식, 「기업사회회계의 유용성 제고 방안에 관한 연구」, 동아대학교 대학원 박사학위논문, 1985, pp.75~ 95.

① 기업의 가장 중요한 사회적 활동으로 지적된 것은
(가) 작업상의 돌발적사고와 산업질병을 방지해야 할 것
(나) 기업은 공해의 정화를 위한 설비를 해야 할 것
② 기업의 규모가 클수록 연간 순이익에서 사회 프로그램에 투자하는 비율이 증가되어야 한다.
③ 경영자가 그룹과 회계전문가 그룹에서는 기업의 사회책임 보고와 관련하여 외부감사인의 감사를 받아야 하며, 보고를 위한 양식과 보고서 작성의 지침을 마련해야 한다는 의견이 우선순위를 차지하였다.

13. 김휘언의 연구

김휘언은 기업사회회계의 제도화 방안을 모색하기 위해서 공인회계사 100명을 무작위로 선정하여 다음 8개의 문항에 응답하도록 하였으며, 응답자는 60명으로 회수율 60%였다. 이 중 5개의 문항은 미국에서 공인회계사를 대상으로 조사한 James F. Hurley(1982), Frederic M. Stiner(1976)의 문항과 같은 내용으로 결과를 비교 분석하기 위한 것이다.[36] 또한 환경오염통제 담당관에 대한 질문은 기업사회회계제도화 여부와 관련하여 시행되었다.

공인회계사를 대상으로 한 주요 연구결과는 다음과 같다.

① 기업사회회계시스템을 발전시킬 필요성이 있다고 생각하는 사람이 80%로 나타났다(Hurley의 경우 33.9%).
② 사회적 책임회계 실시에 있어서 어려운 점은 ㉮ 측정의 어려움, ㉯ 사회적 책임한계 설정의 어려움, ㉰ 경영자의 신념과 기업 내의 협조, ㉱ 신뢰할 만한 비교치를 얻는 것 순으로 나타났다(Hurley의 경우 측정의 어려움, 비용, 사회책임회계 설정의 어려움, 타당성 결여 순으로 나타났다).
③ 사회적 책임 보고서의 양식에 관하여서는 업종, 기업규모에 따라 기준을 작성하도록(51.7%) 요구하고 있다.

오염통제관의 질문에 대한 응답은 다음과 같이 요약할 수 있다.

① 환경오염에 대한 조사는 현장조사와 서류조사방법에 주로 의뢰하고 있다.

36) 김휘언, 「기업사회회계의 제도화에 관한 연구」, 원광대학교 대학원 박사학위논문, 1987, pp.90~97.

② 환경오염에 대한 재료사용이나 기계시설가동의 조사방법으로는 주로 계측기(전기, 수도 등)와 재료약품장 및 실험실장부 등에 의존하지만 정규 부기의 방법에 의하므로 회계시스템과 정교하게 관련되지 않는 것으로 여겨진다. 왜냐하면 환경정보에 관한 사항도 회계원장을 조사하지 못하고 있는 경향(4명)으로 나타나고 있기 때문이다. 환경보전비용의 처리실태조사는 그들의 능력으로 판단하기 어려운 문제(4명)로 나타나고 있으며, 감사기법활용의 필요성에 대하여는 소극적인 실태를 보였으나(5명) 만약 간편하고 쉽게 판별할 수 있는 방법을 사용할 수 있다면 효과적일 것으로(4명) 생각하고 있었다.

14. 윤종안 · 황용호 · 홍정화의 연구

윤종안 등의 연구는 정보제공자 집단과 정보 이용자 집단을 대상으로 실증적 연구조사를 실시한 바 총 80부(각 집단별 40부)의 설문지 분석결과는 다음과 같다.[37)]

① 정보제공자 집단에서 90% 이상의 지지를 받은 사회적 책임 범주는 종업원의 복리후생증진(95.0%), 공해방지노력(90.0%) 항목이며, 정보이용자 집단은 원만한 소비자관계유지(95%)를 우선순위의 사회적 책임 항목으로 들었다.

② 두 집단 모두 공시의 필요성을 인정하고 있으며, 정보이용자 집단이 강한 필요성을 인정하고 있는 것으로 나타났다.

③ 종업원 관계항목에서 두 집단 모두 산업재해예방(의료시설 포함)을 매우 중요한 항목으로 평가하고 있었다. 지역사회 관계 항목에서는 공해방지, 지역사회 환경보호 등의 항목이 두 집단 모두 중요한 항목으로 나타났다.

④ 측정 가능성의 관점에서 보면 종업원 관계 항목에서는 장애자고용, 보훈자녀고용, 여성고용, 고용촉진관계 항목 등이 비교적 두 집단에서 측정가능성이 비교적 적게 나타났다. 지역사회관계 항목에서는 지역주민과의 대화, 지역주민 안전대책 등의 항목이 비교적 측정가능성이 적은 것으로 평가받고 있었다.

⑤ 기업의 사회적 책임 항목의 보고방법에 대한 조사 결과는 다음과 같다.

㈎ 종업원 관계 항목: 영업보고서 공시법과 사회책임 보고서 공시법이 선호되고 있다.

---

37) 윤종안 · 황용호 · 홍정화, 「기업의 사회적 책임 보고 모형의 유용성에 관한 연구」, 『세무학연구』, 한국세무학회, 1990. 6, pp.133~210.

(나) 소비자 관계 항목: 종업원 관계와 동일하게 나타났다.

(다) 지역사회 관계 항목: 사회책임 보고서 공시법을 선호하고 있는 것으로 나타났다.

15. 신성식의 연구

신성식의 연구[38]는 기업사회회계의 제도화를 위한 의견 수렴을 위하여 소비자, 종업원, 경영자, 회계전문가(CPA), 대학교수, 신용분석가, 공무원 집단 등에 대하여 설문조사를 실시한바 대상인원은 총 280명이다. 한편 공시 모형을 연구하기 위하여 상장기업 370개사(제조업 260개사)를 추출하여 재무제표에 공시된 사회관련 항목을 중심으로 실태 조사하고 이중 제조업 71개사에 대하여는 설문지를 통하여 재무제표에 나타나지 않는 항목을 추가 조사하였다. 중요한 조사결과는 다음과 같다.

① 기업의 사회적 책임 범위의 인식도에 대한 전반적 결과로 공해 방지시설에 대한 투자(96.4%)가 가장 중요한 사회적 책임 항목으로 나타났다.

② 우리나라 상장기업 370개사의 사회관련 공시실태 조사결과, 중요한 사회적 책임 항목으로 지적된 항목을 보고하는 회사수는 공해방지시설비 6개사(1.6%), 폐기물처리비 21개사(5.7%), 원만한 소비자관계 28개사(7.5%) 등에 불과하다.

③ 중소기업과 대기업의 공시실태를 비교할 경우 환경문제, 소비자문제, 종업원문제에 있어서는 대기업의 공시율이 높게 나타나고 있다.

④ 사회적 책임 항목의 보고방법은 사회적 책임보고서 공시법, 영업보고서 공시법, 주석공시법, 계정추가법의 순으로 선호되고 있다.

16. 정혜영 · 주진규의 연구

정혜영 등은 공해물질누출발견에 대한 자본시장의 반응을 연구하였다.[39] 이 연구에서 공해물질 누출에 관한 정보가 투자자의 기업가치평가에 중요한 역할을 한다는 주장이 제기되었다.

38) 신성식, 「기업사회회계의 보고 모형에 관한 연구」, 『세무학연구』, 한국세무학회 제2호, 1991, pp.233~269.
39) 정혜영, 주진규, 공해물질누출발견에 대한 자본시장의 반응, 경영학 연구 제21권 제호, 1992. 5.

17. 문승화의 연구

문승화의 연구에 의하면 환경관련정보공시회사의 수는 다음 <표 7>과 같이 나타나고 있다.[40]

<표 7> 업종별 조사대상 회사 및 공시회사 수

업 종	조사대상 상장회사의 수	환경관련정보 공시 회사의 수
일반어업	4	0
광업	2	0
음식료품제조업	41	11
섬유제품제조업	19	1
의복 및 모피제품제조업	9	0
가죽 · 가방 · 마구류 및 신발제조업	8	2
펄프 · 종이 및 종이제품제조업	17	7
화합물및화학제품제조업	54	10
석유정제품제조업	6	2
고무 및 프라스틱제품제조업	19	6
비금속광물제품제조업	26	3
제1차금속산업	39	6
조립금속제품제조업	15	3
기계 및 장비제조업	18	6
영상 · 음향 및 통신장비제조업	14	5
합 계	191	62

1개연도(1996년) 자료로는 규모별, 업종별 환경정보공시의 전반적 경향 파악이 어려우나 해당 연도의 경우 조사대상 회사의 약 21.3%에 이르는 기업이 환경정보공시를 하고 있는 것으로 파악되었다.

40) 문승화, 환경회계에 관한연구, 부산대 대학원, 1998. pp.76~ 79.

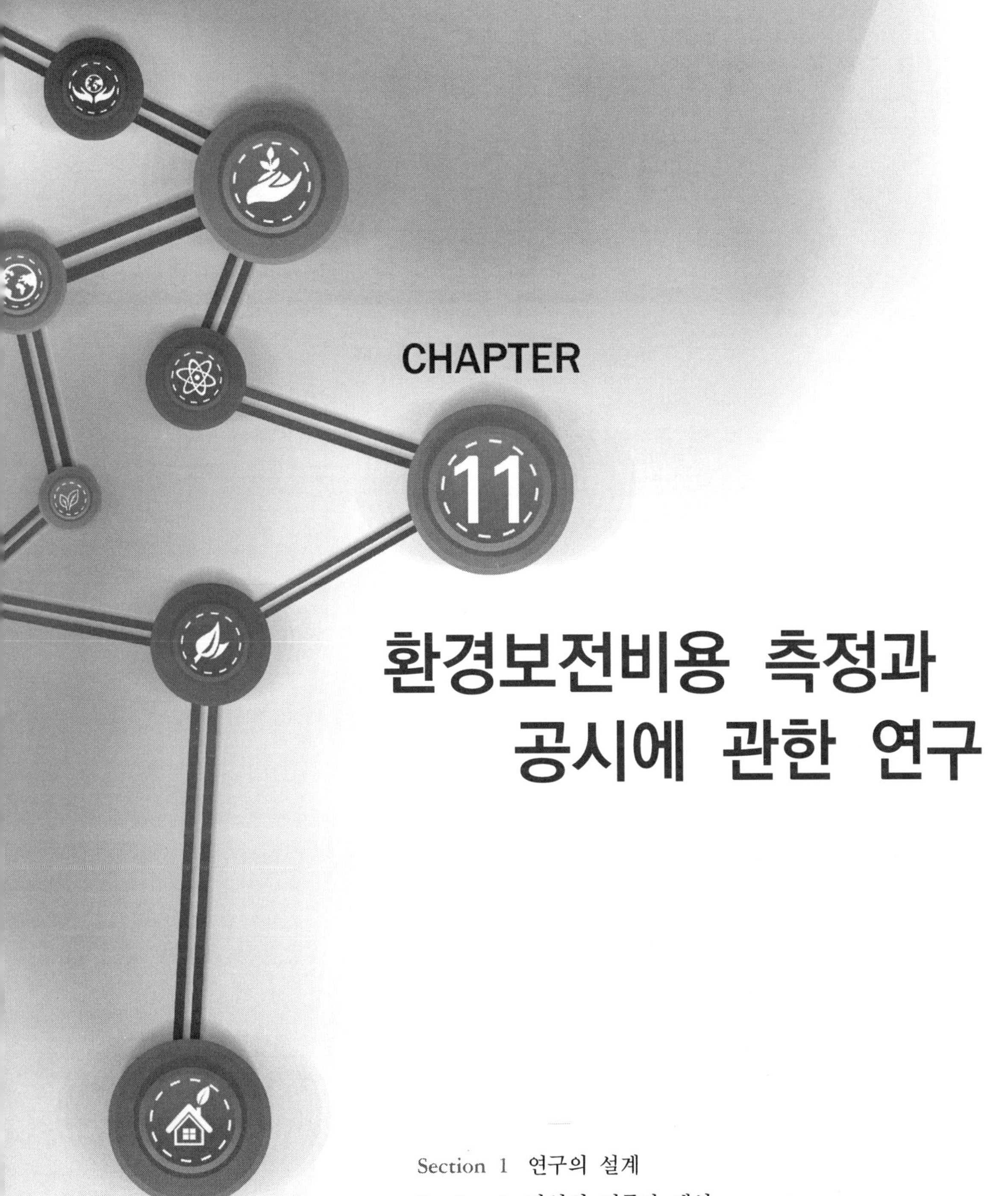

CHAPTER 11

환경보전비용 측정과 공시에 관한 연구

11 환경보전비용 측정과 공시에 관한 연구

환경보전비용의 측정 및 공시와 관련한 이 조사는 환경회계시스템의 기업에서의 도입시 보다 유용한 회계처리방법을 모색하는데 그 목적이 있으며, 주로 회계담당자들의 인식에 관하여 조사분석을 행하였다.

1 연구의 설계

1. 가설의 설정 및 절차

1) 가설의 설정

환경보전비용의 측정과 공시에 대한 집단별 인식을 조사하기 위하여 다음과 같은 귀무가설을 설정한다.

첫째, 환경보전의 사회적 책임에 대한 인지에 대하여 각 집단간에 유의한 차이가 있는가를 검증하기 위한 귀무가설은 다음과 같다.

H1－1 : 환경보전의 사회적 책임에 대하여 각 집단간의 수행정도에 차이가 없다.

H1－2 : 환경보전의 사회적 책임영역 항목의 중요도에 대하여 각 집단간에 차이가 없다.

둘째, 환경보전비용 항목의 측정에 대하여 각 집단간의 인지에 유의한 차이가 있는가를 검증하기 위한 귀무가설은 다음과 같다.

H2－1 : 환경보전비용의 측정필요성에 대하여 각 집단간의 인지에 차이가 없다.

H2－2 : 환경보전비용 항목의 측정이유에 대하여 각 집단간의 인지에 차이가 없다.

H2－3 : 환경보전비용의 부담방법에 대하여 각 집단간의 인지에 차이가 없다.

H2－4 : 환경보전비용의 측정상 문제점에 대하여 각 집단간의 인지에 차이가 없다.

셋째, 환경보전비용 항목의 공시에 대하여 각 집단간의 인지에 유의한 차이가 있는가를 검증하기 위하여 귀무가설을 다음과 같이 설정하였다.

H3－1 : 환경보전비용을 공시하는 이유에 대하여 각 집단간의 인지에 차이가 없다.

H3－2 : 환경보전비용 공시의 유용도에 대하여 각 집단간에 차이가 없다.

H3－3 : 환경보전비용 항목의 측정상 문제점으로 인한 공시의 난이도에 대하여 각 집단간에 차이가 없다.

H3－4 : 환경보전비용 항목의 산출시간과 산출비용의 과다로 인한 공시의 난이도에 대하여 각 집단간에 차이가 없다.

H3－5 : 환경보전비용 항목의 정보유출위험으로 인한 공시 난이도에 대하여 각 집단간에 차이가 없다.

H3－6 : 환경보전비용 공시의 방법에 대하여 각 집단간의 인지에 차이가 없다.

H3－7 : 환경보전비용의 감사형태에 대하여 각 집단간의 인지에 차이가 없다.

위의 가설을 검증하기 위하여 독립변수는 수질오염을 많이 유발하는 집단, 대기오염을 많이 유발하는 집단, 폐기물을 많이 유발하는 집단으로 설정하였다. 그리고 종속변수는 세 부분으로 나누었다.

첫째, 환경보전에 대한 사회적 책임의 수행 정도와 환경보전의 사회적 책임영역 항목의 중요도는 기업의 환경보전에 대한 사회적 책임인식에 있어서의 종속변수이다.

둘째, 환경보전비용의 측정에 대한 인식에 있어서 종속변수는 환경보전비용 측정의 필요도, 환경보전비용 측정의 이유, 환경보전비용 부담의 방법, 환경보전비용 측정상의 문제점으로 한다.

셋째, 환경보전비용의 공시이유, 환경보전비용 공시의 유용도, 환경보전비용 공시에 있어서 문제점, 환경보전비용 항목 측정상의 문제점으로 인한 공시 난이도, 환경보전비용의 산출시간과 산출비용의 과다로 인한 공시 난이도, 환경보전비용의 정보유출위험으로 인한 공시 난이도, 환경보전비용 공시의 방법, 환경보전비용의 감사형태가 환경보전비용 공시에 있어서의 종속변수이다. 이러한 종속변수에 대하여 독립변수인 각 집단간의 차이를 검증한다.

2) 연구의 절차

설문지의 작성과정과 예비조사는 다음과 같이 진행되었다.

첫째, 최초로 완성된 설문지는 회계학을 전공하는 5명의 교수 및 박사과정에 있는 5명의 대학원생들로부터 스크린검사형식으로 설문항목의 응답과 필요한 수정을 직접 의뢰하였으며 부분적으로 개선하였다.

둘째, 대기업과 중소기업의 회계부서 실무자 7명에게 스크린검사형식과 토의형식으로 설문항목의 응답과 필요한 수정을 직접 의뢰하여 추가 수정하였다.

셋째, 예비조사 목적으로 회수한 자료로 크론바하(Chronbacha)의 신뢰성 검증을 한 결과 신뢰성을 저하시키는 항목들은 회계학전공 교수들과 재논의하여 최종설문지를 확정했다.

한편, 본 설문지의 설계는 사회과학조사의 연구상 표본조사에 적용되어야 하는 구체적인 설계절차에 의거하여 다음과 같이 개발되었다.

첫째, 본 설문지의 설문문항은 본 연구의 목적과 관련있는 중요한 국내자료들과 국외 자료를 수집 · 분석하여 선정하였다.

둘째, 설문지 작성방법은 업종별 회계담당자에게 리커트(Likert)형의 5점척도와 명목척도를 사용하여 각 문항에 대한 인지를 결정하도록 작성되었다.

각 문항의 인지에 대한 태도측정에서 측정이란 용어는 일정한 규칙에 따라 측정대상 · 사물 · 사건에 대하여 숫자들을 부여하는 것으로 보통 규정된다. 즉 측정이란 대상자체를 측정하는 것이 아니라 대상이 지니고 있는 속성을 측정함을 의미하며, 이 속성을 측정하기 위하여 일정 숫자들을 부여하여야 하는데 이것을 척도라 한다. 이 속성을 측정할 수 있는 척도의 유형에는 통상 측정수준에 따라 명목척도 · 서열척도 · 등간척도 · 비율척도가 있다. 본 연구의 목적수행에 적합한 태도측정의 방법으로는 리커트가 개발한 척도구성법을 채택하였다.

이러한 리커트형 척도는 모수통계기법을 사용함에도 불구하고 무조건 모수통계기법을 사용함은 타당하지 않다는 결론을 내리고, 모수통계기법을 사용해도 좋은지를 적합도(good of fit)검정으로 통해서 확인해야한다. 만약 모수통계기법의 사용조건에 합당하지 않으면 비모수통계기법을 사용한다.

본 연구에서 사용된 설문지가 연구목적에 적합하려면 타당성과 신뢰성이 있어야 한다. 타당성을 갖기 위해서는 내용과 구성의 두 가지 점을 고려하여야 한다. 첫째, 측정도구의 내용타당성은 통계적 분석을 요하지 않고 문항의 만족여부나 문항내용의 적절여부 등에 관한 판단의 인식에만 전적으로 의존하여야 하므로 상당히 높아야한다.

이러한 내용타당성을 높이기 위해서 본 설문지는 외국의 설문지들과 국내기존설문지들 중에서 연구의 목적에 적합한 내용들을 선정함으로써 논리적 타당도를 높이려 하였다. 또한 수차에 걸친 설문논리성의 검토가 있었고, 회계학전공 교수, 기업의 관련분야 전문가들의 조언과 예비설문의 조사과정도 이루어졌다. 이러한 제반 사전작업의 결과로 내용타당성이 상당히 높아졌다고 사료된다.

구성타당성은 측정의 기초를 이루는 도구들 — 명제 · 가설 · 예측 — 이 논리적으로 다른 변수들과의 관계검토에 유관 · 적합하여 이에 필요한 구성이 합당한가에 관한 문제를 말한다. 이 구성타당성은 집단간 차이에서 접근해 볼 수 있는바, 본 연구에서는 측정대상인 각 집단상호간에 태도상의 차이가 있다고 가정하여 가정된 차이의 존재는 측정도구상에 구성타당도가 있음을 추론하였다.

신뢰성이 있으려면 설문지를 둘 이상의 다른 연구자들이 사용하든가, 같은 연구자가 두 번 이상 쓴다고 할 때, 그 결과가 인정되고 일관성이 있어야 한다. 이 신뢰성을 검증하는데 설문지용으로 최근 널리 사용되는 방법으로는 크론바하(Chronbacha)의 alpha 기법이 있다. 이 알파계수는 문항응답의 내적 일관성을 측정하며, 문항응답의 분산비율이 진실된 차이에 기인하는 것을 표시한다. 즉 높은 알파계수($\alpha = 0.60$ 이상)[1]는 측정도구가 신뢰할 만함을 나타내는 것이다. 본 연구는 처음부터 동질성이라고 가정하므로 기법에 의한 측정의 동질성을 신뢰성 검정의 개념으로 삼을 수 있다.

예비조사에 있어서 설문지는 75명의 실무담당자에게 직접 조사한 결과 35매가 회수되었다. 예비조사의 목적은 본 연구에 사용될 설문지가 타당성과 신뢰성의 조건에 어떤 기준들을 만족하는가를 검정하기 위한 것이다.

---

1) 채서일, 사회과학조사방법론, 법문사, 1991, pp.249~250.

사전 검사용 예비설문지의 크론바하 알파 상관계수(Cronbacha's alpha coefficient)[2]로 내적 일치도를 측정한 결과 상관계수가 낮게 나타난 문항 2개는 제외시켰으며 예비조사 후 다음 항목들이 주로 검토되었다.

① 연구되어야 할 변수선정의 적정성

② 응답자들이 설문지만 읽고 본 설문지를 정확히 이해하는지 여부

③ 설문지 응답에 소요되는 시간의 적정성

④ 설문항목이 명확하게 서술되었는가와 추가되거나 삭제될 내용이 있는지의 검토

이와 같은 예비조사 결과를 기초로 하여 응답자들이 연구의 목적을 잘 이해할 수 있도록 설문지를 더 구체적이고 상세하게 수정 보완하였다. 또한 예비조사에 참여한 응답자는 본 연구에 참여하지 않도록 제외시켰다(설문지는 부록 참조).

2. 조사대상의 선정

조사대상자의 표본선정은 모집단에 대한 지식이 많은 경우에 쓰일 수 있는 판단표본추출을 사용했다. 판단표본추출방법 사용의 경우에는 결과의 일반화에 어려움이 있으나 조사결과에서 유용한 정보를 얻어낼 수 있는 장점이 있다.[3] 이 방법은 조사자의 판단, 창의력, 창조적인 사고에 크게 좌우된다고 하겠다.

조사대상자를 선정하기 위해 조사대상기업을 다음과 같이 분류하였다.

① 대기업[4]

② 중소기업(중기업)[5]

표본추출의 대상지역은 서울 · 경기도 지역으로 하였다. 표본대상기업의 선정은 한국표준산업분류에 의하여 제조기업을 음식료품, 섬유의복, 제재가구, 종이 · 인쇄, 석유 · 화학, 비금속광물, 제1차금속, 조립금속 · 기계업종으로 1차로 분류하였고 위의 제조업종중 석유 · 화학(고무제품,합성수지)과 비금속광물, 제1차금속(용융, 제련과정에서의 코

---

2) Lee J.,Cronbacha, Essentials of Psycological Testing, Harper & Brothers, 1960.

3) 채서일, 사회과학조사방법론, 법문사, 1990, p.343.

4) 대기업은 다음과 같은 범주를 동시에 만족시키는 사업체를 말한다. 즉,

① '중소기업기본법' 상에 규정된 종업원수가 300인을 초과하는 대규모기업

② '증권거래법' '자본시장육성법' '등록법인관리규정' '주식회사외부감사에 관한 법률' 의 적용을 받는 상장법인, 등록법인, 외감법인에 해당되는 대규모 사업체

5) 중기업은 다음과 같은 범주를 만족시키는 사업체를 말한다.

즉 '중소기업기본법'상에 규정되어 있는 상시사용하는 종업원수가 300인 이하 50인 이상의 중기업.

크스사용), 조립금속 · 기계업종을 대기오염집단의 모집단으로 선정하였다. 수질오염집단의 모집단으로는 음식료품, 섬유 · 의복(의류 · 봉제 · 나염)의 업종, 석유 · 화학(화학약품제조)업종으로 분류 · 선정하였고, 폐기물유발집단의 모집단으로는 섬유 · 의복(피혁업종)을 분류선정하였다. 피혁업종은 산업폐기물뿐만 아니라 수질도 오염시키고 있지만 산업폐기물을 더 유발하고 있기 때문에 폐기물 유발집단으로 선정하였다.

3. 통계적 분석방법

동일한 개념을 측정하기 위해 여러 개의 항목을 이용하는 경우 신뢰도를 저해하는 항목을 찾아내어 측정도구에서 제외시킴으로써 측정도구의 신뢰도를 높이기 위한 설문지의 신뢰도 검정은 크론바하의 상관계수로 검정하였다.[6]

척도가 명목척도인 경우에는 X^2 검정을 통해서 분할표(Crosstabulation)상의 두 변수들의 관계를 통계적으로 검증하였다. 분할표상에서 각 셀의 기대도수가 5미만의 값을 가지면 주변의 범주와 통합하여 기대 도수가 5 이상이 되도록 예츠(Yeats)의 연속성 수정을 하거나 피셔-이완 검정(Fisher-Irwin test)을 사용할 수 있다. 여기에서는 일부 항목들을 Yeats의 연속수정을 하였다.

척도가 리커트척도로 한 것에 대한 통계적 분석은 일원분산분석(Oneway ANOVA)을 실시하였다. 이 분석을 적용하려면 정규분포와 등분산 가정을 만족하여야 한다. 이에 부적합하면 비모수통계기법인 윌콕슨검정(Wilcoxon test)을 실시하여야 한다. 이러한 모수통계적 방법의 적용이 타당한지를 알아보기 위해서 첫째, 변수의 정규분포를 검정하기 위하여 콜모노프-스므노프검정(Kolmogrov-Smirnov test)[7]을 실시하고, 둘째, 두 집단의 분산이 같다는 것을 검정하기 위하여 바틀릿트-박스검정(Bartlett-Box test)[8]을 실시했다. 위의 조건에 부적하면 비모수통계적 기법을 적용해야한다.

일원분산분석은 여러 집단간의 차이를 보기 때문에 어느 집단이 다른 집단과 차이가 있는지는 일원분산분석으로는 알 수 없다. 따라서 어떤 개별집단간에 차이가 나는지를 알아보기 위하여 다중비교방법을 사용하게 되는데 본 연구에서는 던칸의 다중범위검정(Duncan multiple range test)을 이용하였다.

---

6) 채서일, 전게서, pp.249~250.
7) 김병수 외 3인공저, SPSS를 이용한 통계자료분석, 박영사, 1987, p.390.
8) 上揭書, pp.312~313.

가설의 검증과 해석

1. 신뢰도 검정과 적합도 검정

자료분석을 위해 작성된 설문지는 1991년 8월 3일부터 8월 29일까지(27일간) 두 차에 걸쳐 수질오염집단, 대기오염집단, 폐기물유발집단의 회계담당자에게 배포하고 회수하였다. 각 집단에 설문지를 1차로 직접 방문하여 배포하고, 1차 배포 후 최초로 회수된 96부의 설문지와 동일한 설문지를 15일후 재배포하여 82개 기업의 설문지를 회수하였다. 설문지의 각 집단별배포와 회수의 현황은 <표 1>과 같다.

<표 1> 각 집단별 배포와 회수

구 분	배 포		회 수		회수계(회수율)
	1차	2차	1차	2차	
수질오염집단	40	40	35	31	66(82.0%)
대기오염집단	40	40	37	23	60(75.0%)
폐기물유발집단	40	40	24	28	52(65.0%)
합 계	120	120	96	82	178(74.0%)

여기에서 무성의하게 작성된 설문지 30부를 제외시킨 뒤 148부를 분석에 사용하였으며, 응답자의 집단별 일반적인 특성을 살펴보면 다음 <표 2>와 같다.

<표 2> 표본의 인구통계학적 분포

구 분	업 종			직 위					근무년수		
	수질오염	대기오염	폐기물오염	이사	부장	과장	대리	사원	5년미만	5년~10년	10년이상
응답자(명)	56	51	41	4	15	43	45	41	50	64	34
구성비(%)	37.8	34.5	27.7	2.8	10.1	29.1	30.4	27.7	33.8	43.2	23.0

한편 설문지의 신뢰도를 검정하기 위하여 이용된 분석방법은 크론바하의 알파계수이다. 이는 설문지의 내적 일관성 검정방법으로서 SPSS/PC+프로그램을 이용하여 분석하였다. 설문지의 내적 일관성을 분석한 결과 크론바하의 알파계수는 $\alpha = 0.9304$이므로 설문지의 신뢰성이 매우 높은 것으로 판명되었다.[9)]

본 연구에서는 모수통계기법으로 일원분산분석(Oneway ANOVA)의 사용에 있어 사용되는 자료가 적합한가를 검정하는 적합도 검정을 실시하여야 한다. 일원분산분석을 사용하기 위해서는 각 변수들이 정규분포한다는 가정과 두 집단의 분산이 같다는 가정이 최소한 충족되어야 한다.[10)] 따라서 모수검증의 방법들을 적용하는 것이 타당한지를 알아보기 위하여 ① 변수의 정규분포를 검증하기 위해서 Kolmogrov-Smirnov 검정을 실시하고 ② 두 집단의 분산이 같다는 것을 검정하기 위해서 Bartlett－Box검정을 하였다. 두 조건의 검정결과 그의 모든 문항의 변수가 정규분포 하였고, 등분산의 가정을 만족하는 변수는 일부분이었다. 위의 조건이 충족되지 않은 상황에서 모수검증의 사용은 관찰된 유의수준의 오류를 가져오는 등 타당성이 없는 결과를 초래한다. 그러나 두 번째의 가정이 만족하지는 않지만 비교하고자 하는 집단의 표본수가 거의 동일하다면 첫 번째 가정만 만족하면 모수기법을 사용할 수 있다. 왜냐하면 분산분석은 분산이 동일하지 않는 것에 대해 크게 민감하지 않기 때문에 검증결과가 심하게 왜곡되지 않기 때문이다.[11)] 그래서 거의 모든 변수가 정규분포를 하고 표본의 수가 비슷하기 때문에 모수통계기법인 일원분산분석을 실시하였다.

2. 환경보전의 사회적 책임에 대한 인식

기업이 환경보전의 사회적인 책임을 수행하고 있느냐와 사회적인 책임영역항목을 어느 정도 중요하다고 생각하느냐에 대해 각 집단간에 유의한 차이가 있는가를 검증하였다.

1) 환경보전의 사회적 책임수행에 대한 가설검증

환경보전의 사회적 책임수행정도에 관하여 집단간에 차이가 있는가를 검증하기 위

9) 채서일, SPSS/PC+를 이용한 통계분석, 법문사, 1990, p.187.
10) 김병수 외 3인 공저, 전게서, pp.311~312.
11) 김영호 역, SPSS/PC+메뉴얼, 기전연구사, 1990. p.276.

한 귀무가설을 다음과 같이 설정했다.

귀무가설
환경보전의 사회적 책임에 대하여 각 집단간의 수행정도에 차이가 없다.

환경오염방지설비의 설치 및 계획의 수행정도에 대해서는 각 집단간에 유의수준 $\alpha = 0.01$수준에서 차이가 있다. 다중비교결과 수질오염집단(M = 2.58)은 대기오염집단(M = 2.96)보다 많이 수행하고 있고 폐기물유발집단(M=2.32)은 대기오염집단(M = 2.96)보다 더 많이 수행하고 있는 것으로 분석되었다. 대체적으로 각 집단들은 환경오염방지 설비의 설치 및 계획활동을 많이(M = 2.63) 수행하고 있는 것으로 나타났다. 이것은 불특정다수성이 대기오염집단에 더 강하게 나타나는 것으로 판단된다. 환경에 대한 연구 및 기술적 개발의 수행정도는 유의수준 $\alpha = 0.05$에서 유의적인 차이가 있는 것으로 나타났다. 각 집단의 수행정도는 보통으로 나타났고 다중비교의 결과 폐기물유발집단(M = 2.98)은 수질오염집단(M = 3.31)보다 더 수행하고 있고 폐기물 유발집단(M = 2.98)은 대기오염집단(M = 3.53)보다 수행의 정도가 더 있는 것으로 나타났다. 이는 폐기물처리비용부담의 경감을 위한 연구개발이 활발한 것으로 사료된다. 정부기관 협조하에 공동처리 시설설치 및 환경보호시스템개발에 대해서는 유의수준 $\alpha = 0.01$수준에서 각 집단간에 유의적인 차이가 있다. 그러나 일반적으로 많이 수행하고 있다고는 나타나지 않았다. 대기오염집단(M = 4.31)은 수질오염집단(M = 3.49)과 폐기물유발집단(M = 3.39)보다 수행의 정도를 덜 하고 있는 것으로 분석되었다. 이와 같은 결과는 대기오염의 불특정다수성에 기인하는 것으로 판단된다. 자원 재활용을 위한 효과적 프로그램 개발과 지역사회 · 소비자와 협조하여 환경문제를 극복하기 위한 책임수행 정도는 각 집단간에 통계적인 차이가 없고, 각 집단의 책임수행정도는 미미한 실정이다.

<표 3> 환경보전에 대한 사회적 책임수행정도

구 분		명	평 균	표준편차	F-Ratio	F-Prob.
환경오염방지 설비설치계획	수질 오염집단	55	2.58	0.6856	6.9756	0.0013*1)
	대기 오염집단	49	2.96	1.0198		
	폐기물 유발집단	41	2.32	0.7225		
	합 계	145	2.63	0.8565		
환경연구의 기술적개발	수질 오염집단	51	3.31	0.8600	4.1813	0.0173*2)
	대기 오염집단	49	3.53	0.9811		
	폐기물 유발집단	41	2.98	0.8800		
	합 계	142	3.29	0.9300		
정부기관협조하에 공동처리시설설치환경보호시스템개발	수질 오염집단	51	3.49	1.1554	10.4528	0.0001*3)
	대기 오염집단	48	4.31	0.9029		
	폐기물 유발집단	41	3.39	1.1375		
	합 계	140	3.74	1.1403		
자원재활용 효과적 프로그램개발	수질 오염집단	50	3.60	1.1429	0.9976	0.3714
	대기 오염집단	49	3.78	1.1043		
	폐기물 유발집단	41	3.44	1.1412		
	합 계	140	3.61	1.1290		
지역사회 소비자와 환경문제극복	수질 오염집단	49	3.57	0.9789	0.1690	0.8447
	대기 오염집단	48	3.67	1.0383		
	폐기물 유발집단	41	3.68	0.9859		
	합 계	139	3.64	0.9959		

*) $\alpha=0.01$ **) $\alpha=0.05$

다중비교결과: 1) 수질 : 대기, 폐기물 : 대기 2) 폐기물 : 수질, 폐기물 : 대기 3) 대기 : 수질

2) 환경보전의 사회적 책임영역항목 중요도에 대한 가설검증

환경보전의 사회적 책임영역항목을 기업이 얼마나 중요시 하는가의 인지도에 대하여 각 집단간에 차이가 있는가를 분석하기 위한 귀무가설은 다음과 같다.

귀무가설

환경보전의 사회적 책임영역항목의 중요도에 대하여 각 집단간에 차이가 없다.

첫째, 대기오염에 대한 사회적 책임영역항목의 중요도에 대한 귀무가설을 유의수준 $\alpha = 0.01$에서 기각했다. 즉 각 집단간에 통계적으로 유의한 차이가 있다. 이러한 차이를 다중비교한 결과를 살펴보면 대기오염에 대한 사회적 책임영역의 중요성에 대하여 대기오염집단(M = 1.82)은 수질오염집단(M = 2.63)보다 책임이 더 크다고 응답했고, 대기오염집단(M = 1.82)은 폐기물유발집단(M = 2.10)보다 그 사회적 책임이 더 크다고 응답했다. 일반적으로 대기오염의 중요성에 대하여서는 긍정적으로 평가(M = 2.19)하였다.

둘째, 수질오염에 대해서 유의수준 $\alpha = 0.01$에서 통계적으로 유의한 차이가 있다. 이를 다중비교를 한 결과 수질오염집단(M = 1.85)과 폐기물유발집단(M=1.59)은 대기오염집단(M=2.88)보다 수질오염에 대하여 더 중요하다고 느끼고 있다. 대체적으로 각 집단은 수질오염을 중요하다고 느끼고 있다. 또한 폐기물유발집단의 중요도가 수질오염집단보다도 높게 나타나는 것은 수질오염집단은 공동처리시설을 활용하기 때문이다.

셋째, 토양오염에 대해서는 유의수준 $\alpha = 0.01$에서 유의한 차이가 있으므로 귀무가설이 기각된다. 이러한 차이를 다중비교한 결과 폐기물유발집단(M = 1.63)이 수질(M = 2.48)이나 대기오염집단(M = 2.55)보다 책임을 더 느끼고 있다. 수질이나 대기오염집단은 직접적으로 토양오염에 영향을 미치지 않기 때문에 그 책임의 중요성을 덜 느끼고 있는 것으로 분석된다.

넷째, 해양오염과 자연환경파괴에 대해서는 유의수준 $\alpha = 0.01$에서 귀무가설이 기각된다. 해양오염 및 자연경관 파괴는 폐기물유발집단(M = 2.05)이 그 책임의 중요성을 가장 많이 느끼고 그 다음으로 수질오염집단(M = 2.57), 대기오염집단(M = 3.04)순이다.

다중비교한 결과 세 집단 모두가 서로 유의한 차이를 보이고 있다. 즉 폐기물 유발집단(M = 2.05)과 수질오염집단(M = 2.57)은 대기오염집단(M = 3.04)보다 그 사회적 책임의 중요성을 더 느끼고 폐기물 유발집단(M = 2.05)은 수질오염집단(M = 2.57)보다 그 중요성을 더 느끼고 있는 것으로 나타났다.

다섯째, 소음진동에 대해서는 유의수준 $\alpha = 0.05$에서 유의한 차이를 보다. 이것을 다중비교한 결과 폐기물 유발집단(M = 2.05)은 수질오염집단(M = 2.58)보다 소음진동의 책임의 중요성에 대하여 더 느끼고 있는 것으로 나타났다.

여섯째, 산업폐기물에 따른 사회적 책임의 중요성에 대해서는 유의수준 $\alpha = 0.01$수준에서 통계적으로 유의한 차이가 있다. 다중비교한 결과를 보면 폐기물유발집단(M=1.73)이 대기오염집단(M=2.67)과 수질오염집단(M=3.34)보다 중요성을 더 느끼고, 대기오염집단(M=2.67)은 수질오염집단(M=3.34)보다 산업폐기물에 대하여 그 중요성을 더 느끼고 있다고 분석된다. 식수부족에 대한 사회적 책임의 중요성에 대해서 유의수준 $\alpha = 0.01$수준에서 유의한 차이가 있다. 다중비교를 한 결과 수질오염집단(M=2.69)과 폐기물유발집단(M=2.23)은 대기오염집단(M=3.18)보다 식수부족에 대한 중요성을 덜 느끼고 있는 것으로 분석되었다. 마지막으로 방사능오염과 일조권침해, 유해식품에 대한 사회적 책임의 중요성에 대해서는 각 집단간에 차이는 없는 것으로 분석되었다. 이는 조사대상기업의 특성에 기인한다.

<표 4> 환경보전의 사회적 책임영역항목 중요도

구분		명	평균	표준편차	F-Ratio	F-Prob.
대기오염	수질 오염집단	51	2.63	1.2955	6.7658	0.0016[*1)]
	대기 오염집단	49	1.82	0.7819		
	폐기물 유발집단	41	2.10	1.2208		
	합계	141	2.19	1.1644		
수질오염	수질 오염집단	55	1.85	0.7308	16.6813	0.0000[*2)]
	대기 오염집단	49	2.88	1.6283		
	폐기물 유발집단	41	1.59	0.8653		
	합계	145	2.12	1.2632		
토양오염	수질 오염집단	52	2.48	1.2286	8.3805	0.0004[*3)]
	대기 오염집단	49	2.55	1.3395		
	폐기물 유발집단	41	1.63	0.7986		
	합계	142	2.26	1.2243		
해양오염 자연경관 파괴	수질 오염집단	51	2.57	0.1820	6.2677	0.0025[*4)]
	대기 오염집단	48	3.04	0.2207		
	폐기물 유발집단	41	2.05	0.1636		
	합계	140	2.58	0.1156		

구 분		명	평 균	표준편차	F-Ratio	F-Prob.
소 음 진 동	수 질 오염집단	53	2.58	0.9891	4.3842	0.0142**5)
	대 기 오염집단	49	2.67	1.1436		
	폐기물 유발집단	41	2.05	1.0712		
	합 계	143	2.46	1.0927		
산 업 폐 기 물	수 질 오염집단	53	3.34	1.4134	17.6859	0.0000*6)
	대 기 오염집단	49	2.67	1.3752		
	폐기물 유발집단	41	1.73	1.0253		
	합 계	143	2.65	1.4450		
방 사 능 오 염	수 질 오염집단	51	3.90	1.5395	0.8222	0.4416
	대 기 오염집단	48	3.58	1.7845		
	폐기물 유발집단	39	3.46	1.8187		
	합 계	138	3.67	1.7059		
일 조 권 침 해	수 질 오염집단	51	4.12	1.3061	0.5759	0.5636
	대 기 오염집단	49	3.83	1.5458		
	폐기물 유발집단	38	4.08	1.3024		
	합 계	138	4.01	1.3908		
유 해 식 품	수 질 오염집단	52	3.81	1.6214	0.2595	0.7719
	대 기 오염집단	49	3.64	1.6933		
	폐기물 유발집단	37	3.84	1.5726		
	합 계	138	3.75	1.6258		
식 수 부 족	수 질 오염집단	52	2.69	1.3509	5.0545	0.0076*7)
	대 기 오염집단	49	3.18	1.4955		
	폐기물 유발집단	39	2.23	1.3468		
	합 계	140	2.74	1.4425		

*$\alpha = 0.01$ **$\alpha = 0.05$

다중비교결과

1) 수 질 : 대기, 대기 : 폐기물
2) 대 기 : 수질, 대기 : 폐기물
3) 폐기물 : 수질, 폐기물 : 대기
4) 대 기 : 폐기물, 대기 : 수질, 폐기물 : 수질
5) 수 질 : 폐기물
6) 수 질 : 대기, 대기 : 폐기물, 폐기물 : 대기
7) 대 기 : 수질, 대기 : 폐기물

3. 환경보전비용의 측정에 대한 인식

기업이 환경보전비용항목을 측정해야 할 필요성과 측정이유, 비용의 부담방법, 측정상 문제점에 대하여 각 집단간에 유의한 차이가 있는가하는 각 가설을 검증하고자 하였다.

1) 환경보전비용의 측정필요성에 대한 가설검증

기업이 환경보전비용을 측정하여야 하는 필요성에 대하여 각 집단간에 통계적으로 유의한 차이가 있는지를 검증하기 위한 귀무가설을 다음과 같이 설정했다.

> 귀무가설
> 환경보전비용 측정의 필요도에 대하여 각 집단간에 차이가 없다.

전반적으로 환경오염방지비와 폐기물처리비, 환경오염연구개발비에 대해서는 그 필요성을 대체로 많이 느끼고 있다. 그러나 기타의 환경오염보상비, 사업자부담금, 환경오염벌과금, 환경오염부과금, 기타 환경오염비용에 대해서는 그 측정의 필요성에 대해서 보통이라고 응답했다. 즉, 이러한 기타의 환경보전비용은 정부규제적 비용에 해당하기 때문에 측정의 필요성을 능동적으로 느끼지 않는 것으로 판단된다. 통계적으로 유의한 차이가 있어서 귀무가설을 기각시키는 것은 폐기물처리에 관한 측정의 필요성이다. 이를 폐기물 처리비에 대해서 유의수준 $\alpha = 0.10$ 수준에서 각 집단간에 차이가 있다. 그 차이에 대하여 다중비교를 한 결과 폐기물유발집단(M = 2.17)이 수질오염집단(M = 2.61)보다 폐기물처리비용에 대해서 그 측정의 필요성을 더 느끼고 있는 것으로 나타났다. 대기오염집단은 아직 대기오염의 측정에 대한 방법과 법적규제의 미비와 측정상의 어려움으로 측정의 필요성을 많이 느끼지 못하는 것으로 사료된다.

■ <표 5> 환경보전비용 측정의 필요도

구 분		명	평 균	표준편차	F-Ratio	F-Prob.
환경오염 방지비	수 질 오염집단	54	2.46	0.7942	0.9626	0.3844
	대 기 오염집단	49	2.24	0.8299		
	폐기물 유발집단	41	2.29	0.9012		
	합 계	144	2.34	0.8376		
폐기물 처리비	수 질 오염집단	54	2.61	0.9984	2.6025	0.0775***
	대 기 오염집단	49	2.41	0.9983		
	폐기물 유발집단	41	2.17	0.7383		
	합 계	1464	2.42	0.9424		
환경오염 보상비	수 질 오염집단	53	3.17	1.2206	0.2196	0.8031
	대 기 오염집단	49	3.31	1.1031		
	폐기물 유발집단	41	3.17	1.1598		
	합 계	143	3.22	1.1576		
환경오염 연구개발비	수 질 오염집단	54	2.85	0.8334	0.0196	0.9806
	대 기 오염집단	49	2.82	0.9503		
	폐기물 유발집단	41	2.83	0.9976		
	합 계	144	2.63	0.9161		
사업자 부담금	수 질 오염집단	54	3.00	0.8687	0.2646	0.7679
	대 기 오염집단	49	3.08	0.8376		
	폐기물 유발집단	41	2.95	0.8931		
	합 계	144	3.01	0.8609		
환경오염 벌과금	수 질 오염집단	52	3.58	1.2422	0.6139	0.5427
	대 기 오염집단	48	3.67	1.2434		
	폐기물 유발집단	41	3.39	1.0459		
	합 계	141	3.55	1.1858		
환경오염 부과금	수 질 오염집단	52	3.38	1.2391	0.4873	0.6154
	대 기 오염집단	48	3.63	1.3309		
	폐기물 유발집단	41	3.54	1.0977		
	합 계	141	3.51	1.2283		

구 분		명	평 균	표준편차	F-Ratio	F-Prob.
기 타 환 경 비 용	수 질 오염집단	53	2.98	1.0283	0.7465	0.4759
	대 기 오염집단	48	3.19	0.9819		
	폐기물 유발집단	41	3.22	1.1514		
	합 계	142	3.12	1.0484		

***$\alpha = 0.10$

다중비교결과 폐기물: 수질

2) 환경보전비용의 측정 이유에 대한 가설검증

각 집단간에 환경보전비용 항목 측정 이유의 인지에 대하여 각 환경보전비용항목에 차이가 있는지를 검정하기 위하여 다음과 같이 귀무가설을 설정하였다.

귀무가설

각 환경보전비용 항목의 측정 이유 인지에 대하여 각 집단간에 차이가 없다.

환경오염방지비 측정 이유에 대해서 각 집단간에 유의한 차이는 없는 것으로 분석되었다. 환경오염방지비에 대해서 세 집단은 계속성과, 비교가능성에 그 측정이유를 둔다고 약 40%가 응답했고, 금액의 중요성에 약 40%응답한 것으로 나타났다. 그러므로 환경오염방지비의 측정사유는 자주 발생하고 금액이 상대적으로 중요하기 때문인 것으로 평가된다.

<표 6> 환경오염방지비의 측정이유

구 분	수질오염집단	대기오염집단	폐기물유발집단	합 계
자주 발생 하므로 측정 (지속성 · 비교가능성)	27 (50.0)	17 (35.4)	15 (36.6)	59 (41.3)
금액이 상대적으로 중요 하므로 측정(중요성)	17 (31.5)	21 (43.8)	20 (48.8)	58 (40.6)
정보이용자 의사결정에 영향을 미침(목적적합성)	10 (18.5)	10 (20.8)	6 (14.6)	26 (18.2)
합 계	54 (100.0)	48 (100.0)	41 (100.0)	143 (100.0)

Chi-Square	D.F.	Significance
3.98779	4	.4077

폐기물처리 및 측정 이유에 대한 각 집단간에는 통계적으로 유의한 차이는 없고 자주 발생한다는 점과 금액의 상대적인 중요성 때문에 측정한다는 것에 대해서는 40% 이상이 응답하였고 정보이용자의 의사결정에 영향을 미친다고 응답한 응답자는 세 집단 모두 10%를 겨우 넘는다.

<표 7> 폐기물처리비의 측정이유

구 분	수질오염집단	대기오염집단	폐기물유발집단	합 계
자주 발생하므로 측정 (지속성, 비교가능성)	21 (39.6)	20 (43.5)	23 (57.5)	64 (46.0)
금액이 상대적으로 중요하므로 측정(중요성)	23 (43.4)	20 (43.5)	13 (32.5)	56 (40.3)
정보이용자 의사결정에 영향을 미침(목적적합성)	9 (17.0)	6 (13.0)	4 (10.0)	19 (13.7)
합 계	53 (100.0)	46 (100.0)	40 (100.0)	139 (100.0)
Chi-Square	D.F.		Significance	
3.35851	4		.4997	

환경오염보상비에 대한 측정 이유에 대해서는 통계적인 차이는 없다. 그러나 이 비용은 환경오염방지비(18.2%)나 폐기물처리비(13.7%)보다 정보이용자의 의사결정에 영향을 미치기 때문에 환경오염보상비를 측정해야 한다고 응답한 비율(31.6%)이 높다. 이 비용은 정부규제적 비용에 해당하기 때문에 의사결정자에게 많은 영향을 미친다고 생각하기 때문이다. 그러나 이 비용을 측정하는 가장 큰 이유는 금액의 상대적인 중요성 때문이라고 지적되고 있다.

<표 8> 환경오염보상비의 측정이유

구 분	수질오염집단	대기오염집단	폐기물유발집단	합 계
자주 발생하므로 측정 (지속성, 비교가능성)	11 (21.6)	6 (14.0)	6 (15.4)	23 (17.3)
금액이 상대적으로 중요하므로 측정(중요성)	25 (49.0)	23 (53.5)	20 (51.3)	68 (51.1)

정보이용자 의사결정에 영향을 미침(목적적합성)	15 (29.4)	14 (32.6)	13 (33.3)	42 (31.6)
합 계	51 (100.0)	43 (100.0)	39 (100.0)	133 (100.0)

Chi-Square	D.F.	Significance
1.11687	4	.8916

환경오염연구개발비의 측정 이유에 대하여 각 집단간에는 유의수준 $\alpha=0.10$에서 유의한 차이가 있는 것으로 분석되었다. 전반적으로는 세 집단 모두 금액이 상대적으로 중요하기 때문이라고 약 56%가 측정의 이유로 응답했고, 그 다음으로 환경연구개발비의 측정이유에 대해서 수질오염집단(28.3%)은 대기오염집단(10.9%)과 폐기물유발집단(18.4%)보다 더 자주 발생하므로 측정한다고 응답(28.3%)했고, 대기오염집단(23.9%)과 폐기물유발집단(34.2%)은 수질오염집단(17.0%)보다는 정보이용자의 의사결정에 많은 영향을 미치기 때문에 측정을 한다고 응답하였다. 수질오염집단이 환경연구개발비가 자주 발생하기 때문에 측정한다고 하는 것은 공동폐수처리장 및 공동폐수관리연구시설의 설치운영에 따라서 비용이 경상적으로 발생하기 때문인 것으로 판단된다. 또한 대기오염집단은 수질오염집단이 공동투자에 의한 연구개발비가 발생하는데 대하여 개별적으로 측정하기 때문이라고 사료된다.

<표 9> 환경오염연구개발비의 측정이유

구 분	수질오염집단	대기오염집단	폐기물유발집단	합 계
자주 발생하므로 측정(지속성, 비교가능성)	15 (28.3)	5 (10.9)	7 (18.4)	27 (19.7)
금액이 상대적으로 중요하므로 측정(중요성)	29 (54.7)	30 (65.2)	18 (47.4)	77 (56.2
정보이용자 의사결정에 영향을 미침(목적적합성)	9 (17.0)	11 (23.9)	13 (34.2)	33 (24.1)
합 계	53 (100.0)	46 (100.0)	38 (100.0)	137 (100.0)

Chi-Square	D.F.	Significance
7.78337	4	.0998***

*** $\alpha=0.10$

<표 10> 사업자부담금의 측정이유

구 분	수질오염집단	대기오염집단	폐기물유발집단	합 계
자주 발생하므로 측정 (지속성, 비교가능성)	14 (26.9)	8 (16.7)	4 (10.5)	26 (18.8)
금액이 상대적으로 중요하므로 측정(중요성)	22 (42.3)	27 (56.3)	20 (52.6)	69 (50.0)
정보이용자 의사결정에 영향을 미침(목적적합성)	16 (30.8)	13 (27.1)	14 (36.8)	43 (31.2)
합 계	52 (100.0)	48 (100.0)	38 (100.0)	138 (100.0)

Chi-Square	D.F.	Significance
5.01298	4	.2860

각 집단간에 사업자부담금의 측정 이유에 대한 인지에 대해서는 통계적으로 유의한 차이는 없는 것으로 분석되었다. 사업자부담금 측정의 주요 이유는 약 50%가 금액이 상대적으로 중요하기 때문이라고 응답했고, 그 다음으로는 정보이용자의 의사결정에 영향을 미치기 때문이라고 약 31%가 응답했다. 각 집단간 환경오염벌과금에 대해서는 유의수준 $\alpha=0.05$수준에서 각 집단간에 차이가 있는 것으로 나타났다.

<표 11> 환경오염벌과금의 측정이유

구 분	수질오염집단	대기오염집단	폐기물유발집단	합 계
자주 발생하므로 측정 (지속성, 비교가능성)	10 (20.8)	1 (2.2)	2 (5.6)	13 (10.0)
금액이 상대적으로 중요하므로 측정(중요성)	18 (37.5)	25 (54.3)	19 (52.8)	62 (47.7)
정보이용자 의사결정에 영향을 미침(목적적합성)	20 (41.7)	20 (43.5)	15 (41.7)	55 (42.3)
합 계	48 (100.0)	46 (100.0)	36 (100.0)	130 (100.0)

Chi-Square	D.F.	Significance
10.85288	4	.0283**

** $\alpha=0.05$

약 40%가 정보이용자의 의사결정에 영향을 미치기 때문에 측정을 한다고 응답한 것에 대해서는 집단간에 차이는 없었다. 유의한 차이는 수질오염집단 (20.8%)이 다른 대기(2.2%)나 폐기물유발집단(5.6%)보다 발생의 빈도가 많기 때문에 차이가 있다고 분석되었다. 즉 수질오염집단이 대기, 폐기물유발집단보다 환경오염벌과금이 더 발생한다는 것이다.

환경오염부과금에 대한 측정의 이유에 대해서는 각 집단간에 통계적으로 유의한 차이는 없는 것으로 나타났다. 통계적으로 유의한 차이는 없으나 수질오염집단(12.5%)이 대기오염집단(2.2%)이나 폐기물유발집단(5.6%)보다 자주 발생하고 있다는데 그 차이가 있다. 전반적으로는 약 52%가 금액의 상대적 중요성이 측정의 이유라고 응답하였고, 집단별로는 대기오염집단(64.4%)과 폐기물유발집단(55.6%)이 수질오염집단(39.6%)보다 금액이 상대적 중요성을 측정 이유로 보고 있다.

<표 12> 환경오염부과금의 측정이유

구 분	수질오염집단	대기오염집단	폐기물유발집단	합 계
자주 발생하므로 측정 (지속성, 비교가능성)	6 (12.5)	1 (2.2)	2 (5.6)	9 (7.0)
금액이 상대적으로 중요하므로 측정(중요성)	19 (39.6)	29 (64.4)	20 (55.6)	68 (52.7)
정보이용자 의사결정에 영향을 미침(목적적합성)	23 (47.9)	15 (33.3)	14 (38.9)	52 (40.3)
합 계	48 (100.0)	45 (100.0)	36 (100.0)	129 (100.0)

Chi-Square	D.F.	Significance
7.71133	4	.1027

기타 환경오염비용에 대해서는 유의수준 α=0.05에서 유의한 차이가 있다고 분석되었다. 전반적으로는 금액이 상대적으로 중요하기 때문에 측정한다고 응답했다. 발생빈도가 빈번하기 때문에 측정을 한다는 이유에 대해서는 수질오염집단(25.5%)과 폐기물유발집단(25.6%)이 대기오염집단(8.5%)보다 그 응답률이 높은데 대기오염 기타비용의 발생이 거의 발생치 않는 것으로 판단된다. 금액이 중요하기 때문에 측정한다는 이유에 대해서는 대기오염집단(68.1%)이 수질(41.2%)이나 폐기물유발집단(41.0%)보

다 응답률이 높게 나타나 그 차이가 있는 것으로 분석된다.

결론적으로 환경보전비용의 측정의 이유는 금액의 중요성에 있는 것으로 판단할 수 있다.

<표 13> 기타 환경비용의 측정이유

구 분	수질오염집단	대기오염집단	폐기물유발집단	합 계
자주 발생하므로 측정(지속성, 비교가능성)	13 (25.5)	4 (8.5)	10 (25.6)	27 (19.7)
금액이 상대적으로 중요하므로 측정(중요성)	21 (41.2)	32 (68.1)	16 (41.0)	69 (50.4)
정보이용자 의사결정에 영향을 미침(목적적합성)	17 (33.3)	11 (23.4)	13 (33.3)	41 (29.9)
합 계	51 (100.0)	47 (100.0)	39 (100.0)	137 (100.0)

Chi-Square	D.F.	Significance
10.02959	4	.0399**

** $\alpha = 0.05$

3) 환경보전비용의 부담방법에 대한 가설검증

각 집단간에 환경보전비용을 부담하는 방법에 대하여 통계적으로 유의적인 차이가 있는가를 검증하기 위하여 다음과 같은 귀무가설을 설정한다.

귀무가설
환경보전비용의 부담방법에 대하여 각 집단간의 인지에 차이가 없다.

환경오염방지비의 부담방법에 대해 각 집단간에 통계적으로 유의수준 $\alpha = 0.10$수준에서 유의한 차이가 존재한다. 수질오염집단(40.0%)과 폐기물유발집단(47.5%)은 대기오염집단(26.5%)에 비교하여 제품원가에 부담하는 방법을 선호하고, 대기오염집단(30.6%)과 수질오염집단(23.6%)은 폐기물유발집단(7.5%)보다 매출액에 따라 부담하는 방법을 선택한다. 전반적으로는 제품의 원가에 부담하는 방법을 지향하고 있고 그 다음으로는 원가절감을 통한 방법과 매출액에 따라 부담하는 방법을 선택하고 있다.

환경오염방지비의 부담은 실무처리에 있어서는 제조간접비에 산입시키는 방법을 적합하다고 생각하고 있다고 볼 수 있다. 한편 그러한 사실은 제품소비자가격 상승을 가져오므로 기업의 사회적 비용인 환경보전비용의 부담은 결국 소비자에게 전가되는 결과를 초래한다. 폐기물처리비에 대하여 각 집단간에 통계적으로 유의한 차이는 존재하지 않고 있다. 전반적으로 약 50%가 제품의 원가에 부담하는 방법을 선호하고 있고, 매출액에 따라 부담하는 것과 원가절감을 통하여 부담하는 방법이 약 18%정도로 응답되고 있다.

<표 14> 환경오염방지비의 부담방법

구 분	수질오염집단	대기오염집단	폐기물유발집단	합 계
제품원가에 부담	2.2(40.0)	13(26.5)	19(47.5)	54(37.5)
원가절감을 통하여	12(21.8)	12(24.5)	9(22.5)	33(22.9)
매출액에 따라 부담	13(23.6)	15(30.6)	3(7.5)	31(21.5)
정부지원에 의존	4(7.3)	6(12.2)	2(5.0)	12(8.3)
순이익을 희생	4(7.3)	3(6.1)		
합 계	55(100.0)	49(100.0)		

Chi－Square	D.F.	Significance
13.45247	8	.0972**

** $\alpha = 0.10$

<표 15> 폐기물처리비의 부담방법

구 분	수질오염집단	대기오염집단	폐기물유발집단	합 계
제품원가에 부담	28(51.9)	20(41.7)	24(60.0)	72(50.7)
원가절감을 통하여	8(14.8)	13(27.1)	4(10.0)	25(17.6)
매출액에 따라 부담	11(20.4)	9(18.8)	6(15.0)	26(18.3)
정부지원에 의존	2(3.7)	4(8.3)	2(5.0)	8(5.6)
순이익을 희생	5(9.3)	2(4.2)	4(10.0)	11(7.7)
합 계	54(100.0)	48(100.0)	40(100.0)6	142(100.0)

Chi-Square	D.F.	Significance
8.06304	8	.4273

환경오염보상비에 대해서 각 집단간에 유의한 차이는 존재하지 않고 그 부담방법에 대해서도 제품의 원가에 부담하는 방법, 매출액에 따라 부담하는 방법, 순이익을 희생하는 방법에 대하여 각각 18.9%, 21.9%, 38.0%로 응답하였다. 환경오염보상비는 특별비용의 성격이 있기 때문에 순이익을 희생한다고 한 응답자가 제일 많다.

<표 16> 환경오염보상비의 부담방법

구 분	수질오염집단	대기오염집단	폐기물유발집단	합 계
제품원가에 부담	9(17.3)	6(13.0)	9(23.1)	26(18.9)
원가절감을 통하여	8(15.4)	4(8.7)	3(7.7)	15(11.0)
매출액에 따라 부담	13(25.0)	14(30.4)	3(7.7)	30(21.9)
정부지원에 의존	7(13.5)	5(10.9)	4(10.3)	16(11.7)
순이익을 희생	15(21.9)	17(34.0)	20(51.3)	52(38.0)
합 계	52(100.0)	46(100.0)	39(100.0)	137(100.0)

Chi-Square	D.F.	Significance
10.60485	8	.2251

환경오염연구개발비에 대해서 각 집단간에 유의한 차이는 없다. 제품의 원가에 부담하는 방법(27.3%), 매출액에 따라 부담하는 방법(28.0%)을 선택한다고 응답한 것으로 나타났다. 환경오염연구개발비는 제품의 원가와 매출액에 따라 부담하는 방법을 다른 방법보다 더 선호하고 있는 것으로 나타나고 있으며 매출액 규모에 따른 비용지출 선호가 특징적으로 나타나고 있다.

<표 17> 환경오염연구개발비의 부담방법

구 분	수질오염집단	대기오염집단	폐기물유발집단	합 계
제품원가에 부담	17(30.9)	10(20.4)	12(30.8)	39(27.3)
원가절감을 통하여	8(14.5)	11(22.4)	7(17.9)	26(18.2)
매출액에 따라 부담	15(27.3)	15(30.6)	10(25.6)	40(28.0)
정부지원에 의존	6(10.9)	8(16.3)	3(7.7)	17(11.9)
순이익을 희생	9(16.4)	5(10.2)	7(17.9)	21(14.7)
합 계	55(100.0)	49(100.0)	39(100.0)	143(100.0)

Chi-Square	D.F.	Significance
4.87972	8	.7704

사업자부담금에 대한 각 집단간에 차이는 없고 약 30.%가 매출액에 따라 부담한다고 응답하였고, 22%가 제품원가에 부담하는 방법을 선택한다고 응답하였다. 그 다음으로는 순이익을 희생한다고 응답하였다. 이는 정부규제비용에 대하여는 대체로 피동적인 입장으로 대처하려는 경향을 보이고 있다.

<표 18> 사업자부담금의 부담방법

구 분	수질오염집단	대기오염집단	폐기물유발집단	합 계
제품원가에 부담	15(27.3)	8(16.7)	8(21.1)	31(22.0)
원가절감을 통하여	7(12.7)	9(18.8)	3(7.9)	19(13.5)
매출액에 따라 부담	16(29.1)	16(33.3)	11(28.9)	43(30.5)
정부지원에 의존	9(16.4)	5(10.4)	7(18.4)	21(14.9)
순이익을 희생	8(14.5)	10(20.8)	9(23.7)	27(19.1)
합 계	55(100.0)	48(100.0)	38(100.0)	141(100.0)

Chi-Square	D.F.	Significance
5.54753	8	.6978

환경오염벌과금은 특별비용의 성격이 강하기 때문에 순이익의 희생으로 부담한다는 응답자가 50%나 되는 것으로 나타났고, 두 번째로는 매출액에 따라 부담하는 방법을 선택하는 응답자는 20%이다.

<표 19> 환경오염벌과금의 부담방법

구 분	수질오염집단	대기오염집단	폐기물유발집단	합 계
제품원가에 부담	7(13.2)	3(6.4)	4(11.8)	14(10.4)
원가절감을 통하여	4(7.5)	2(4.3)	2(5.9)	8(6.0)
매출액에 따라 부담	11(20.8)	8(17.0)	9(26.5)	28(20.9)
정부지원에 의존	6(11.3)	7(14.9)	4(11.8)	17(12.7)
순이익을 희생	25(47.2)	27(57.4)	15(44.1)	67(50.0)
합 계	53(100.0)	47(100.0)	34(100.0)	134(100.0)

Chi-Square	D.F.	Significance
3.60530	8	.8909

환경오염부과금도 환경오염벌과금과 비슷한 성격의 비용이기 때문에 순이익을 희생하여 부담하는 방법(43.3%)이 선호되고 있는 것으로 생각되며, 매출액에 따라 부담하는 방법은 26.9%의 응답률을 보이고 있다.

<표 20> 환경오염부과금의 부담방법

구 분	수질오염집단	대기오염집단	폐기물유발집단	합 계
제품원가에 부담	9(17.0)	4(8.5)	5(14.7)	18(13.4)
원가절감을 통하여	4(7.5)	2(4.3)	1(2.9)	7(5.2)
매출액에 따라 부담	13(24.5)	14(29.8)	9(26.5)	36(26.9)
정부지원에 의존	5(9.4)	7(14.9)	3(8.8)	15(11.2)
순이익을 희생	22(41.5)	20(42.6)	16(47.1)	58(43.3)
합 계	53(100.0)	47(100.0)	34(100.0)	134(100.0)

Chi-Square	D.F.	Significance
3.66406	8	.8861

기타 환경비용은 34.1%가 제품원가에 부담하는 방법을 선호하고 있는데 이는 기타 환경오염비의 제품에의 배부가 가능하다는 것을 의미한다. 그 다음으로 순이익을 희생하여 부담하는 방법이 22.5%를 차지하고 있다. 각 집단간에 유의한 차이는 없는 것으로 분석되었다.

<표 21> 기타 환경비용의 부담방법

구 분	수질오염집단	대기오염집단	폐기물유발집단	합 계
제품원가에 부담	20(37.0)	10(21.3)	17(45.9)	47(34.1)
원가절감을 통하여	9(16.7)	9(19.1)	3(8.1)	21(15.2)
매출액에 따라 부담	7(13.0)	10(21.3)	4(10.8)	21(15.2)
정부지원에 의존	6(11.1)	8(17.0)	4(10.8)	18(13.0)
순이익을 희생	12(22.2)	10(21.3)	9(24.3)	31(22.5)
합 계	54(100.0)	47(100.0)	37(100.0)	138(100.0)

Chi-Square	D.F.	Significance
8.45175	8	.3906

4) 환경보전비용측정상의 문제점의 인지에 대한 가설검증

환경보전비용 측정상의 문제점의 인지에 대하여 각 집단간에 유의적인 차이가 있는지를 검증하기 위하여 다음과 같은 가설을 설정하여 분석한다.

귀무가설
환경보전비용측정상의 문제점에 대하여 각 집단간의 인지에 차이가 없다.

환경보전비용측정상의 가장 큰 문제점에 대해서 각 집단간의 인지에 유의한 차이는 없다. 그러나 약 30.8%가 환경보전비용의 항목인식의 구분이 곤란하기 때문이라고 응답했고 다른 이유에 대해서는 거의 동일한 응답분포를 나타냈다. 따라서 환경보전비용 항목의 정확한 구분제시가 있다면 기업내부 사회적 비용에 해당하는 환경보전비용의 측정은 기존 회계시스템으로도 측정의 합의점 도출이 가능하다

<표 22> 환경보전비용측정상 문제점

구 분	수질오염집단	대기오염집단	폐기물유발집단	합 계
환경보전비용의 항목인식 구분곤란	19 (34.5)	14 (28.6)	11 (28.2)	44 (30.8)
환경보전비용의 귀속기간 결정곤란	11 (20.0)	11 (22.4)	11 (28.2)	33 (23.1)
환경보전비용의 발생의 희소성	13 (23.6)	12 (24.5)	6 (15.4)	31 (21.7)
환경보전비용의 비화폐·비정량성격	12 (21.8)	12 (24.5)	11 (28.2)	35 (24.5)
합 계	55 (100.0)	49 (100.0)	39 (100.0)	143 (100.0)

Chi-Square	D.F.	Significance
2.46248	6	.8726

4. 환경보전비용의 공시에 대한 인식

기업이 환경보전비용을 공시하는데 있어서 공시하는 이유, 각 비용공시의 유용도, 측정상의 문제점으로 인한 공시 난이도, 산출시간과 산출비용의 과다로 인한 공시 난이도, 정보유출위험으로 인한 공시 난이도, 공시방법, 감사형태에 대하여 각 집단간에 유의한 차이가 있는가를 검증한다.

1) 환경보전비용을 공시하는 이유에 대한 가설검증

기업이 환경보전비용을 공시하는 이유에 대하여 각 집단간에 유의한 차이가 있는가를 검증하기 위한 귀무가설을 다음과 같이 설정하였다.

> 귀무가설
> 환경보전비용항목 공시의 이유에 대하여 각 집단간의 인지에 차이가 없다.

환경보전비용의 공시를 해야 하는 이유에 대해서 각 집단간에 유의적인 차이는 없는 것으로 분석되었다. 그러나 57.9%가 환경오염에 대한 사회적 책임의 인식이 고조됨으로써 환경보전비용을 공시를 해야 한다고 응답하였다.

<표 23> 환경보전비용의 공시이유

구 분	수질오염집단	대기오염집단	폐기물유발집단	합 계
환경오염에 대한 사회적 책임인식 고조	33 (58.9)	31 (63.3)	20 (50.0)	84 (57.9)
환경보전비용지출의 정부 규제강화	15 (26.8)	10 (20.4)	14 (35.0)	39 (26.9)
환경보전비용지출의 증대	5 (8.9)	3 (6.1)	3 (7.5)	11 (7.6)
기업의 사회적 이미지 개선	3 (5.4)	5 (10.2)	3 (7.5)	11 (7.6)
합 계	56 (100.0)	49 (100.0)	40 (100.0)	145 (100.0)

Chi-Square	D.F.	Significance
3.51003	6	.7426

두 번째의 사유로서는 환경보전비용지출에 대한 정부규제강화로 인한 환경보전비용의 공시에 26.9%가 응답하였다. 이와 같은 결과는 환경보전비용을 공시하는데 있어서 능동적인 사고를 가지고 있음을 보여 준다.

2) 환경보전비용 공시의 유용도에 대한 가설검증

환경보전비용 항목을 공시해야 하는 유용도에 대하여 각 집단간에 차이가 있는가를 검증하기 위한 귀무가설을 다음과 같이 설정하였다.

> 귀무가설
> 환경보전비용 공시의 유용도에 대하여 각 집단간에 차이가 없다.

환경보전비용 항목의 공시를 정보적인 면에서 유용성이 있는가를 여러 정보이용자의 측면에서 분석하고 그 차이를 검증하였다. 환경보전비용의 공시가 경영자의 경영정책의 결정에 대하여 유용한 정도에는 각 집단간에 유의적인 차이는 없으나 대체적으로 유용하다(M=2.24)고 응답하였다. 환경보전비용을 공시함으로써 투자자의 투자의사결정에 대한 집단간에 차이는 없으나, 투자의사결정에 미치는 유용성은 보통이라(M=3.05)고 응답하였다. 채권자가 여신의사결정의 유용성 정도에 대해서는 각 집단간의 차이는 없는 것으로 분석되었으며 조금밖에 유용하지않다(M=3.36)고 응답하였다. 환경보전비용을 공시하면 정부의 기업지원정책결정에 유용하다(M=2.37)고 응답하였으나 집단간의 차이는 없다고 분석되었다. 소비자가 구매의사결정을 하는데 있어서 환경보전비용 공시의 유용성 수준은 보통(M=3.13)이고 각 집단간에 유의한 차이는 없다. 환경보전비용을 공시함으로써 종업원의 근로의욕고취에 영향을 미친다는 점에 대하여는 각 집단간에 유의수준 $\alpha=0.05$에서 유의한 차이가 있다. 이러한 차이에 대해서 다중비교한 결과를 보면 폐기물오염집단(M=2.73)과 대기오염집단(M=2.88)과 수질오염집단(M=3.25)보다 더 유용하다고 응답하였다. 이는 수질오염집단보다 대기오염집단 및 폐기물유발집단의 환경오염 영향이 직접적으로 종업원에게 미치기 때문이라고 평가된다. 환경보전비용을 공시함으로써 기업의 사회적 이미지를 개선하는데 유용하지만 집단간 차이는 없는 것으로 분석되었다.

<표 24> 환경보전비용공시의 유용도

구 분		명	평 균	표준편차	F-Ratio	F-Prob.
경영자 경영정책 결정	수 질 오염집단	55	2.25	0.7986	0.0136	0.9865
	대 기 오염집단	49	2.24	0.8547		
	폐기물 유발집단	40	2.23	0.9737		
	합 계	144	2.24	0.8630		
투자자의 투자의사 결정	수 질 오염집단	54	3.09	1.0509	0.7434	0.4774
	대 기 오염집단	48	3.15	1.1107		
	폐기물 유발집단	40	2.88	1.1137		
	합 계	142	3.05	1.0872		
채권자의 여신의사 결정	수 질 오염집단	54	3.35	0.9743	0.0075	0.9925
	대 기 오염집단	19	3.35	0.9563		
	폐기물 유발집단	40	3.38	0.9789		
	합 계	142	3.36	0.9627		
정부의 기업지원 정책결정	수 질 오염집단	56	2.34	0.9000	0.2744	0.7604
	대 기 오염집단	46	2.46	0.9118		
	폐기물 유발집단	40	2.33	0.9971		
	합 계	142	2.37	0.9272		
소비자의 구매의사 결정	수 질 오염집단	53	3.15	1.0633	1.5458	0.2168
	대 기 오염집단	48	3.31	1.0946		
	폐기물 유발집단	40	2.90	1.1503		
	합 계	141	3.13	1.1034		
종업원의 근로의욕 고취에 영향	수 질 오염집단	56	3.25	1.0135	3.4893	0.0332**
	대 기 오염집단	48	2.88	1.0442		
	폐기물 유발집단	40	2.73	0.9868		
	합 계	144	2.98	1.0342		
기업의 사회적 이미지 개선	수 질 오염집단	56	2.25	0.7920	0.0371	0.9636
	대 기 오염집단	48	2.25	0.8629		
	폐기물 유발집단	39	2.21	1.0047		
	합 계	143	2.24	0.8718		

** $\alpha = 0.05$

다중비교

폐기물 : 수질, 수질 : 대기

3) 환경보전비용의 측정상 문제점으로 인한 공시의 난이도에 대한 가설검증

환경보전비용 항목을 측정하는데 있어서의 문제점으로 인한 공시의 어려움에 각 집단간에 차이가 있는가를 검증하기 위한 귀무가설을 다음과 같이 설정하였다.

귀무가설

환경보전비용 항목의 측정상 문제점으로 인한 공시의 난이도에 대하여 각 집단간에 차이가 없다.

각 환경보전비용을 측정하기 곤란하기 때문에 공시가 난이하다는 것에 대하여 각 집단간에 통계적으로 유의한 차이는 없는 것으로 분석된다. 전반적으로 각 환경보전비용 측정상의 문제로 인한 공시의 난이도는 조금 어렵다고 응답하였다.

이는 제시된 환경보전비용 항목 측정상의 문제점이 공시의 난이도에 영향을 조금밖에 주지 않는 것으로 해석할 수 있으며 제시된 환경보전비용 항목의 측정에 관한 합의가 도출되면 공시에는 어려움이 없을 것으로 본다.

<표 25> 환경보전비용의 측정상 문제점으로 인한 공시난이도

구 분		명	평 균	표준편차	F-Ratio	F-Prob.
환경오염 방지비	수 질 오염집단	55	4.02	1.0800	1.1392	0.3230
	대 기 오염집단	48	3.69	1.1328		
	폐기물 유발집단	40	3.77	1.2707		
	합 계	143	3.84	1.1546		
폐기물 처리비	수 질 오염집단	54	4.02	1.0549	0.2319	0.7933
	대 기 오염집단	48	3.98	0.9563		
	폐기물 유발집단	40	4.13	1.0667		
	합 계	142	4.04	1.0204		
환경오염 보상비	수 질 오염집단	54	3.54	1.1930	0.1931	0.8246
	대 기 오염집단	48	3.63	1.1601		
	폐기물 유발집단	39	3.69	1.2805		
	합 계	141	3.61	1.1998		

구 분		명	평 균	표준편차	F-Ratio	F-Prob.
환경오염 연구개발비	수 질 오염집단	55	3.53	1.1362	0.7998	0.4515
	대 기 오염집단	48	3.54	1.0097		
	폐기물 유발집단	40	3.28	1.1544		
	합 계	143	3.46	1.0991		
사업자 부담금	수 질 오염집단	55	3.76	1.1216	0.3423	0.7108
	대 기 오염집단	48	3.86	1.1228		
	폐기물 유발집단	39	3.67	1.3045		
	합 계	142	3.77	1.1693		
환경오염 벌과금	수 질 오염집단	54	3.76	1.0978	0.3994	0.4986
	대 기 오염집단	47	4.02	1.0319		
	폐기물 유발집단	39	3.87	1.2178		
	합 계	140	3.88	1.1089		
환경오염 부과금	수 질 오염집단	54	3.93	1.0066	0.1595	0.8527
	대 기 오염집단	47	4.02	1.1130		
	폐기물 유발집단	39	3.90	1.1652		
	합 계	140	3.95	1.0817		
기타 환경비용	수 질 오염집단	55	3.96	1.0709	0.1260	0.8817
	대 기 오염집단	47	3.89	1.0680		
	폐기물 유발집단	40	3.85	1.2310		
	합 계	142	3.91	1.1103		

4) 환경보전비용의 산출시간과 산출비용의 과다로 인한 공시의 난이도에 대한 가설검증

환경보전비용을 산출하는데서 발생하는 시간적 노력과 비용의 과다로 인한 공시의 난이도에 대해 각 집단간에 유의한 차이가 있는가를 검증하기 위한 귀무가설은 다음과 같다.

귀무가설

환경보전비용을 산출하는데 있어서 시간적 노력과 비용의 과다로 인한 공시의 난이도에 대하여 각 집단간에 차이가 없다.

환경보전비용을 산출하는데 소요되는 시간과 비용의 과다로 인하여 공시가 어렵다는 것에 대하여 각 집단간의 차이는 없는 것으로 나타났다. 전반적으로 환경보전비용을 산출하는데 있어서 시간과 비용이 많이 발생하지 않는 것(M=3.45-4.06)으로 분석되었다. 공시에 관한 적합한 방법이 제시되어지면 시간적 노력과 비용이 문제가 되지 않는다고 볼 수 있다.

<표 26> 환경보전비용의 산출시간과 산출비용 과다로 인한 공시난이도

구 분		명	평 균	표준편차	F-Ratio	F-Prob.
환경오염 방지비	수 질 오염집단	55	3.90	1.0933	0.1078	0.8979
	대 기 오염집단	48	3.81	1.1422		
	폐기물 유발집단	40	3.90	1.1723		
	합 계	143	3.87	1.1250		
폐기물 처리비	수 질 오염집단	54	4.06	0.9984	0.3622	0.6968
	대 기 오염집단	48	3.98	1.1202		
	폐기물 유발집단	40	4.18	1.1297		
	합 계	142	4.06	1.0733		
환경오염 보상비	수 질 오염집단	54	3.56	1.1103	0.5568	0.5733
	대 기 오염집단	48	3.73	1.1250		
	폐기물 유발집단	39	3.79	1.2178		
	합 계	141	3.68	1.1422		
환경오염 연구개발비	수 질 오염집단	55	3.45	0.9687	0.3018	0.7400
	대 기 오염집단	48	3.52	1.0717		
	폐기물 유발집단	40	3.35	1.0754		
	합 계	143	3.45	1.0256		
사업자 부담금	수 질 오염집단	55	3.89	1.0124	0.2459	0.7823
	대 기 오염집단	48	3.81	1.0650		
	폐기물 유발집단	39	3.97	1.1582		
	합 계	142	3.89	1.0659		
환경오염 벌과금	수 질 오염집단	54	3.72	1.0171	1.4389	0.2408
	대 기 오염집단	47	3.94	1.1307		
	폐기물 유발집단	38	4.11	1.1099		
	합 계	139	3.90	1.0854		

구 분		명	평 균	표준편차	F-Ratio	F-Prob.
환경오염 부과금	수 질 오염집단	54	3.78	0.9842	1.3024	0.2753
	대 기 오염집단	47	3.98	1.1323		
	폐기물 유발집단	39	4.13	1.0442		
	합 계	139	3.94	1.0548		
기타 환경비용	수 질 오염집단	54	3.93	1.0252	0.0555	0.9460
	대 기 오염집단	47	3.85	1.1225		
	폐기물 유발집단	39	3.90	1.2731		
	합 계	140	3.89	1.2330		

5) 환경보전비용의 정보유출위험으로 인한 공시난이도에 대한 가설검증

환경보전비용을 공시함으로써 발생하는 정보유출의 위험으로 인한 공시난이도에 각 집단간에 차이가 있는가를 검증하기 위한 귀무가설을 다음과 같이 설정하였다.

귀무가설

환경보전비용을 공시함으로써 발생하는 정보유출위험으로 인한 공시 난이도에 대하여 각 집단간에 차이가 없다.

<표 27> 환경보전비용의 정보유출위험으로 인한 공시난이도

구 분		명	평 균	표준편차	F-Ratio	F-Prob.
환경오염 방지비	수 질 오염집단	55	3.95	1.0958	1.6044	0.2047
	대 기 오염집단	48	3.58	1.2688		
	폐기물 유발집단	39	3.97	1.1807		
	합 계	142	3.83	1.1848		
폐기물 처리비	수 질 오염집단	54	4.00	0.8902	3.0464	0.0507**
	대 기 오염집단	48	3.73	1.2332		
	폐기물 유발집단	39	4.28	0.9719		
	합 계	141	3.96	1.0555		

구 분		명	평 균	표준편차	F-Ratio	F-Prob.
환 경 오 염 보 상 비	수 질 오염집단	54	3.67	1.1159	0.8346	0.4362
	대 기 오염집단	48	3.37	1.1601		
	폐기물 유발집단	38	3.55	1.5554		
	합 계	140	3.54	1.1406		
환 경 오 염 연 구 개 발 비	수 질 오염집단	55	3.29	1.1168	0.9088	0.4054
	대 기 오염집단	48	3.17	1.0980		
	폐기물 유발집단	39	2.97	1.1582		
	합 계	142	3.16	1.1213		
사 업 자 부 담 금	수 질 오염집단	55	3.76	1.0709	0.9002	0.4088
	대 기 오염집단	48	3.85	1.0104		
	폐기물 유발집단	39	4.05	0.9986		
	합 계	142	3.87	1.0305		
환 경 오 염 벌 과 금	수 질 오염집단	54	3.85	0.9983	0.2064	0.8137
	대 기 오염집단	47	3.74	1.3265		
	폐기물 유발집단	38	3.89	1.0343		
	합 계	139	3.83	1.1224		
환 경 오 염 부 과 금	수 질 오염집단	54	3.83	1.0595	0.3270	0.7216
	대 기 오염집단	47	3.68	1.3690		
	폐기물 유발집단	38	3.87	1.0442		
	합 계	139	3.79	1.1639		
기 타 환 경 비 용	수 질 오염집단	55	3.89	1.0658	0.3212	0.7258
	대 기 오염집단	47	3.76	1.1461		
	폐기물 유발집단	39	3.95	1.0748		
	합 계	141	3.87	1.0903		

*** $\alpha = 0.10$
다중비교
대기 : 폐기물

전반적으로 정보의 유출위험 때문에 환경보전비용을 공시하기가 어렵다고 응답하지 않았다. 폐기물처리비에 있어서는 유의수준 $\alpha = 0.10$수준에서 통계적으로 유의한 차이가 있는 것으로 분석되었다. 이 차이에 대하여 다중비교를 한 결과 대기오염집단(M

=3.73)이 폐기물오염집단(M=4.28)보다 공시가 더 어렵다고 응답하였다. 이는 대기오염집단이 폐기물오염집단보다 불특정다수성이 강하기 때문인 것으로 볼 수 있으며 대기오염집단의 오염에 관한 정부규제의 미비에 기인한 것으로 판단된다.

6) 환경보전비용의 공시방법에 대한 가설검증

환경보전비용 공시의 방법의 인지에 대하여 각 집단간에 차이가 존재하는가를 분석하기 위한 귀무가설을 다음과 같이 설정한다.

> 귀무가설
> 환경보전비용 공시의 방법에 대하여 각 집단간의 인지에 차이가 없다.

환경보전비용을 공시하는 방법에 대하여서 각 집단간에 통계적으로 유의한 차이는 없다. 공시방법에 관하여 응답률이 가장 높은 것은 기존 재무제표에 부속명세서를 추가하는 방법(29.4%) 기존 재무제표를 이용하여 계정을 추가하는 방법(21.7%)으로 나타났다. 이는 공시방식을 기존 재무회계시스템을 이용한 방식을 선호하고 있는 것으로 판명된다.

<표 28> 환경보전비용의 공시방법

구 분	수질오염집단	대기오염집단	폐기물유발집단	합 계
기존 재무제표를 이용 계정추가	12 (21.8)	12 (24.0)	7 (18.4)	31 (21.7)
기존 재무제표를 이용 상세한 해설	8 (14.5)	9 (18.0)	5 (13.2)	22 (15.4)
기존 재무제표에 부속명세서를 추가	15 (27.3)	18 (36.0)	9 (23.7)	42 (29.4)
영업보고서에 설명식으로 추가	9 (16.4)	5 (10.0)	6 (15.8)	20 (14.0)
사회적 책임보고서 등 별도로 작성공시	11 (20.0)	6 (12.0)	11 (28.9)	28 (19.6)
합 계	55 (100.0)	50 (100.0)	38 (100.0)	143 (100.0)

Chi-Square	D.F.	Significance
5.98346	8	.6491

7) 환경보전비용의 감사형태에 대한 가설검증

환경보전비용의 감사형태에 관하여 각 집단간에 어떠한 차이가 있는가를 검증하기 위한 귀무가설은 다음과 같이 설정하였다.

귀무가설
환경보전비용의 감사형태에 대하여 각 집단간의 인지에 차이가 없다.

환경보전비용의 감사형태에 대하여 각 집단간에 차이가 없는 것으로 분석되었다. 별도로 독립된 사회회계인의 감사가 24.5%, 기업내외의 모든 이해관계자의 감사가 23.1%, 외감법에 의한 외부감사인의 감사에 20.3%를 차지하였다.

<표 29> 환경보전비용의 감사형태

구 분	수질오염집단	대기오염집단	폐기물유발집단	합 계
외감법에 의한 외부감사인의 감사	8 (14.5)	14 (28.0)	7 (18.4)	29 (20.3)
상법상의 내부감사인의 감사	9 (16.4)	4 (8.0)	5 (13.2)	18 (12.6)
별도 독립된 사회회계감사인의 감사	15 (27.3)	11 (22.0)	9 (23.7)	35 (24.5)
사회단체에 의한 감사	10 (18.2)	7 (14.0)	11 (28.9)	28 (19.6)
기업내외의 모든 이해관계자의 감사	13 (23.6)	14 (28.0)	6 (15.8)	33 (23.1)
합 계	55 (100.0)	50 (100.0)	38 (100.0)	143 (100.0)

Chi-Square	D.F.	Significance
8.16561	8	.4175

이는 환경보전비용의 공시로 이용한 기존 재무회계시스템을 공시방법으로 선호하고 있으나 감사에 관해서는 공정성을 유지하고 환경보전비용 회계처리의 중요성이나 사회적 책임을 고려한 감사인의 선정을 요구하는 것으로 판단할 수 있다.

 분석결과의 요약 및 시사점

환경보전비용의 측정과 공시에 대한 집단별 특성을 파악하기 위하여 환경보전의 사회적 책임에 대한 인식, 환경보전비용의 측정과 공시에 대하여 각 집단간의 인식에 차이가 있는가에 대한 가설을 설정하여 검증하였는바 결과를 요약하면 다음과 같다.

가설 H1－1은 환경보전의 사회적 책임에 대하여 각 집단간의 수행정도에 차이가 있는가에 대한 가설로 그 결과는 다음과 같다.

환경오염방지를 위한 현대적 설비의 설치 및 계획의 수행정도에 대해서는 각 집단간에 유의수준 $\alpha=0.01$수준에서 수질오염집단이 대기오염집단보다 많이 수행하고 있고, 폐기물유발집단이 대기오염집단보다 더 많이 수행하고 있는 것으로 분석되었다.

이는 대기오염의 불특정다수성을 반영한 것으로 볼 수 있다. 대체적으로 각 집단들은 환경분야에 관한 사회적 책임활동을 많이 수행하고 있는 것으로 나타났다. 환경에 대한 연구 및 기술 개발의 수행정도는 유의수준 $\alpha=0.05$에서 폐기물유발집단이 수질오염집단보다 더 수행하고 있고 폐기물 유발집단이 대기오염집단보다 수행의 정도가 더 있는 것으로 나타났다. 정부기관의 협조하에 공동처리 시설설치 및 환경보호시스템 개발에 대해서는 유의수준 $\alpha=0.01$수준에서 대기오염집단이 수질오염집단과 폐기물유발집단보다 수행의 정도를 덜 하고 있는 것으로 분석되었다. 그러나 일반적으로 많이 수행하고 있다고는 나타나지 않았다. 자원 재활용의 효과적 프로그램 개발과 지역사회의 소비자와 협조하여 환경문제극복에 대한 책임수행정도는 각 집단간에 통계적인 차이가 없는 것으로 나타났고, 각 집단의 책임수행정도는 조금밖에 나타나지 않았다.

가설 H1－2는 환경보전의 사회적 책임영역 항목의 중요도에 대하여 각 집단간에 차이가 있는가를 검증하는 가설로서 그 결과는 다음과 같다.

대기오염에 대한 사회적 책임영역 항목의 중요도는 유의수준 $\alpha=0.01$에서 대기오염집단은 수질오염집단과 폐기물유발집단보다 그 사회적 책임이 더 크다고 응답했다. 일반적으로 대기오염의 중요성에 대하여서는 중요하다고 평가하였다. 수질오염에 대해서 유의수준 $\alpha=0.01$에서 폐기물 유발집단이 수질오염집단과 대기오염집단보다 수질오염에 대하여 더 중요하다고 느끼고 있다.

<표 30> 사회적 책임수행정도 · 책임영역 항목 중요도의 검증결과

가 설	검증목적	분석결과
H1－1	다음 환경보전의 사회적 책임에 대하여 각 집단간 수행정도의 통계적 유용성	
	환경오염방지를 위한 현대적 설비설치 및 계획의 수행정도	F＝ 6.9756*
	환경에 대한 연구 및 기술적 개발의 수행정도	F＝ 4.1813**
	정부기관과 협동하여 공동처리시설설치 및 환경보호시스템 개발의 수행정도	F＝10.4528*
	자원의 재활용을 위한 효과적 프로그램 개발의 수행정도	F＝ 0.9976
	지역사회 · 소비자와 협조하여 환경문제 극복의 수행정도	F＝ 0.1690
H1－2	다음 환경보전의 사회적 책임영역항목에 대하여 각 집단간 중요도의 통계적 유용성	
	대기오염(먼지 · 검정 · 매연 · 탄 · 유독가스)의 중요도	F＝ 6.7658*
	수질오염(하천 · 지하수)의 중요도	F＝ 6.6813*
	토양오염(대기 · 수질 · 산업폐기물에 의함)의 중요도	F＝ 8.3805*
	해양오염, 자연환경파괴의 중요도	F＝ 6.2677*
	소음 · 진동의 중요도	F＝ 4.3842**
	산업폐기물의 중요도	F＝17.6859*
	방사능오염의 중요도	F＝ 0.8222
	일조권 침해의 중요도	F＝ 0.5759
	유해식품의 중요도	F＝ 0.2595
	식수부족(공업단지유치, 오염 등에 의함)의 중요도	F＝ 5.0545*

* $\alpha=0.01$ ** $\alpha=0.05$ *** $\alpha=0.10$

그 이유는 수질오염집단은 폐수처리를 공동관리하기 때문이다. 대체적으로 각 집단은 수질오염을 중요하다고 느끼고 있다. 토양오염에 대해서는 유의수준 $\alpha=0.01$에서 폐기물유발집단이 수질이나 대기오염집단보다 더 책임을 더 느끼고 있다. 수질이나 대기오염집단은 직접적으로 토양오염에 영향을 미치지 않기 때문에 그 책임의 중요성을 덜 느끼고 있는 것으로 분석된다. 해양오염과 자연환경파괴에 대해서는 유의수준 $\alpha=0.01$에서 폐기물유발집단이 그 책임의 중요성을 가장 많이 느끼고 그 다음으로 수질오염집단, 대기오염집단이다.

대기오염집단은 폐기물 유발집단과 수질오염집단보다 그 사회적 책임의 중요성을 덜 느끼고 수질오염집단은 폐기물유발집단보다 그 중요성을 덜 느끼고 있는 것으로 나타났다. 소음진동에 대해서는 유의수준 $\alpha=0.05$에서 수질오염집단이 폐기물유발집단보다 소음진동의 책임의 중요성에 대하여 덜 느끼고 있는 것으로 나타났다. 산업폐기물에 따른 사회적 책임의 중요성에 대해서는 유의수준 $\alpha=0.01$수준에서 폐기물유발집단이 대기오염집단과 수질오염집단보다 중요성을 덜 느끼고, 대기오염집단은 수질오염집단보다 산업폐기물에 대하여 그 중요성을 더 느끼고 있다고 분석된다. 식수부족에 대한 사회적 책임의 중요성에 대해서 유의수준 $\alpha=0.01$수준에서 대기오염집단이 수질오염집단과 폐기물유발집단보다 식수부족에 대한 중요성을 덜 느끼고 있는 것으로 분석되었다. 마지막으로 방사능오염과 일조권침해, 유해식품에 대한 사회적 책임의 중요성에 대해서는 각 집단간에 차이는 없는 것으로 나타났고 이러한 사회적 책임에 대해서는 대체적으로 중요하지 않다고 느끼고 있는 것으로 분석되었다.

가설 H2－1은 환경보전비용의 측정필요성에 대하여 각 집단간의 인지에 차이가 있는가를 검증하는 가설로서 그 결과는 다음과 같다.

전반적으로 환경오염방지비와 폐기물처리비, 환경오염연구개발비에 대해서는 그 측정의 필요성을 대체로 많이 느끼고 있다. 그러나 기타의 환경오염보상비, 사업자부담금, 환경오염벌과금, 환경오염부과금, 기타 환경비용측정에 대해서는 보통이라고 응답했다. 즉 기타의 환경비용은 정부규제적 비용이기 때문에 측정의 필요성을 자발적으로 느끼지 않고 있는 것으로 사료된다.

폐기물 처리비에 대해서 유의수준 $\alpha=0.10$수준에서 폐기물유발집단이 수질오염집단보다 폐기물처리비용에 대해서 그 측정의 필요성을 더 느끼고 있는 것으로 나타났다. 대기오염집단은 아직 대기오염의 측정에 대한 방법과 법적규제의 미비와 측정상의 어려움으로 측정의 필요성을 많이 느끼지 못하는 것으로 사료된다.

가설 H2－2는 환경보전비용의 측정이유에 대하여 각 집단간의 인지에 차이가 있는가를 검증하는 것으로서 그 결과는 다음과 같다.

<표 31> 환경보전비용의 측정필요성과 측정이유의 검증결과

가 설	검증목적	분석결과
H2－1	다음 환경보전비용의 측정에 대하여 각 집단간 필요도의 통계적 유용성	
	환경오염방지비의 필요도	F＝ 0.9626
	폐기물처리비의 필요도	F＝ 2.6052***
	환경오염보상비의 필요도	F＝ 0.2196
	환경오염연구개발비의 필요도	F＝ 0.0196
	사업자부담금의 필요도	F＝ 0.2646
	환경오염벌과금의 필요도	F＝ 0.6139
	환경오염벌과금의 필요도	F＝ 0.4873
	기타 환경비용의 필요도	F＝ 0.7465
H2－2	다음 환경보전비용의 측정이유에 대하여 각 집단간 인지의 통계적 유용성	
	환경오염방지비 측정이유의 인지	X^2＝ 3.9877
	폐기물처리비 측정이유의 인지	X^2＝ 3.3585
	환경오염보상비 측정이유의 인지	X^2＝ 1.1168
	환경오염연구개발비 측정이유의 인지	X^2＝ 7.7833***
	사업자부담금 측정이유의 인지	X^2＝ 5.0130
	환경오염벌과금 측정이유의 인지	X^2＝10.852**
	환경오염부과금 측정이유의 인지	X^2＝ 7.7113
	기타 환경비용 측정이유의 인지	X^2＝10.029**

* $\alpha=0.01$ ** $\alpha=0.05$ *** $\alpha=0.10$

환경오염방지비의 측정 이유에 대해서 각 집단간에 유의한 차이는 없는 것으로 분석되었다. 환경오염방지비에 대해서 세 집단은 계속성과 비교가능성에 그 측정 이유를 둔다고 약 40%가 응답했고, 금액의 중요성에 약 40%가 응답한 것으로 나타났다. 그러므로 환경오염방지비는 계속발생하고 금액이 상대적으로 중요하기 때문에 측정하고 있고, 정보이용자의 의사결정에 영향을 미치기 때문에 측정한다는 응답률이 약 20%에 해당한다.

폐기물처리비에 대한 각 집단간에는 통계적으로 유의한 차이는 없고 자주 발생하고 금액이 상대적으로 중요하기 때문에 측정하여야 한다는데 40%이상이 응답하였고 정보이용자의 의사결정에 영향을 미친다고 응답한 응답자는 세 집단 모두 10%를 겨우 넘는다.

환경오염보상비에 대한 측정 이유에 대해서는 통계적인 차이는 없으나 이 비용은 환경오염방지비나 폐기물처리비보다 정보이용자의 의사결정에 영향을 미치기 때문에 환경오염보상비를 측정한다고 응답하였다. 이 비용은 정부규제적 비용이기 때문에 외부 정보이용자의 의사결정에게 많은 영향을 주기 때문이라고 생각하는 것으로 분석된다.

환경오염연구개발비의 측정이유에 대하여 각 집단간에는 유의수준 $\alpha=0.10$에서 수질오염집단이 대기오염집단과 폐기물유발집단보다 더 자주 발생하므로 측정한다고 응답했고, 대기오염집단과 폐기물유발집단은 수질오염집단보다는 정보이용자의 의사결정에 많은 영향을 미치기 때문에 측정을 한다고 응답하였다. 각 집단간에 전반적으로는 세 집단 모두 금액이 상대적으로 중요하기 때문이라고 약 56%가 측정의 이유로 응답했다.

사업자부담금의 측정 이유에 대한 인지에 대해서는 통계적으로 유의한 차이는 없는 것으로 분석되었다. 사업자부담금측정의 주요이유는 금액이 상대적으로 중요하기 때문이라고 약 50%가 응답했고, 그 다음으로는 정보이용자의 의사결정에 영향을 미치기 때문이라고 약 31%가 응답했다.

각 집단간 환경오염벌과금에 대해서는 유의수준 $\alpha=0.05$수준에서 수질오염집단이 다른 대기오염집단이나 폐기물유발집단보다 발생의 빈도가 많기 때문에 측정해야 한다고 분석되었다. 즉 수질오염집단이 대기 · 폐기물유발집단보다 환경오염벌과금이 더 발생한다는 것이다. 약 40%가 정보이용자의 의사결정에 영향을 미치기 때문에 측정을 한다고 응답한 것에 대해서는 업종간에 차이는 없다.

환경오염부과금에 대한 측정의 이유에 대해서는 각 집단간에 통계적으로 유의한 차이는 없는 것으로 나타났다. 그러나 전반적으로는 금액의 상대적 중요성이 측정의 이유가 된다는데 약 52%가 응답하였다.

기타 환경비용에 대해서는 유의수준 $\alpha=0.05$에서 유의한 차이가 있는 것으로 나타났다. 수질오염과 폐기물유발집단이 대기오염집단보다 자주 발생하므로 측정한다는데 대한 응답률이 높고, 금액이 중요하기 때문에 측정한다는 이유에 대해서는 대기오염집단이 수질오염집단이나 폐기물유발집단보다 응답률이 높게 나타나 그 차이가 있는 것으로 분석된다. 그러나 전반적으로는 금액이 상대적으로 중요하기 때문에 측정한다고 응답했다.

가설 H2－3은 환경보전비용의 부담방법에 대하여 각 집단간의 인지에 차이가 있는가를 검증하는 가설로서 그 결과는 다음과 같다.

환경오염방지비의 부담방법에 대해 각 집단간에 통계적으로 유의수준 $\alpha = 0.10$수준에서 수질오염집단과 폐기물유발집단은 대기오염집단보다 제품원가에 부담하는 방법을 선호하고 있고, 대기오염집단과 수질오염집단은 폐기물유발집단보다 매출액에 따라 부담하는 방법을 선택한다. 전반적으로는 제품의 원가에 부담하는 방법을 지향하고 있고 그 다음으로는 원가절감, 매출액에 따라 부담하는 방법을 선택한다.

폐기물처리비에 대해서는 전반적으로 약 50%가 제품의 원가에 부담하는 방법을 선호하고 있고 매출액에 따라 부담하는 것과 원가절감에 통하여 부담하는 방법에 대해 약 18%정도로 응답하였으나 각 집단간에 통계적으로는 유의한 차이는 없다. 환경오염보상비에 대해서 각 집단간에 유의한 차이는 없으나 그 부담방법에 대해서도 제품의 원가에 부담하는 방법, 매출액에 따라 부담하는 방법, 순이익을 희생하는 방법의 순으로 응답하였다. 환경오염보상비는 특별비용의 성격이 있기 때문에 순이익에 희생을 한다고 한 응답자가 제일 많은 것으로 분석된다.

환경오염연구개발비에 대해서 각 집단간에 유의한 차이는 없고, 제품의 원가에 부담하는 방법에 대하여 27.3% 매출액에 따라 부담하는 방법에 28%정도 응답한 것으로 나타났다. 환경오염연구개발비는 제품의 원가와 매출액에 따라 부담하는 방법을 다른 방법보다 더 선호하고 있는 것으로 나타나고 있으며, 매출액 규모에 따른 부담방법이 가장 선호되고 있다.

<표 32> 환경보전비용 부담방법과 측정상 문제점의 검증결과

가 설	검증목적	분석결과
H2－3	다음 환경보전비용의 부담방법에 대하여 각 집단간 인지의 통계적 유용성	
	환경오염방지비 부담방법의 인지	$X^2=13.45^{***}$
	폐기물처리비 부담방법의 인지	$X^2=8.0630$
	환경오염보상비 부담방법의 인지	$X^2=10.604$
	환경오염연구개발비 부담방법의 인지	$X^2=4.8797$
	사업자부담금 부담방법의 인지	$X^2=5.5475$
	환경오염벌과금 부담방법의 인지	$X^2=3.6053$
	환경오염부과금 부담방법의 인지	$X^2=3.6640$
	기타 환경비용 부담방법의 인지	$X^2=8.4517$
H2－4	환경보전비용의 측정상 문제점에 대하여 각 집단간 인지의 통계적 유용성	$X^2=2.4624$

* $\alpha=0.01$ ** $\alpha=0.05$ *** $\alpha=0.10$

사업자부담금에 대한 각 집단간에 차이는 없고 약 30%가 매출액에 따라 부담한다고 응답하였고, 22%가 제품원가에 부담하는 방법을 선택한다고 응답하였다. 그 다음으로는 순이익을 희생한다고 19.1%가 응답하였다. 이는 정부규제에 의한 발생비용에 대하여서는 대체로 피동적인 입장으로 대처하려는 경향이 나타나고 있다.

환경오염벌과금은 특별비용의 성격이 강하기 때문에 순이익에 희생으로 부담한다는 응답자가 50%나 되는 것으로 나타났고, 두 번째로는 매출액에 따라 부담하는 방법을 선택하는 응답자는 20%이다.

환경오염부과금도 환경오염벌과금과 비슷한 성격의 비용이기 때문에 순이익을 희생하여 부담하는 방법은 43.3%가 선호하고 있고, 매출액에 따라 부담하는 방법은 26.9%의 응답률을 보이고 있다.

기타 환경비용은 34.1%가 제품원가에 부담하는 방법을 선호하고 있고, 그 다음으로 순이익을 희생하는 부담방법에 대해서는 22.5%로 응답하고 있다. 각 집단간에 유의한 차이는 없는 것으로 분석되었다. 기타 환경비용은 제품원가에 배부가 가능한 비용으로 판단된다.

가설 H2－4는 환경보전비용의 측정상 문제점에 대하여 각 집단간의 인지에 차이가 있는가를 검증하는 가설이다. 그 결과 환경보전비용의 측정상 가장 큰 문제점에 대해서 각 집단간의 인지에 유의한 차이는 없으나 약 30.8%가 환경보전비용의 항목인식의 구분이 곤란하기 때문이라고 응답했고 다른 이유에 대해서는 거의 동일한 응답분포를 나타냈다. 이는 환경보전비용항목의 제시가 있다면 기존 회계시스템으로 측정합의도출이 가능함을 의미한다.

가설 H3－1은 환경보전비용을 공시하는 이유에 대하여 각 집단간의 인지에 차이가 있는가를 검증하는 가설이다. 그 결과 환경보전비용에 대한 공시를 해야하는 이유에 대해서 각 집단간에 유의적인 차이는 없는 것으로 분석되었다. 그러나 57.9%가 환경오염에 대한 사회적 책임의 인식이 고조됨으로써 환경보전비용을 공시해야 한다고 응답하였다. 두 번째의 사유로는 환경보전비용지출의 정부규제강화로 인한 환경보전비용의 공시에 26.9%가 응답하였다. 이와 같은 분석결과는 환경보전비용을 공시하는데 있어서 능동적인 사고를 가지고 있음을 보여준다.

가설 H3－2는 환경보전비용공시의 유용도에 대하여 각 집단간에 차이가 있는가를 검증하는 가설로서 그 결과는 다음과 같다.

환경보전비용을 공시하는 것이 경영자의 경영정책의 결정에 대하여 대체적으로 유용하다고 응답하였으나 각 집단간에 유의적인 차이는 없다. 투자자가 투자의사결정시 환경보전비용의 정보공시의 유용성은 보통이고 집단간에 차이는 없다. 환경보전비용을 공시함으로써 채권자가 여신의사결정하는 데 있어서 정보의 유용성은 조금밖에 없고 이 정보의 유용성에 집단간의 차이는 없다. 환경보전비용을 공시하면 정부의 기업지원정책을 결정하는데 유용하다라고 응답하였으나 집단간의 차이는 없다고 분석되었다. 소비자가 구매의사결정을 하는데 있어서 환경보전비용의 유용성은 보통이고 각 집단간에 유의한 차이는 없다. 환경보전비용을 공시함으로써 종업원의 근로의욕고취에 영향을 주는 데에 각 집단간에 대해서는 유의수준 $\alpha=0.05$에서 폐기물오염집단과 대기오염집단이 수질오염집단보다 더 유용하다고 응답하였다. 이는 수질오염집단은 환경오염의 영향이 종업원에 간접적으로 미치기 때문인 것으로 판단된다. 환경보전비용을 공시함으로써 기업의 사회적 이미지를 개선하는데 유용하지만 집단간 차이는 없는 것으로 분석되었다.

<표 33> 환경보전비용 공시이유 · 유용도 · 측정상 공시난이도의 검증결과

가 설	검증목적	분석결과
H3－1	환경보전비용을 공시하는 이유에 대하여 각 집단간 인지의 통계적 유용성	$X^2=3.5100$
H3－2	다음 환경보전비용 공시의 유용도에 대하여 각 집단간의 통계적 유용성	
	경영자의 경영정책결정에의 유용도	F＝0.0136
	투자자의 투자의사결정에의 유용도	F＝0.7434
	채권자의 여신의사결정에의 유용도	F＝0.0075
	정부의 기업지원정책결정에의 유용도	F＝0.2744
	소비자의 구매의사결정에의 유용도	F＝1.5458
	종업원의 근로의욕 고취에 영향에의 유용도	F＝3.4893**
	기업의 사회적 이미지 개선에의 유용도	F＝0.0371
H3－3	다음 환경보전비용의 측정상 문제점으로 인한 공시의 난이도에 대하여 각 집단간의 통계적 유용성	
	환경오염방지비 공시의 난이도	F＝1.1392
	폐기물처리비 공시의 난이도	F＝0.2319
	환경오염보상비 공시의 난이도	F＝0.1931
	환경오염연구개발비 공시의 난이도	F＝0.7998
	사업자부담금 공시의 난이도	F＝0.3423
	환경오염벌과금 공시의 난이도	F＝0.3994
	환경오염부과금 공시의 난이도	F＝0.1595
	기타 환경비용 공시의 난이도	F＝0.1260

* $\alpha=0.01$ ** $\alpha=0.05$ *** $\alpha=0.10$

가설 H3－3은 환경보전비용항목의 측정상 문제점으로 인한 공시의 난이도에 대하여 각 집단간에 차이가 있는가에 대한 가설로서 그 결과는 다음과 같다.

각 환경보전비용측정하기 곤란하기 때문에 공시가 난이하다는 것에 대하여 각 집단간에 통계적으로 유의한 차이는 없는 것으로 분석된다. 전반적으로 각 환경보전비용의 측정상의 문제로 인한 공시의 난이도는 조금 어렵다고 응답하였다. 이는 제시된 환경보전비용 항목의 측정문제점이 공시의 난이도에 영향을 조금밖에 주지 않는 것으로 판단된다. 즉 환경보전비용항목의 합의가 이루어지면 공시에 큰 문제는 없을 것으로 사료된다.

가설 H3－4는 환경보전비용 항목의 산출시간과 산출비용의 과다로 인한 공시의 난이도에 대하여 각 집단간에 차이가 있는가를 검증한 결과는 차이가 없는 것으로 나타났다. 전반적으로 환경보전비용을 산출하는데 있어서 시간과 비용이 많이 발생하지 않는 것으로 분석되었다.

가설 H3－5는 환경보전비용 항목의 정보유출위험으로 인한 공시 난이도에 대하여 각 집단간에 차이가 있는가를 검증하는 가설로서 그 결과는 다음과 같다.

대체적으로 정보의 유출위험 때문에 환경보전비용의 공시가 어렵지 않다고 응답하였다. 폐기물처리비에 있어서는 유의수준 α=0.10 수준에서 대기오염집단이 폐기물오염집단보다 공시가 더 어렵다고 응답하였다. 이는 대기오염집단의 폐기물소각처리에 관련한 불특정다수성 기인한 것으로 분석된다.

가설 H3－6은 환경보전비용 공시의 방법에 대하여 각 집단간의 인지에 차이가 있는가에 대한 가설로서 그 분석결과는 다음과 같다.

환경보전비용을 공시하는 방법에 대하여서 각 집단간에 통계적으로 유의한 차이는 없다. 공시방법에 관하여 가장 많이 응답한 것은 기존 재무제표에 부속명세서를 추가하는 방법이며, 두 번째로는 기존 재무제표를 이용하여 계정을 추가하는 방법을 선호하였다. 이는 기존 회계시스템의 방식을 선호하고 있는 것으로 판단된다.

가설 H3－7은 환경보전비용의 감사형태에 대하여 각 집단간의 인지에 차이가 있는가를 검증하는 가설로서 그 결과는 다음과 같다.

환경보전비용의 감사형태에 대하여 각 집단간에 차이가 없는 것으로 분석되었다. 별도로 독립된 사회회계인의 감사가 24.5%, 기업내외의 모든 이해관계자의 감사가 23.1%, 외감법에 의한 외부감사인의 감사에 20.3%가 응답하였다.

<표 34> 환경보전비용 계산 · 정보유출 위험상 난이도 · 방법 · 감사형태의 검증결과

가 설	검증목적	분석결과
H3－4	다음 환경보전비용의 계산시간과 계산비용 과다로 인한 공시의 난이도에 대하여 각 집단간의 통계적 유용성	
	환경오염방지비 공시의 난이도	F＝0.1078
	폐기물처리비 공시의 난이도	F＝0.3622
	환경오염보상비 공시의 난이도	F＝0.5586
	환경오염연구개발비 공시의 난이도	F＝0.3018
	사업자부담금 공시의 난이도	F＝0.2459
	환경오염벌과금 공시의 난이도	F＝1.4389
	환경오염부과금 공시의 난이도	F＝1.3024
	기타 환경비용 공시의 난이도	F＝0.0555
H3－5	다음 환경보전비용의 정보유출위험으로 인한 공시 난이도에 대하여 각 집단간의 통계적 유용성	
	환경오염방지비 공시의 난이도	F＝1.6044
	폐기물처리비 공시의 난이도	F＝3.0464***
	환경오염보상비 공시의 난이도	F＝0.8346
	환경오염연구개발비 공시의 난이도	F＝0.9088
	사업자부담금 공시의 난이도	F＝0.9002
	환경오염벌과금 공시의 난이도	F＝0.2064
	환경오염부과금 공시의 난이도	F＝0.3270
	기타 환경비용 공시의 난이도	F＝0.3212
H3－6	환경보전비용 공시의 방법에 대하여 각 집단간 인지의 통계적 유용성	$X^2=5.9834$
H3－7	환경보전비용의 감사형태에 대하여 각 집단간 인지의 통계적 유용성	$X^2=8.1656$

* $\alpha=0.01$ ** $\alpha=0.05$ *** $\alpha=0.10$

이는 환경보전비용 공시에 있어서 기존 보고시스템을 활용하는 방안을 선호하고 있으나, 감사에 관해서는 그 비용의 사회적 특성에 의하여 공정성을 유지할 것을 요구하기 때문인 것으로 이해된다.

전체적으로 환경보전비용의 조사분석이 시사하는 점은 다음으로 요약할 수 있다.

첫째, 각 집단은 환경보전비용의 구체적 항목을 제시해주면 측정과 공시에 있어서 기존 회계시스템을 활용하여 처리하는 방식을 택할 것으로 판단된다.

둘째, 따라서 환경활동에 관한한 실무적인 측면과 집단의 특성을 고려한 접근방법을 채택할 경우, 기업사회회계의 어떤 분야보다도 측정과 공시의 합의점의 도출이 가능하다.

셋째, 기존 연구들이 기업사회회계의 전 영역을 포괄적으로 접근하고 있는 점은 세부영역별 접근방법으로 전환되어지는 것이 오히려 실용적인 측정과 공시기법을 효과적으로 발전시킬 수 있다고 판단된다.

넷째, 정부규제적 환경보전비용에 대하여 기업은 적극적으로 회계처리하는 특성을 보여주고 있으므로 그 측정과 공시에 대한 법제적 뒷받침이 있어야 한다.

다섯째, 환경보전비용의 측정과 공시가 사회적 중요성과 기업평가성을 동시에 지니고 있기 때문에 감사는 독립된 사회감사인의 감사를 요구하고 있는데 유의하여야 한다.

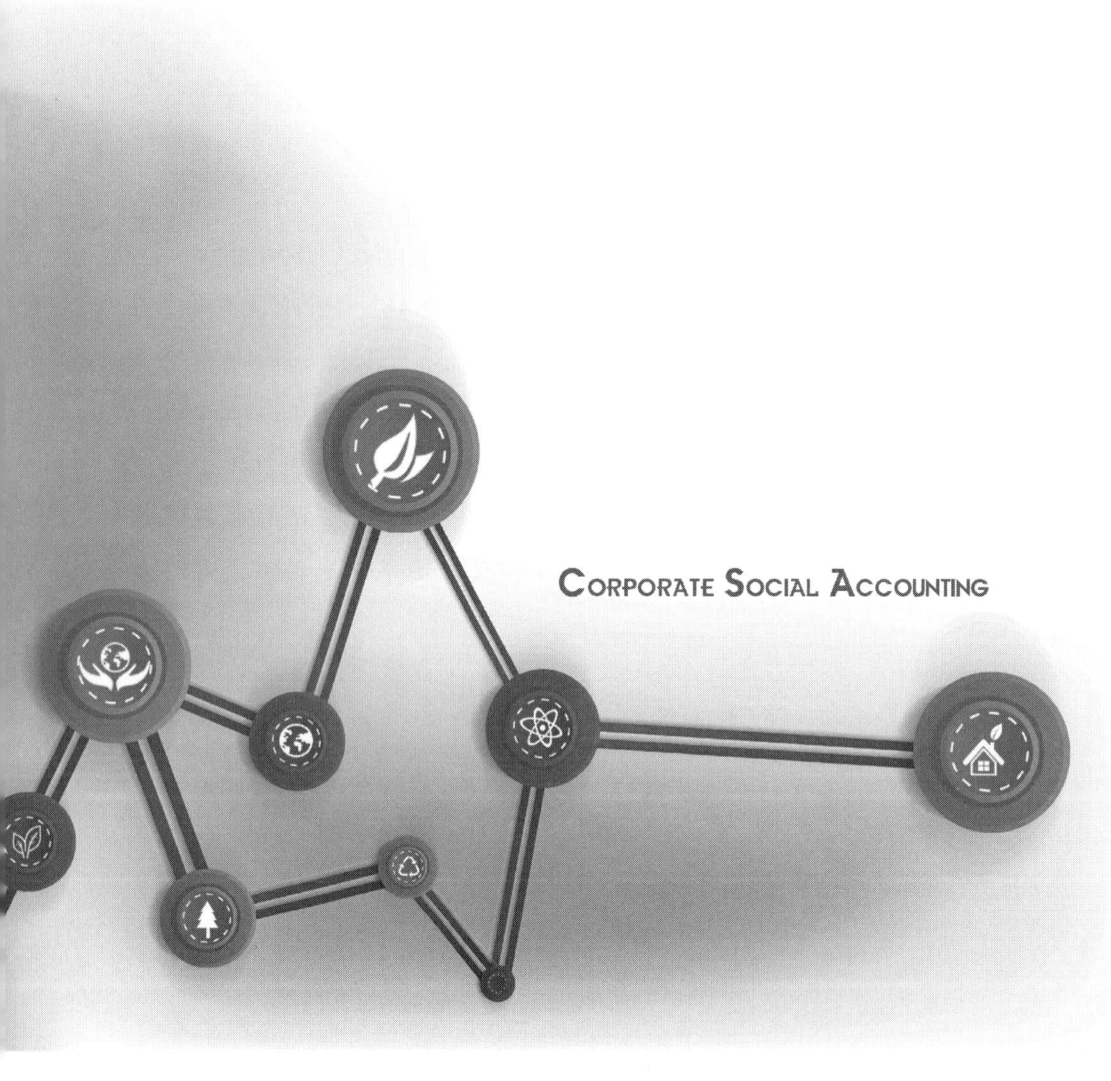
Corporate Social Accounting

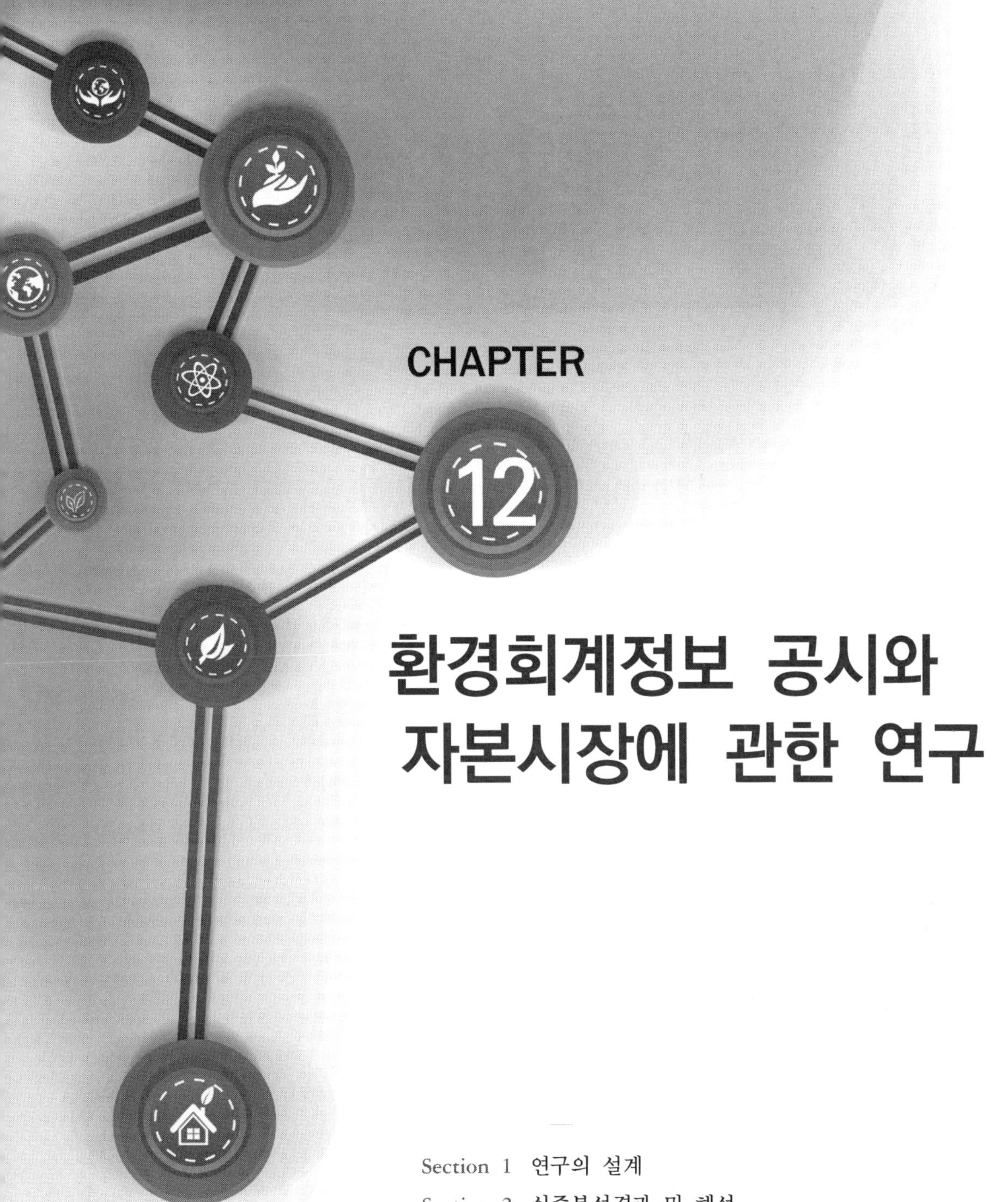

CHAPTER

12

환경회계정보 공시와 자본시장에 관한 연구

CHAPTER 12 환경회계정보 공시와 자본시장에 관한 연구

우리나라에서는 기업회계기준에서 환경관련 정보를 재무제표의 보충적 주석사항으로 공시하도록 하였다. 환경회계정보의 공시는 기업에 대한 환경관련 규제로 그 동안의 회계관행을 변화시키는 획기적인 사건이라 할 수 있다. 이로써 기업의 환경기준과 정책, 안전 및 사고에 관한 사항, 환경관련투자액, 자원과 에너지의 소비, 부산물 및 폐기물의 발생 및 처리 등에 관련된 회계정보를 제공함으로써 정보이용자들의 더 나은 의사결정을 하는 계기를 마련하고 있다.

본 연구는 투자자들이 환경회계정보의 내용을 충실히 공시하는 기업을 긍정적으로 평가하는지에 대한 연구의 필요성이 제기됨에 따라 수행되었다.

1 연구의 설계

1. 선행연구의 검토

많은 연구들이 환경관련정보가 공시되었을 때 시장의 반응을 연구하였다. Hamilton은 미국 기업을 대상으로 EPA가 발표하는 TRI(Toxic Release Inventory) 배출실적이 양호한 기업의 주가가 그렇지 못한 동종산업 내 타경쟁사들보다 상대적으로 높음을 밝혔고, TRI 데이터 공개 이후 미국 상장기업들의 주식초과수익이 부(-)의 값으로 전환됨을 보여주었다.[1)]

나아가 Konar와 Cohen은 TRI 공개로 인해 대폭적인 주가하락손실을 기록한 40개사는 2년 후 평균 42%에 달하는 오염배출 감축성과를 올렸음을 밝혔다.[2)] 또한 캐나

1) J. Hamilton, Pollution as News: Media and Stock Reaction to Toxic Release Inventory Data, *Journal of Environmental Economics and Management*, Vol.29, 1995, pp.98-113.

2) S. Konar and M. A. Cohen, Information as Regulation: The Effect of Community-Right-to-Know Laws on Toxic Emission, *Journal of Environmental Economics and Management*, Vol.32, 1997, pp.109~124.

다 기업을 대상으로 분석한 Laplante와 Lanoie의 연구결과를 보면, 언론보도를 통해 대중에게 전달된 환경회계정보는 미국의 TRI 데이터 공개에 비해서 주가에 미치는 영향이 뚜렷하지는 못하나 오염배출기업에 대한 사법부 판결에 관한 뉴스와 같이 특정한 사안에 대해서는 유의한 상관관계가 있는 것으로 나타났다.[3)]

Shane과 Spicer는 미국의 비영리단체인 CEP(Council on Economic Priorities)가 발표한 72개 회사의 환경성과에 대한 주가반응을 조사한 결과, 공해방지 노력이 미약한 기업일수록 부(－)의 비정상수익률이 나타남을 확인하였다.[4)] 정혜영과 주진규도 미국 반도체 공장의 공해물질 누출에 대한 주가반응을 조사한 결과 음의 비정상수익률을 발견하였다.[5)]

Cormier와 Magnan은 투자자들이 기업의 환경성과를 재무적으로 어떻게 평가하는지 연구하였다.[6)] 기업이 오염허용기준을 초과할수록 환경부채가 클 것이므로 투자자들은 그만큼을 주가에서 차감될 것으로 예상된다. 암묵적인 환경부채는 기업이 발생시키기는 하였으나 아직 재무제표에 반영하지 않은 환경원가 및 손실을 반영한다. 제지, 화학 및 정유산업에 속하는 기업들을 대상으로 실증분석한 결과 투자자들은 이러한 환경부채를 주가에 반영시키고 있는 것으로 나타났다.

Watts와 Zimmerman은 정부규제가 기업활동에 미치는 가능성이 기업의 회계의사결정에 영향을 미칠 수 있다고 주장했다. 정부의 간섭이 기업에 대해 많은 비용을 부담시킬 수 있다고 하였다.[7)] Belkaoui와 Karpik은 기업의 공시결정에 대한 실증모형을 개발하면서 정치비용 개념을 사용하고 있다.[8)] 그들은 기업의 사회활동에 따른 지출이 순이익에 영향을 미칠 수 있기 때문에 사회적 계약으로부터 정치적 비용이 발생할 수 있는 기업들은 그 비용을 감소시키기 위하여 사회적 지출을 부담할 수 있다고 주장한다. 그들은 정치적 비용에 대한 대리변수로서 기업규모, 자본집약도 및 시장위험

---

3) B. Laplante and P. Lanoie, The Market Response to Environmental Incidents in Canada, *Southern Economic Journal*, Vol.27-4, 1995, pp.59~88.

4) P. Shane and B. Spicer, Market Response to Environmental Information Produced Outside the Firm, *The Accounting Review*, July 1983, pp.521~538.

5) 정혜영 · 주진규, 공해물질누출 발견에 대한 자본시장의 반응, 「경영학연구」, 1992, pp.1~28.

6) D. Cormier, and M. Magnan, Investor's Assessment of Implicit Environmental Liabilities: An Empirical Investigation, *Journal of Accounting and Public Policy*, Vol.16, 1997, pp.215~241.

7) R. Watts and J. L. Zimmerman, Toward a Positive Theory of Determination of Accounting Standards, *The Accounting Review*, Vol.53, No.1, 1978, pp.112~113.

8) A. Belkaoui and P. G. Karpik, Determinants of the Corporate Decision to Disclosure Social Information, *Accounting, Auditing and Accountability Journal*, Vol.2 No.1, 1988, pp.36~51.

계수를 사용하였는데, 기업규모와 시장위험계수가 기대된 바와 같이 사회정보 공시와 유의적으로 연관이 있다는 사실을 발견하였다.

정혜영 · 주진규는 미국의 반도체 제조업체들의 유독성 폐기물 누출에 따른 증권시장의 반응을 분석하였다. 즉, 공해물질 누출기업의 공해물질 누출정보가 언론에 보도된 시점에 있어서 그 기업들의 주식가격이 어떠한 영향을 받는지에 대한 조사를 하였다.[9)]

이들은 1980년부터 1986년까지 미국 실리콘벨리 지역의 반도체 공장들을 대상으로 조사한 결과, 공해물질 배출이 감시당국인 환경청에 발견되어 제재를 받게 되었다는 사실이 언론에 보도되는 시점에서 공해물질 누출과 당해 기업의 주가변동간에 상관관계가 존재하는지를 조사한 결과, 일간 비정상수익률 변동을 기준으로 한 주가반응조사에서는 공해물질 누출적발일을 전후하여 시장반응이 거의 발견되지 않았다. 그러나 월간 비정상수익률 변동을 기준으로 한 주가반응 조사에서는 유독성 공해물질의 발견 이후 6개월까지 공해기업의 주식가격이 상당히 하락한 것으로 나타났다. 물론 이 결과는 반도체 산업 전체가 겪은 극심한 불경기로 인할 수도 있으나, 여러 가지 통계적 검증결과 공해기업에서의 공해누출 적발 후 6개월까지는 주가하락이 있었음을 밝히고 있다.

곽승준과 석승우는 1993년 1월부터 1999년 6월까지 주요 일간지에 보도된 관련기사를 정보데이터로 이용하였는데, 환경회계정보가 주가에 어느 정도 반응을 보이는 것으로 설명하였다.[10)]

2. 가설의 도출

주식수익률을 설명한 변수들은 수없이 많으며, 이를 적절히 설명하는 변수를 찾아내기 위한 모형과 변수의 개발은 계속되고 있다. 기업의 연차보고서에 공시된 환경회계정보도 이러한 변수가 될 수 있을 것으로 예측된다. 기업의 사회적 책임을 강조하는 현대 사회에서 환경회계정보 공시는 기업외부이해관계자들에게 긍정적으로 받아들여 질 수 있다. 선행연구 등의 경우에도 주요 일간지에 보도된 환경회계정보가 주가에 어느 정도 반응을 보이는 것으로 설명하고 있다.

따라서 다음과 같은 가설을 도출할 수 있다.

9) 정혜영 · 주진규, 전게서, 1992, pp.1~28.
10) 곽승준 · 석승우, 정보와 환경규제: 환경정보 보도와 주가반응, 「경제학연구」, 제49집 제3호, 한국경제학회, 2001, pp.145~164.

가설 1: 환경회계정보 공시여부와 공시수준은 주식수익률에 양(+)의 영향을 미친다.

Shane과 Spicer의 연구결과 공해방지 노력이 미약한 기업일수록 부(−)의 비정상수익률이 나타남을 확인하였다.11) Cormier와 Magnan은 기업이 오염허용기준을 초과할수록 환경부채가 클 것이므로 투자자들은 그만큼을 주가에서 차감될 것으로 예상하였다. 제지, 화학 및 정유산업에 속하는 기업들을 대상으로 실증분석한 결과 투자자들은 이러한 환경부채를 주가에 반영시키고 있는 것으로 나타났다.12) 정혜영과 주진규도 미국 반도체 공장의 공해물질 누출에 대한 주가반응을 조사한 결과 음(−)의 비정상수익률을 발견하였다.13)

따라서 다음과 같은 가설을 도출할 수 있다.

가설 2-1: 환경회계정보를 공시한 환경친화기업과 그렇지 않은 기업과의 주식수익률에는 차이가 있다.

가설 2-2: 환경회계정보 공시수준이 높은 환경친화기업과 낮은 기업과의 주식수익률에는 차이가 있다.

환경민감기업이 환경회계정보를 공시할 경우 긍정적 신호보다는 부정적 신호로 인식될 수 있다. 특히 폐기물 발생과 같은 환경회계정보는 오염물질 혹은 유독성 폐기물 배출로 연관되어 규제당국의 과징금 또는 감시의 강화로 이루어 질 것이고, 만일 그렇다면 우발채무의 발생가능성도 높아질 것으로 예측할 것이다. 또한 환경정화비용의 공시는 주주지분의 감소로 인식될 수 있다.

따라서 다음과 같은 가설을 도출할 수 있다.

가설 3-1: 환경회계정보를 공시한 환경민감기업과 그렇지 않은 기업과의 주식수익률에는 차이가 있다.

11) P. Shane and B. Spicer, *op. cit.*, July 1983, pp.521~538.
12) D. Cormier and M. Magnan, *op. cit.*, 1997, pp.215~241.
13) 정혜영 · 주진규, 전게서, 1992, pp.1~28.

가설 3-2: 환경회계정보 공시수준이 높은 환경민감기업과 낮은 기업과의 주식수익률에는 차이가 있다.

정부의 규제를 많이 받는 기업이나 넓은 고객층을 가지고 있는 기업들은 외부압력에 미리 대응하기 위하여 환경회계정보의 공시에 더 적극적일 것이다. 즉 세계적으로 BS 7500, ISO 14001 등이 도입되었고, 환경마크제도 등을 통한 무역장벽을 구축하려는 선진국들의 움직임에 대처하기 위해서는 우리나라의 대기업들을 중심으로 ISO 14001 인증을 받고자 하는 움직임이 일기 시작하고 있다.[14)]

이상의 개념을 정의하면 외부 압력을 많이 받는 대기업들에 대한 기업이해관계자들의 환경회계정보의 기대치는 그렇지 않은 기업들보다 클 것이며, 어차피 규제당국의 압력을 받는다면 자세한 환경회계정보의 공시는 대외이미지와 대기업으로서의 책임을 다 하고 있다는 인식으로 인해 긍정적인 신호로 받아들여질 것이다.

따라서 다음과 같은 가설을 도출할 수 있다.

가설 4-1: 환경회계정보를 공시한 대규모기업집단의 기업과 그렇지 않은 기업과의 주식수익률에는 차이가 있다.

가설 4-2: 환경회계정보 공시수준이 높은 대규모기업집단의 기업과 낮은 기업과의 주식수익률에는 차이가 있다.

본 논문에서 정의한 재무적 성과를 측정하는 변수로 ROE와 PER를 사용하였는데, 이 두 변수의 경우에는 상반될 것으로 예측된다. 즉 ROE의 경우 환경개선사업에 소요된 자본은 결국 주주에게 돌아올 이익의 감소로 귀결되므로 오히려 환경회계정보의 공시나 공시수준이 높으면 부정적(−) 효과로 나타날 것이며, PER는 오히려 환경회계정보 공시는 미래의 발생가능한 우발채무의 가능성을 감소시켜 줄 수 있으므로 긍정적(+) 신호로 나타날 것이다.

---

14) ISO 14001 환경경영시스템은 조직에서 발생하는 환경영향을 체계적인 방법으로 저감시키기 위하여 조직이 갖추어야 할 체제를 말하는 것으로, 환경방침과 환경목표를 정하여 이를 달성하기 위한 활동을 실시하고 활동의 실시상황을 감시, 검토하는 일련의 과정으로 구성되어 있다.

따라서 다음과 같은 가설을 도출할 수 있다.

가설 5-1: ROE와 PER가 높은 기업이 환경회계정보를 공시한 경우, 그렇지 않은 기업과 주식수익률에 차이가 있다.

가설 5-2: ROE와 PER가 높은 기업의 환경회계정보 공시수준이 높을 경우, 낮은 기업과의 주식수익률에는 차이가 있다.

3. 변수의 정의 및 측정

가설의 검증을 위한 분석에 사용된 변수의 정의는 다음과 같다.

1) 환경회계정보의 공시수준

양적 · 질적 공시내용을 측정하는 방식에 대해서는 일반적 합의가 이루어지지 않고 있다. 환경회계정보의 공시수준을 평가하는 방법으로 선행연구들은 대부분 가변수를 사용하여 공시여부만을 확인하고 있으나 이 방법 이외에도 다양한 방법을 사용하고 있다.

Trotman과 Bradley는 연차보고서내의 환경회계정보의 총 행수를 기본으로 측정하였고,[15] Cowen 등은 환경, 에너지, 공정한 경영활동, 인적자원, 지역관련활동, 제품안전성, 기타 등 7가지 범주로 공시내용을 측정하였다.[16]

Guthrie와 Parker는 호주에서 사회적, 경제적 영향을 미치는 철강, 석유탐사, 광업의 거대기업을 중심으로 환경, 에너지, 인적자원, 지역사회관련활동 등 4가지 분야로 구분한 뒤, 정보량을 페이지수로 측정하였으며, 사진이나 그래프는 제외하였다.[17]

---

15) K. T. Trotman and G. W. Bradley, Associations Between Social Responsibility Disclosure and Characteristics of Companies, *Accounting, Organizations and Society*, Vol.6 No.4, 1981, pp.355-362.

16) S. S. Cowen, L. B. Ferreri and L. D. Parker, The Impact of Corporate Characteristics on Social Responsibility Disclosure: A Typology and Frequency-based Analysis, *Accounting, Organizations and Society,* Vol. 12, No.2, 1987, pp.111-122.

17) J. E. Guthrie and L. D. Parker, Corporate Social Reporting: A Rebuttal of Legitimacy Theory, *Accounting and Business Research*, 1989, pp.343-352.

정길채는 공시수준을 세분화하지 않고, 환경회계정보의 공시수준을 더미변수로 처리하여 분석하였다. 즉 '0'(공시 안한 기업)과 '1'(공시한 기업)로 구분한 것이다.[18) 최종서는 공시수준을 우수공시집단, 우량공시집단, 보통공시집단, 불량공시집단으로 분류하였다.[19) 우수공시집단은 공시내용이 당해 기업의 환경관련활동에 대한 구체적 사실에 입각한 금액적 정보로 주로 제시되고 있는 경우, 우량공시집단은 공시내용이 당해 기업의 환경관련활동에 대한 구체적 사실에 입각한 비금액적 정보로 주로 제시되고 있는 경우, 보통공시집단은 공시내용이 당해 기업의 환경관련활동에 대한 사실에 입각한 질적 정보로 주로 제시되고 있는 경우, 그리고 불량공시집단은 공시내용이 당해 기업의 환경관련활동에 대한 견해 혹은 근거를 결여한 선언적 성격을 지닌 경우로 정의하였다.

이상의 내용을 볼 때 선행연구들은 적절한 환경회계정보의 수준을 측정하기 위하여 줄 수, 단어 수, 또는 페이지 수 등으로 공시수준을 판단하였으나 주관적 판단이 개입될 여지가 있었다. 따라서 본 연구는 환경회계정보의 공시수준을 객관적으로 측정하고 가설을 분석하기 위해 다음과 같은 방법을 사용하여 공시수준을 측정하였다.

즉 기업회계기준 제87조 제14호의 규정은 기업의 환경기준과 정책, 환경관련투자금액, 자원과 에너지의 소비, 부산물과 폐기물의 발생 및 처리방법과 안전 및 사고 등을 언급하고 있으므로, 이에 따른 다섯 가지 기준에 의해 환경회계정보의 공시수준을 결정하였다. 따라서 이러한 다섯 가지의 사항을 기준으로 0부터 5까지 공시수준을 척도화한다.

0: 환경회계정보를 공시하지 않은 기업
1: 다섯 가지 중 한 가지만 언급한 기업
2: 다섯 가지 중 두 가지만 언급한 기업
3: 다섯 가지 중 세 가지만 언급한 기업
4: 다섯 가지 중 네 가지만 언급한 기업
5: 다섯 가지 모두를 언급한 기업

---

18) 정길채, 「환경회계정보의 공시수준, 환경성과 그리고 재무성과의 상호관계」, 중앙대학교, 박사학위논문, 1999. 12, p.49.
19) 최종서, 보충적 주석사항의 내용분석에 의한 상장기업의 환경정보공시실태의 평가, 「대한경영학회지」 제19호, 대한경영학회, 1998. 11, pp.359~379.

각 기업에서 제공하는 환경회계정보가 기업회계기준에서 언급하는 다섯 가지 내용에 따라 명확하게 구별되지는 않으므로 다음과 같이 각 사항을 세분화하였다.

① 환경기준과 정책에 관한 사항

- 환경관련 정책이나 환경에 대한 기업의 관심
- ISO 14000 인증 획득 여부
- 환경관리위원회와 같은 조직의 존재여부
- 환경보호노력에 대한 수상경력

② 안전 및 사고에 관한 사항

- 안전관리활동에 관한 정보
- 안전관리수칙의 운영에 관한 정보

③ 환경관련 투자액

- 과거와 현재의 환경관련 설비나 자산에 대한 투자
- 과거와 현재의 환경관련 설비의 가동을 위한 지출
- 미래의 환경관련 설비나 자산에 대한 예상투자
- 미래의 환경관련 설비의 가동을 위한 지출

④ 자원과 에너지 소비에 관한 사항

- 천연자원보호를 위한 활동에 관한 사항
- 대기오염배출 절감노력에 대한 사항
- 수질오염배출 절감노력에 관한 사항
- 토양오염배출 절감노력에 관한 사항
- 법규와 관련된 환경보존설비의 운용실태에 관한 사항

⑤ 부산물 및 폐기물의 발생 및 처리에 관한 사항

- 부산물이나 폐기물의 처리활동 정보
- 재활용 활동에 관한 사항

표본기업으로 선정된 모기업의 감사보고서상에 나타난 환경회계정보를 바탕으로 위의 방법에 따라 환경회계정보 공시수준을 측정하기 위한 예를 들면 다음과 같다.

『회사는 지구환경보전을 기본이념으로 모든 경영활동을 전개하며, 환경선언문 지침에 따라 환경보전활동을 전개하고 있는 바, 당기와 전기 중 이러한 환경보전과 관련한 투자 및 지출내역은 다음과 같습니다.

(단위: 백만원)

내 용	구 분	금 액	
		당 기	전 기
환경시설투자	환 경	₩2,588	₩10,436
	안 전	2,370	1,970
	보 건	729	2,296
계		5,687	14,702
환경유지비용	환 경	6,892	7,758
	안 전	1,186	3,196
	보 건	935	2,801
계		9,013	13,755
합 계		14,700	28,457

한편, 회사는 당기 중 폐기물 83,869톤 중 재생가능한 폐기물 61,317톤의 판매를 통해 수익을 얻었으며, 나머지는 폐기처리 하였습니다. 또한 전기 중 폐기물 129,669톤 중 재생가능한 폐기물 84,699톤의 판매를 통해 수익을 얻었으며, 나머지는 폐기처리 하였습니다.』라고 되어 있을 때 표본기업의 감사보고서에서 언급하고 있는 환경회계정보의 내용은 환경기준과 정책에 관한 사항, 환경관련 투자액, 자원과 에너지 소비에 관한 사항, 부산물 및 폐기물의 발생 및 처리에 관한 사항을 공시하고 있으므로 환경회계정보 공시수준을 4점을 부여할 수 있다.

2) 환경친화기업의 선정

환경부의 환경친화기업지정제도는 기업이 환경규제치만 준수하는 규제중심의 환경정책에서 벗어나 기업 스스로 사업활동의 전 과정에 걸쳐 환경영향을 평가하고 구체적인 환경목표를 설정하여 자율적으로 환경개선을 도모하도록 하는 제도이다.

1992년 6월 리우선언을 계기로 환경친화기업지정제도는 도입되었다. 1995년 상반기에 환경친화기업지정제도 도입기반을 구축하기 위해 '환경친화적기업경영체제운영규정및동제도운영지침'을 제정하여(1995.4.) 환경영향에 대한 사전관리체계의 근간을 마련하였다. 이어서 대기 · 수질환경보전법 제10조의2에 동 제도운영에 관한 근거규정을 마련(1995.12.29.)하여 1996년 7월 1일부터 시행 중에 있으며, 1996년 8월 12일에는 수질환경보전법 시행규칙을, 1996년 9월 14일에는 대기환경보전법 시행규칙을 각각 개정하여 환경친화기업 지정기준 등을 포함한 보다 체계적인 운영방안의 토대를 마련하였다. 그리하여 1995년 6월 처음으로 환경친화기업 지정신청을 받기 시작한 이래 2001년 6월 현재 107개 기업이 환경친화기업으로 지정(재신청 준비중인 기업포함)되어 있다.[20]

본 연구에서의 변수인 환경친화기업의 여부는 환경부에서 지정한 환경친화기업과 ISO 14001 인증기업[21]을 기준으로 선정되었다.[22]

3) 환경민감기업의 구분

산업의 성격이야말로 기업의 환경회계정보 공시성향을 좌우하는 가장 중요한 요인일 것이다.[23] 특정 업종에 속하는 기업들은 규제당국을 비롯한 여러 관련 집단들로부터 특정한 사회관련 분야에 대한 정보를 제공하도록 더 많은 압력을 받게 되고, 이에 따라 관련정보도 보다 많이 공시하게 된다. 이러한 맥락에서 환경훼손을 유발할 가능성이 큰 업종에 속하는 기업들일수록 환경문제에 민감하여 환경관련활동 및 환경영향에 대한 정보를 공시하도록 하는 높은 압력에 처하게 될 것이다.

본 연구에서의 환경민감기업에 대한 정의를 위한 일반적 구분은 다음과 같다. 구분의 기준은 생산과 관련되어 발생하는 오염배출로 인해 환경훼손 유발가능성이 큰 산

20) 환경친화기업지정제도는 정부와 기업의 관계를 신뢰를 바탕으로 한 협력적 관계로 전환시키기 위해 도입되었다. 기업은 자율적으로 제품설계에서 원료조달, 생산공정, 사후관리까지 사업활동 전반에 걸친 환경영향을 평가한 뒤, 이를 토대로 오염물질 삭감계획과 방법 등이 명시된 구체적인 환경개선계획을 마련하고 이를 시행하여야 한다. 또한 공정개선, 관리개선, 현장 재이용 및 방지 시설의 운영 최적화 등에 대한 구체적인 개선방안을 제시하여야 한다. 반면에 환경친화기업으로 지정된 업체에 대해서는 정기 지도 · 점검을 원칙적으로 면제해 주고, 배출시설 설치허가가 신고로 대체되며 중소기업에 대해서는 융자 우선 지원 등의 다양한 혜택이 주어지고 있다.(환경부, 환경백서, 2001, p.120.)

21) ISO 14001은 환경경영체계(EMS: Environmental Management System)를 의미하는 것으로써 제품과 서비스 그리고 제조공정이 장 · 단기적으로 환경에 미치는 영향에 관하여 전반적으로 대응하는 경영조직체계를 말한다.(www.ef21.co.kr/ISO_ems.php3)

22) 환경부, 환경통계연감 2001(제14호), 2001, pp.590~609.

23) 업종별에 따른 공시현황의 분류에 대해 외국에서는 주로 코크스, 정유제품 및 핵연료제조업, 펄프 · 종이 및 종이제품제조업, 기계 및 장비제조업, 고무 및 프라스틱 제조업 등을 조사하고 있다.

업에 속하는지의 여부에 따라 구분한 것이다. 참고로 환경비민감업종 중 의약품업은 화학제품을 다루고 있지만 오염물질 배출과는 큰 관련이 없으므로 환경비민감기업으로 분류하였다.

환경민감기업은 공해업종으로 인식되는 것으로써 건설, 운수장비, 전기전자, 기계, 철강금속, 화학, 종이 · 목재, 음식료품, 섬유 · 의복업으로 구분한다.

환경비민감기업은 비공해업종이라기 보다는 공해업종을 제외한 업종이라고 보는 것이 타당할 것이다. 따라서 환경민감업종을 제외한 서비스, 통신, 운수창고, 전기가스, 유통, 기타제조, 의료정밀, 비금속광물, 의약품, 광 · 어업으로 구분된다.

4) 대규모기업집단

기업의 환경회계정보 공시와 공시수준에 미치는 변수로는 이해관계자 집단의 압력 또는 기대를 들 수 있다. 이해관계자는 일반적으로 주주, 채권자, 종업원, 소비자, 협력업체, 정부, 지역사회 등을 들 수 있다. 기업의 경영자들은 이해관계자와의 원만한 관계유지를 위해 환경회계정보의 자발적인 공시를 통하여 사회적으로 책임있는 기업임을 알리고자 한다는 것이다. 이러한 이해관계자 중에서 우리나라의 기업들이 환경문제와 관련하여 관심을 기울일 것으로 예상되는 집단은 정보 소비자 및 외국의 고객들이다.

정부의 규제를 많이 받는 기업이나, 넓은 고객층을 가지고 있는 기업, 그리고 수출비중이 높은 기업은 그들의 압력에 미리 대응하기 위하여 환경회계정보의 공시에 더 적극적일 것이다. 대규모기업집단에 대한 기준은 총자산규모 등을 사용할 수 있으나, 정보이용자들은 흔히 대그룹 또는 그 계열사를 통칭하여 대규모기업집단으로 생각할 수 있다. 따라서 본 연구에서는 대규모기업집단을 매년 12월 말에 보고된 공정거래위원회에서 규정하는 대규모기업집단을 기준으로 하였다.[24]

5) ROE와 PER

재무성과(Financial Performance Index)와 관련하여 기존의 연구를 살펴보면, Feedman과 Jaggi는 총자산이익률, 현금기준총자산이익률, 총자산영업이익률 및 자기자본영업이익률 등을 사용하였다.[25] 최종서는 매출액경상이익률, 자기자본순이익률, 주당순이익, 주당

---

24) www.ftc.go.kr 참고.

25) M. Freedman and B. Jaggi, An Analysis of the Association between Pollution Disclosure and Economic Performance,

현금흐름, 주식수익률, 매출액증가율, 순이익증가율 및 유보율 등의 변수를 선택하여 재무성과를 측정하였다.[26]

본 연구에서는 재무적 성과치를 나타낼 수 있는 변수로 자기자본수익률(ROE: return on equity)과 주가수익비율(PER: price earning ratio)을 사용하였다. ROE는 주주지분인 자기자본에 대한 투자효율성을 나타내는 주요한 비율로서 손이익을 자기자본으로 나누어 계산한다. PER는 기업의 단위당 이익발생능력(수익가치)에 대한 증권시장에서의 평가수준을 나타낸 것으로 이익발생능력의 질(quality of earning power)에 차이가 있음을 반영한 결과이므로 기업의 이익력에 대한 신뢰도지수(confidence index)라고 말할 수 있다. ROE와 PER는 다음과 같이 계산된다.

ROE*i* = *i* 기업의 당년도 당기순이익 / *i* 기업의 평균자기자본
PER*i* = *i* 기업주식의 시장가격 / *i* 기업의 주당순이익(EPS)

6) 주식수익률

주식수익률은 기준일로부터 4주일 전(−4)부터 4주일 후(+4)까지를 분석한다. 기준일을 주주총회일로 하는 데는 다소 문제가 있을 수 있다. 즉 기업의 회계정보는 대부분 언론 등을 통하여 주주총회일 이전에 시장에 알려지기 때문에 주주총회일을 기준일로 보기 어렵다는 것이다. 또한 현실적으로 기업의 정확한 환경회계정보가 신문, 방송 등의 언론을 통하여 주주총회일 이전에 충분히 알려졌다고 하는 데에도 다소 한계가 있다. 환경관련 공시정보는 대부분 숫자가 아닌 기술적 정보가 많기 때문에 주주총회일 이전에 시장에 알려지고 있다는 주장에 동의하기는 어렵다. 따라서 본 논문에서는 기준일을 인터넷에 자료가 올려진 전자공시시스템 등록일로 하였다.

개별기업의 주식수익률은 한국신용평가㈜의 SMAT 데이터베이스로부터 추출하였다. 초과수익률은 시장모형을 적용하였으며 아래와 같이 계산된다.

Accounting, Auditing & Accountability Journal, Vol.1, No.2, 1988, pp.43-58.

26) 최종서, 자발적 환경정보공시동기의 탐색: 한국상장기업의 1997년도 반기보고서를 중심으로, 「부산상대논집」, 제69집, 1998, pp.261~290.

$$\mathrm{AR}it = \mathrm{R}it - (\alpha i + \beta i \cdot \mathrm{R}mt) \quad (1)$$

여기서, $\mathrm{AR}it$: i 기업의 t 시점의 초과수익률
$\mathrm{R}it$: 개별주식 i의 t 기간 수익률
$\mathrm{R}mt$: t 기간의 수익률
αi, βi: i 기업 추정기간의 알파, 베타

환경회계정보의 공시 이후 표본기업 전체의 평균주식수익률(average abnormal return)은 다음과 같이 계산된다.

$$\mathrm{AAR}t = \sum_{i=1}^{n} \mathrm{AR}it/n \ \ (n\text{: 분석대상 기업수}) \quad (2)$$

환경회계정보의 공시가 주가에 누적하여 미치는 영향을 알아보기 위한 누적평균주식수익률(cumulative average abnormal return)은 다음과 같이 계산된다.

$$\mathrm{CAR}t = \sum_{t=s}^{t} \mathrm{AAR}t \quad (3)$$

여기서, $\mathrm{CAR}t$: 주가반응기간의 기산일부터 t 시점까지의 누적평균주식수익률

4. 표본의 선정 및 자료의 수집

연구를 위한 표본 선정은 다음의 기준에 의한다.

첫째, 1998년 이전 상장기업으로써 1998년부터 2000년까지 우리나라 증권거래소에 상장되어 있는 상장기업 중 금융관련 업종[27]을 제외한 전 업종에 속한 계속 상장기업을 대상으로 한다. 금융업을 제외한 이유는 환경문제와 직접적인 관련성이 없는 것으로 알려져 있기 때문이다.

둘째, 1998년부터 2000년까지의 주가자료, 재무제표자료 및 기타 회계적 자료를 구할 수 있는 기업을 대상으로 하였다. 즉 재무제표의 미제출기업, 해당계정과목 미표기 기업은 제외한 것이다.

27) 금융관련 업종이라 함은 한국상장회사협의회에서 은행, 투자금융, 신용금고, 리스, 종합금융, 증권, 보험 등의 명칭으로 분류한 업종을 의미한다.

셋째, 계속상장기업을 원칙으로, 분석기간 중 관리종목으로 분류되거나, 상장폐지 등의 사유가 발생한 기업은 제외하였다.

넷째, 분석기간 중 단순한 상호변경 등이 있는 경우에는 기업활동의 변동이 없는 것으로 보아 표본에 포함시킨다.

위와 같은 기준으로 선정된 표본기업은 368개사로 3년 동안 1,104개사를 분석하였다. 조사대상 기업을 업종별로 분류하면 <표 1>과 같다.

<표 1> 표본기업의 업종별 분포

업 종	기업수	환경친화여부		환경민감여부		대규모기업집단여부	
		친화	비친화	민감	비민감	대규모	제외
서비스, 통신업	30	9	21	0	30	12	18
건설업	87	31	56	87	0	33	54
전기전자업	132	21	111	132	0	22	110
의약품, 의료정밀업	69	9	60	0	69	1	68
화학업	189	31	158	189	0	46	143
종이목재업	33	7	26	33	0	3	30
섬유의복	66	0	66	66	0	3	63
운수창고 · 장비, 유통업	177	10	167	66	111	59	118
전기가스업	24	7	17	0	24	7	17
기타제조업	30	0	30	0	30	0	30
기계, 철강금속업	135	13	122	135	0	24	111
비금속광물업	51	0	51	0	51	6	45
음식료, 광 · 어업	81	9	72	63	18	20	61
계	1,104	147	957	771	333	236	868

* 수치는 분석기간 3년 동안의 합계임

자료는 다음과 같은 방법으로 수집하였다.

첫째, 표본기업의 존속 및 상장여부, 업종의 분류를 확인하고 결정하기 위해서 금융감독원 관리, 상장폐지 공시를 참고하였다.

둘째, 환경회계정보는 금융감독원 전자공시시스템에 공시되어 있는 감사보고서를 열람하였다.

셋째, 조사대상기업의 재무제표 자료는 상장회사협의회 TS-2000을, 주식수익률 등 의 자료는 한국신용평가주식회사의 SMAT 데이터베이스를 이용하였다.

넷째, 분석도구는 SAS를 사용하였다.

5. 연구흐름도 및 모형

다음 <그림 1>은 본 연구의 연구절차를 도표화한 것이다.

<그림 1> 연구흐름도

표본기업의 분류
① 환경친화기업(EnFr)
② 환경민감기업(ENSEN)
③ 대규모기업집단(SIZE-G)

통제집단별 환경회계정보의 측정
① 환경회계정보 공시여부(DIS)
② 환경회계정보 공시수준(ENLEV)

통제집단의 환경회계에 대한 자본시장의 반응
• 기준일을 중심으로 ± 4주간의 누적평균주식수익률을 이용한 차이분석
① 통제집단: ENFr(DIS y or n), ENFr(ENLEV h or l)
② 통제집단: ENSEN(DIS y or n), ENSEN(ENLEV h or l)
③ 통제집단: SIZE-G(DIS y or n), SIZE-G(ENLEV h or l)
④ 통제집단: ROE & PER(DIS y or n), ROE & PER(ENLEV h or l)

본 연구의 절차는 <그림 1>과 같이 우선 표본기업을 분류한 후, 전체표본기업의 환경회계정보의 공시와 공시수준을 측정하였다.

환경회계정보에 대한 자본시장의 반응을 검증하기 위하여 평균주식수익률(AAR)을 반응변수로 하고, 설명변수로는 환경회계정보 공시여부(DIS)와 환경회계정보 공시수준

(ENLEV)을 사용하여 로지스틱 회귀분석을 실시한 후, 앞에서 분류한 네 가지 통제집단의 기준일을 중심으로한 ±4주간의 누적평균주식수익률(CAR) 차이는 t-test를 이용하여 분석하였다.

<표 2> 가설을 검증하기 위한 분석기법과 모형

가 설	분 석 기 법	분 석 모 형
1	logistic 회귀분석	• AAR*it* = DIS*it* + ENLEV*it* + lnASSET*it*
	t-test	• 통제집단: ENFr*it* (*y*−*n*), (*h*−l)
2-1		CAR*it*(−4, −3, −2, −1, 0, 1, 2, 3, 4)
2-2		CAR*it*(−4, −3, −2, −1, 0, 1, 2, 3, 4)
		• 통제집단: ENSEN*it* (*y*−*n*), (*h*−l)
3-1		CAR*it*(−4, −3, −2, −1, 0, 1, 2, 3, 4)
3-2		CAR*it*(−4, −3, −2, −1, 0, 1, 2, 3, 4)
		• 통제집단: SIZE-G*it* (*y*−*n*), (*h*−l)
4-1		CAR*it*(−4, −3, −2, −1, 0, 1, 2, 3, 4)
4-2		CAR*it*(−4, −3, −2, −1, 0, 1, 2, 3, 4)
		• 통제집단: ROE, PER*it* (*y*−*n*), (*h*−l)
5-1		CAR*it*(−4, −3, −2, −1, 0, 1, 2, 3, 4)
5-2		CAR*it*(−4, −3, −2, −1, 0, 1, 2, 3, 4)

여기서, DIS = 환경회계정보 공시여부(공시하면 1, 안 하면 0)
ENLEV = 환경회계정보 공시수준(0부터 5까지)
ENFr = 환경친화기업(환경친화기업이면 1, 아니면 0)
ENSEN = 환경민감기업(환경민감기업이면 1, 아니면 0)
SIZE-G = 대규모기업집단(대규모기업집단에 속하면 1, 아니면 0)
ROE = 자기자본순이익률
PER = 주가수익비율
AAR = 평균주식수익률
CAR = 누적평균주식수익률
lnASSET = 총자산의 자연로그값
i, *t*: *i*기업의 *t*시점

실증분석결과 및 해석

1. 기술통계분석

<표 3>는 표본기업의 업종별 환경회계정보 공시현황을 나타낸 것이다. 매년 환경회계정보를 공시하는 총기업수는 111개사(30%)에서 128개사(35%), 그리고 135개사(37%)로 증가하고 있으며, 특히 공해업종이라고 불리는 화학, 종이 · 목재, 음식료, 전기전자업 등이 다른 업종보다 환경회계정보 공시비율이 높게 나타나고 있다. 이러한 경향을 볼 때, 환경회계정보에 대한 기업의 인식이 높아가고 있음을 시사한다.

<표 3> 업종별 환경회계정보 공시현황

업 종	1998		1999		2000	
	공시(%)	비공시(%)	공시(%)	비공시(%)	공시(%)	비공시(%)
서비스, 통신업	2(20)	8(80)	3(30)	7(70)	2(20)	8(80)
운수창고, 운수장비, 유통업	11(19)	48(81)	16(27)	43(73)	16(27)	43(73)
건설업	13(45)	16(55)	13(45)	16(55)	13(45)	16(55)
전기가스업	0(0)	8(100)	0(0)	8(100)	0(0)	8(100)
전기전자업	16(36)	28(64)	16(36)	28(64)	15(34)	29(66)
기타제조업	3(30)	7(70)	3(30)	7(70)	4(40)	6(60)
의약품, 의료정밀업	1(04)	22(96)	3(13)	20(87)	4(17)	19(83)
기계, 철강금속업	11(24)	34(76)	15(33)	30(67)	17(38)	28(62)
화학업	33(52)	30(48)	39(62)	24(38)	42(67)	21(33)
비금속광물업	1(06)	16(94)	1(6)	16(94)	2(12)	15(88)
종이목재업	7(64)	4(36)	5(45)	6(55)	5(45)	6(55)
음식료, 광 · 어업	9(33)	18(67)	10(59)	17(41)	10(59)	17(41)
섬유의복	4(18)	18(82)	4(18)	18(82)	5(23)	17(77)
계	111(30)	257(70)	128(35)	240(65)	135(37)	233(63)

<표 4>는 환경친화기업의 환경회계정보 공시현황으로서 앞에서 언급하였듯이 환경친화기업은 환경부 지정 '환경친화기업' 또는 'ISO 14001' 획득여부를 기준으로 한 것이다. 표본기업에서 환경친화기업의 절대적 수치는 85개사로 환경비친화기업집단 289개사 보다 적으나 공시비율로 보면 58%로 환경비친화기업집단의 30%보다 약 두 배정

도 높게 나타나고 있다.

■ <표 4> 환경친화기업의 공시현황

년도 \ 기업구분	환경친화기업		환경비친화기업		계
	공시(%)	비공시(%)	공시(%)	비공시(%)	
1998	20(51)	18(49)	91(28)	239(72)	368
1999	32(63)	19(37)	96(30)	221(70)	368
2000	33(56)	25(44)	102(33)	208(67)	368
계	85(58)	62(42)	289(30)	668(70)	1,104

<표 5>은 환경민감기업의 공시현황을 나타낸 것이다. 환경민감기업은 특히 환경오염과 직접적인 연관을 갖고 있으므로 환경회계정보 공시가 필수적이라고 볼 때, <표 3>은 이러한 예측을 확인시켜주고 있다. 매년 조금씩 환경회계정보 공시비율이 증가하고 있으며, 환경비민감기업 공시비율 14%보다 월등히 크게 나타났다.

■ <표 5> 환경민감기업의 공시현황

년도 \ 기업구분	환경민감기업(257개)		환경비민감기업(111개)		계
	공시(%)	비공시(%)	공시(%)	비공시(%)	
1998	99(39)	158(61)	12(11)	99(89)	368
1999	111(43)	146(57)	17(15)	94(85)	368
2000	116(45)	141(55)	19(17)	92(83)	368
계	326(42)	445(58)	48(14)	285(86)	1,104

<표 6>는 대규모기업집단의 환경회계정보 공시현황을 나타낸 것이다. 공정거래위원회에서 선정한 30대 그룹의 계열회사들로 구성된 대규모기업집단은 외부 이해관계자들의 압력이 클 것으로 예측되었으며, <표 6>는 대규모기업집단에 속한 기업의 환경회계정보 공시비율(49%)이 그렇지 않은 기업들(30%)보다 높게 나타나고 있다. 이것은 대규모기업집단에 대한 시민단체와 정부의 규제가 그렇지 않은 기업보다 강하기 때문에 나타난 현상이라고 생각된다.

<표 6> 대규모기업집단의 공시현황

년도 \ 기업구분	대규모기업집단		대규모기업제외		계
	공시(%)	비공시(%)	공시(%)	비공시(%)	
1998	36(43)	47(57)	75(26)	210(74)	368
1999	40(53)	36(47)	88(30)	204(70)	368
2000	40(53)	36(47)	95(33)	197(67)	368
계	116(49)	120(51)	258(30)	611(70)	1,104

<표 7>는 환경회계정보를 공시한 기업의 공시수준을 나타낸 표이다. 공시수준은 1부터 3까지가 87%를 차지하고 있으며, 가장 많은 환경회계정보의 공시수준은 2로 42%를 차지하고 있다. 이러한 현상은 일반적으로 기업들이 환경회계정보의 내용으로 기업의 환경정책의 제시와 폐기물 처리 상황만을 피력하고 있는 실정이기 때문이다. 따라서 기업의 환경회계정보 공시의 수준이 아직까지는 높지 않은 것을 알 수 있다.

<표 7> 환경회계정보 공시수준

년도 \ 공시수준	1(%)	2(%)	3(%)	4(%)	5(%)	계
1998	19(17)	45(41)	27(24)	12(11)	8(7)	111
1999	26(20)	54(42)	31(25)	12(9)	5(4)	128
2000	28(21)	58(43)	36(27)	9(7)	4(2)	135
계	73(20)	157(42)	94(25)	33(9)	17(4)	374

<표 8>은 기업특성별 환경회계정보 공시수준을 종합적으로 설명한 것이다. 표에서 보면 환경친화기업, 환경민감기업 그리고 대규모기업집단이 그렇지 않은 기업집단보다는 평균적으로 환경회계정보 공시수준이 높음을 알 수 있다. 특히 환경민감기업과 환경비민감기업의 환경회계정보의 공시여부와 공시수준은 두드러지게 차이가 나타나고 있다.

또한 공시수준을 고려하면 대부분의 기업들은 공시수준이 1에서 3까지의 분포를 보이고 있는데, 이 경우에도 환경민감기업은 다른 집단별 구분에 의한 공시수준보다는 높게 나타나고 있다. 이는 환경민감업종이 다른 업종보다는 업종의 특성상 직접적으로 환경에 영향을 미치고 있으며 이에 대해 정부의 규제와 기업이해관계자들의 감

시가 강하기 때문에 나타난 현상이라고 생각된다.

<표 8> 집단별 환경회계정보 공시수준

구분 \ 공시수준		0	1	2	3	4	5	평균	계
환경친화기업	1998	18	3	6	8	3	–	1.34	38
	1999	19	4	13	11	4	–	1.54	51
	2000	25	5	15	10	3	–	1.35	58
환경비친화기업	1998	239	16	39	19	9	8	0.69	330
	1999	221	22	41	20	8	5	0.70	317
	2000	208	23	43	26	6	4	0.75	310
환경민감기업	1998	158	17	42	23	10	7	0.95	257
	1999	146	24	48	26	9	4	0.99	257
	2000	141	24	51	30	8	3	1.02	257
환경비민감기업	1998	99	2	3	4	2	1	0.30	111
	1999	94	2	6	5	3	1	0.41	111
	2000	92	4	7	6	1	1	0.41	111
대규모기업집단	1998	47	3	16	15	2	–	1.06	83
	1999	36	5	17	16	2	–	1.26	76
	2000	36	4	22	12	2	–	1.16	76
대규모기업 제외집단	1998	210	16	29	12	10	8	0.67	285
	1999	204	21	37	15	10	5	0.70	292
	2000	197	24	36	24	7	4	0.74	292

2. 변수의 상관관계분석

<표 9>는 주요 변수들에 대해 피어슨(pearson) 상관관계분석을 통한 결과치이다.

<표 9> 주요 변수들간의 상관관계

	DIS	ENLEV	ENFr	ENSEN	SIZE-G	ROE	PER
DIS	1.0000						
ENLEV	0.8808*** (0.0001)	1.0000					
ENFr	0.19830*** (0.0001)	0.1865*** (0.0001)	1.0000				
ENSEN	0.2703*** (0.0001)	0.2221*** (0.0001)	0.0949*** (0.0016)	1.0000			
SIZE-G	0.16829*** (0.0001)	0.1503*** (0.0001)	0.2248*** (0.0001)	0.0009 (0.9764)	1.0000		
ROE	0.0316 (0.2941)	0.0347 (0.2487)	0.0078 (0.7951)	−0.0074 (0.8060)	−0.0435 (0.1484)	1.0000	
PER	0.0565* (0.0605)	0.0883*** (0.0033)	0.0064 (0.8310)	−0.0059 (0.8431)	−0.0480 (0.1107)	0.8328*** (0.0001)	1.0000

여기서, DIS = 환경회계정보 공시여부(공시하면 1, 안 하면 0)
ENLEV = 환경회계정보 공시수준(0부터 5까지)
ENFr = 환경친화기업(환경친화기업이면 1, 아니면 0)
ENSEN = 환경민감기업(환경민감기업이면이면 1, 아니면 0)
SIZE-G = 대규모기업집단(대규모기업집단에 속하면 1, 아니면 0)
ROE = 자기자본순이익률
PER = 주가수익비율

* 0.1 수준에서 유의 ** 0.05 수준에서 유의 *** 0.01 수준에서 유의
( ) 안은 *p*값

환경회계정보 공시여부를 나타내는 변수 DIS와 공시수준(ENLEV), 환경친화기업(ENFr), 환경민감기업(ENSEN), 대규모기업집단(SIZE-G)과는 0.01 수준에서 유의한 상관관계를 나타내고 있으며, PER는 0.1 수준에서 유의한 상관관계를 보이고 있다. 그러나 ROE와는 상관관계가 없는 것으로 나타났다.

공시수준(ENLEV)은 환경친화기업(ENFr), 환경민감기업(ENSEN), 대규모기업집단(SIZE-G), 그리고 PER와 0.01 수준에서 유의한 상관관계를 나타내고 있으나, ROE와는 상관관계가 없는 것으로 나타났다. 환경친화기업(ENFr)은 환경민감기업(ENSEN), 대규모기업집단(SIZE-G)과의 상관관계에서 0.01 수준에서 유의한 상관관계를 나타내고 있다. ROE는 PER와 0.01 수준에서 유의한 상관관계를 나타내고 있다.

3. 가설검증 및 해석

<표 10>은 가설 1을 검증하기 위한 것으로 환경회계정보의 공시여부와 공시수준이 주식수익률을 설명할 수 있는지의 여부, 즉 설명변수로 적절한 것인가를 분석한 결과이다. 분석에서 규모효과를 통제하기 위해 총자산을 자연로그값으로 취해 분석하였다.

<표 10> 가설 1의 분석결과

[분석모형] AAR*it* = DIS*it* + ENLEV*it* + lnASSET*it*						
종속변수	YEAR	-2 Log L	SCORE	DIS	ENLEV	lnASSET
AAR	전 체	32.054***	31.546***	0.0034 (0.3102)	0.0014 (0.5643)	0.0067*** (7.0620)
	1998	12.345***	11.073***	0.0350 (0.6129)	−0.0018 (0.5409)	0.0041* (3.7380)
	1999	15.396***	15.908***	0.0372 (0.6121)	0.0035 (0.6124)	0.0648** (5.618)
	2000	13.248***	10.841***	0.0069 (0.6521)	0.0016 (0.2831)	0.0070** (4.950)

-2LogL, SCORE, ( )안의 수치는 Wald x^2값

* 0.1 수준에서 유의　　** 0.05 수준에서 유의　　*** 0.01 수준에서 유의

여기서, DIS = 환경회계정보 공시여부(공시하면 1, 안 하면 0)
ENLEV = 환경회계정보 공시수준(0부터 5까지)
AAR = 평균주식수익률
lnASSET = 기업규모를 통제하기 위한 총자산의 자연로그값
i, *t*: I 기업의 *t* 시점

가설 1을 검증하기 위한 로지스틱회귀분석모형에서 −2logL은 설명변수들의 값이 모두 0이라는 귀무가설하에서 x^2분포를 따른다는 가정인데, x^2의 값이 32.054이며,

그 유의확률은 0.1에서 유의하므로 변수들에 대한 모형의 설명력은 높은 것으로 나타나고 있다. 모형의 적합도를 나타내는 통계량인 SCORE 검증 결과 31.546으로 그 유의확률은 0.1에서 유의하여 모형은 적합하다고 볼 수 있다.

평균주식수익률을 종속변수로 하고 환경회계정보 공시여부와 공시수준을 설명변수로 하는 로지스틱회귀분석 결과, DIS와 ENLEV의 Wald x^2은 각각 0.3102와 0.5643으로 확률적으로 유의하지 않았다. 다만, 자산에 대해서는 Wald x^2이 7.0620으로 0.1에서 유의한 설명력을 보이고 있다.

<표 10>을 바탕으로 가설 1의 분석결과를 종합해 보면, 아직까지 환경회계정보의 공시와 공시수준이 우리나라 자본시장의 주식수익률을 설명하는 유의한 변수가 아님을 본 연구의 결과에서는 나타나고 있다.

<표 11> 가설 2의 분석결과

구 분	연 도	-4	-3	-2	-1	0	1	2	3	4
ENFr 공시 여부 (Y-N)	전 체	-0.0192	0.07907	-0.1422	0.01191	-0.0216	-0.7109	-0.3085	-0.6536	-0.4907
	1998	0.3439	-0.0766	-0.1142	-0.5147	0.2085	-0.0902	-0.3066	-0.6673	-0.5818
	1999	0.0381	1.4034	1.5648	-0.1853	-0.0503	-0.7608	-0.0947	0.2757	0.4295
	2000	-0.2228	-0.7368	-1.8524*	-1.8556*	-0.8471	-0.5818	-0.5094	-1.0460	-0.8664
ENFr 공시 수준 (H-L)	전 체	1.6758*	1.6568	0.7589	-0.1625	0.3637	0.0766	0.0153	0.0130	0.0498
	1998	0.4902	-0.3186	-0.3136	0.1639	1.2573	1.6066	1.4914	0.8503	0.9381
	1999	1.7804*	1.7661*	1.9593*	0.5924	0.3268	0.0879	-0.0993	0.3656	0.5737
	2000	0.5972	0.5228	-1.5169	-1.5847	-0.7422	-0.9712	-0.6006	-0.7912	-0.9019

수치는 t-값

* 0.1 수준에서 유의 ** 0.05 수준에서 유의 *** 0.01 수준에서 유의

<표 11>은 가설 2-1과 2-2를 검증한 결과로써, 환경회계정보 공시여부와 공시수준이 자본시장에 미치는 영향을 설명한 것이다. 환경친화기업으로 집단을 통제한 후, 환경회계정보의 공시여부와 공시수준에 따라 기준일을 중심으로 −4주부터 +4주까지 누적평균주식수익률의 차이를 검증한 결과이다.

첫째, 환경친화기업의 환경회계정보의 공시여부를 기준으로 누적평균주식수익률을 −4주부터 +4주까지를 살펴본 결과, 두 집단간의 누적평균주식수익률에 유의한 차이가 발견되지 않았다.

둘째, 환경친화기업으로 집단을 통제한 후, 환경회계정보의 공시수준을 기준으로 두 개의 집단으로 구분하여 누적평균주식수익률의 차이를 살펴보았다. 공시수준은 평균을 기준으로 하여 2 이하를 낮음으로, 3 이상을 높다고 가정하였다. 분석기간 전체의 누적평균주식수익률 차이를 살펴보면, －4주(1.6758)에 유의확률 0.1 수준에서 유의한 차이를 나타내고 있으나 기준일 이후에는 두 집단간의 차이가 존재하지 않았다.

이러한 현상이 발생하는 이유로 환경친화기업으로 선정된 이상, 정보이용자들에게 그 이상의 긍정적 신호는 없는 것으로 보이며, 환경회계정보의 공시여부와 공시수준에 대해서는 관심을 보이지 않기 때문이라고 추측된다.

<그림 2>는 환경친화기업으로 통제했을 경우, 환경회계정보를 공시한 기업과 공시하지 않은 기업의 누적평균주식수익률 및 공시수준이 높은 기업과 공시수준이 낮은 기업의 누적평균주식수익률을 그래프로 나타낸 것이다.

<그림 2> 환경친화기업으로 통제했을 경우의 누적평균주식수익률

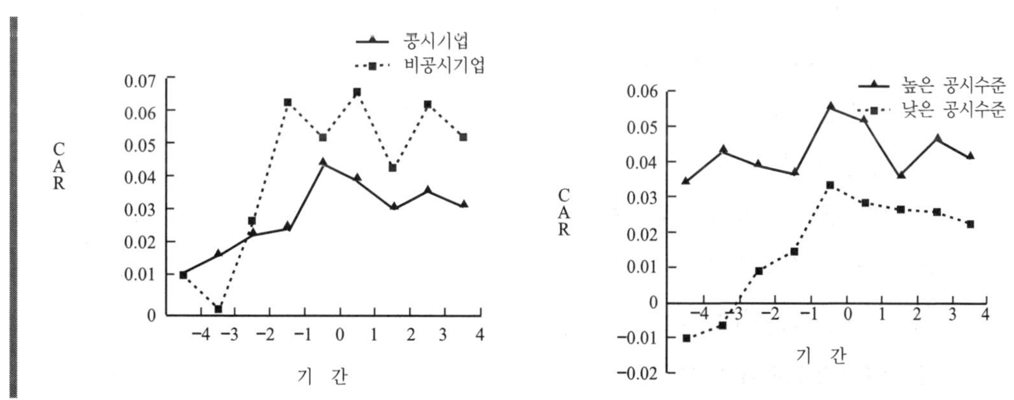

<표 12>는 가설 3-1과 3-2를 검증한 결과로써, 환경민감기업에서의 환경회계정보 공시여부와 공시수준이 자본시장에 미치는 영향을 설명한 것이다. 환경민감기업으로 집단을 통제한 후, 환경회계정보의 공시여부와 공시수준에 따라 기준일을 중심으로 －4주부터 ＋4주까지 누적평균주식수익률의 차이를 검증한 결과이다.

<표 12> 가설 3의 분석결과

구 분	연 도	−4	−3	−2	−1	0	1	2	3	4
ENSEN 공시 여부 (Y-N)	전체	1.0805	0.8382	0.3657	−0.6252	−0.0982	0.2146	0.0443	−0.2631	0.2281
	1998	0.0923	−0.2622	−0.1988	−0.7050	−0.2784	−0.4886	−0.5002	−0.5805	−0.0115
	1999	−0.3434	1.0538	0.9667	−0.0674	−0.5363	−0.0062	0.0272	0.2471	0.3054
	2000	2.1444**	1.1832	−0.2242	−0.2637	0.5656	0.6376	0.3047	−0.3794	0.1311
ENSEN 공시 수준 (H-L)	전체	1.1658	1.6603*	2.1434**	1.9796**	2.2484**	2.0808**	1.9885**	1.8740*	2.1698**
	1998	−0.7572	−1.4062	0.1403	−0.3403	0.3487	0.0803	−0.1775	−0.0657	0.4611
	1999	0.6161	1.8497*	1.5208	1.3791	1.1916	0.7869	1.0405	0.9819	1.0109
	2000	1.2809	1.3208	1.4305	1.6292	1.6783*	1.8564*	1.6442	1.4966	1.7104*

수치는 t-값

* 0.1 수준에서 유의 ** 0.05 수준에서 유의 *** 0.01 수준에서 유의

첫째, 환경민감기업의 환경회계정보의 공시여부를 기준으로 누적평균주식수익률을 −4주부터 +4주까지를 살펴본 결과, 두 집단간의 누적평균주식수익률에 유의한 차이가 발견되지 않았다.

둘째, 환경민감기업으로 집단을 통제한 후, 환경회계정보의 공시수준을 기준으로 두 개의 집단으로 구분하여 누적평균주식수익률의 차이를 살펴보았다. 공시수준은 평균을 기준으로 하여 2 이하를 낮음으로, 3 이상을 높다고 가정하였다. 분석기간 전체의 누적평균주식수익률의 차이를 살펴보면, −3주(1.6603)에 유의확률 0.1 수준에서 유의한 차이를 나타내고 있으며 −2주(2.1434), −1주(1.9796), 기준일(2.2484), +1주(2.0808), +2주(1.9885), +3주(1.8740), 그리고 +4주(2.1698)로 유의확률 0.1과 0.05 수준에서 유의한 차이가 존재하였다.

검증결과를 요약하면, 환경민감기업에 대한 자본시장의 반응은 환경회계정보의 공시여부에 있지 않고, 환경회계정보의 공시수준에 긍정적으로 반응한다고 말할 수 있다. 환경민감기업이 환경회계정보를 공시할 경우, 긍정적 신호보다는 부정적 신호로 인식될 수 있음에도 불구하고 환경민감기업의 환경회계정보 공시수준에 긍정적 반응을 보이는 것은 자본시장에 불리한 신호라도 기업이해관계자들의 의사결정에 유용한 정보를 제공하고 있다는 신뢰감에 대한 반응이라고 할 수 있다. 즉 불리한 신호라도 충분한 정보를 제공한다라는 의미는 미래에 발생할 수 있는 우발적 상황의 대처 또

는 예측에 도움이 될 수 있다고 투자자들이 인식하고 있기 때문일 것이다.

<그림 3>은 환경민감기업으로 통제했을 경우, 환경회계정보를 공시한 기업과 공시하지 않은 기업의 누적평균주식수익률 및 공시수준이 높은 기업과 공시수준이 낮은 기업의 누적평균주식수익률을 그래프로 나타낸 것이다.

<그림 3> 환경민감기업으로 통제했을 경우의 누적평균주식수익률

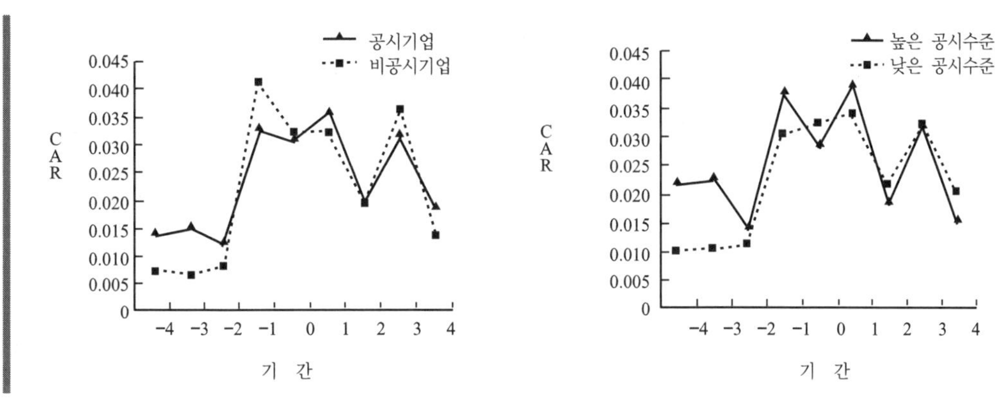

<표 13>은 가설 4-1과 4-2를 검증한 결과로써, 환경회계정보 공시여부와 공시수준이 자본시장에 미치는 영향을 설명한 것이다. 대규모기업집단에 속하는 기업으로 집단을 통제한 후, 환경회계정보의 공시여부와 공시수준에 따라 기준일을 중심으로 －4주부터 ＋4주까지 누적평균주식수익률의 차이를 검증한 결과이다.

첫째, 대규모기업집단에 속하는 기업의 환경회계정보 공시여부를 기준으로 누적평균주식수익률을 －4주부터 ＋4주까지를 살펴본 결과, 분석기간 전체를 통해서는 두 집단간의 누적평균주식수익률에 유의한 차이가 발견되지 않았다. 그러나 1998년에는 기준일 중심으로 환경회계정보 공시 이후 4주 동안 환경회계정보를 공시한 기업과 공시하지 않은 기업간의 누적평균주식수익률에 유의한 차이가 있었다. ＋1주(3.4405), ＋2주(2.6943), ＋3주(2.5586) 그리고 ＋4주(2.8181)로 유의확률 0.01 또는 0.05 수준에서 유의한 차이를 보이고 있다.

<표 13> 가설 4의 분석결과

구 분	연 도	-4	-3	-2	-1	0	1	2	3	4
ENSEN 공시 여부 (Y-N)	전체	2.0777**	1.4327	1.3636	0.9177	1.0724	1.3254	1.0399	1.1174	1.4354
	1998	0.8167	0.6974	1.2086	1.2030	2.8522***	3.4405***	2.6943***	2.5586**	2.8181***
	1999	1.7754*	0.7806	0.6751	-0.1710	-0.7924	-0.6833	-0.6010	-0.0296	0.1464
	2000	0.9349	0.9119	0.5207	0.6229	0.6695	0.6951	0.6408	0.4037	0.4898
ENSEN 공시 수준 (H-L)	전체	-0.3746	0.5079	0.2417	-0.9072	-0.6221	0.2031	0.1765	0.4275	0.4294
	1998	0.9574	0.5719	0.2643	0.3839	0.6264	0.5632	0.9426	0.8265	0.9263
	1999	-1.03885	0.6289	0.5014	-0.9265	-1.1909	-0.7890	-0.9367	-0.4372	-0.2650
	2000	0.3263	-0.1292	-0.3746	-0.6125	-0.0942	0.9763	0.6612	0.5364	0.2486

수치는 t-값

* 0.1 수준에서 유의 ** 0.05 수준에서 유의 *** 0.01 수준에서 유의

둘째, 대규모기업집단에 속하는 기업으로 집단을 통제한 후, 환경회계정보의 공시수준을 기준으로 두 개의 집단으로 구분하여 누적평균주식수익률의 차이를 살펴보았다. 공시수준은 평균을 기준으로 하여 2 이하를 낮음으로, 3 이상을 높다고 가정하였다. 분석기간 전체의 누적평균주식수익률의 차이를 살펴보면 두 집단간에는 차이를 보이지 않고 있다.

검증결과를 요약하면, 대규모기업집단에 속하는 기업의 환경회계정보에 대한 자본시장의 반응은 부분적으로 환경회계정보의 공시여부에 긍정적 반응을 보이고 있으나 전체적으로는 그렇지 않았고, 환경회계정보의 공시수준에는 반응을 보이지 않고 있다.

이러한 현상이 나타나는 이유로 외부 압력을 많이 받는 대기업들에 대한 기업이해관계자들의 환경회계정보의 기대치는 그렇지 않은 기업들보다 클 것이며, 어차피 규제당국의 압력을 받는다면 자세한 환경회계정보의 공시는 대외이미지와 대기업으로서의 책임을 다 하고 있다는 인식으로 인해 긍정적인 신호로 받아들여질 것이다. 따라서 1998년에 부분적으로 발생한 것이지만, 대규모기업집단의 경우 대외적 이지미의 제고에는 환경회계정보의 공시여부가 공시수준보다 자본시장에서 오히려 더 큰 효과가 발생하기 때문에 나타난 현상으로 볼 수 있다.

<그림 4>는 대규모기업집단에 속하는 기업으로 통제했을 경우, 환경회계정보를 공시한 기업과 공시하지 않은 기업의 누적평균주식수익률 및 공시수준이 높은 기업과 공시수준이 낮은 기업의 누적평균주식수익률을 그래프로 나타낸 것이다.

■ <그림 4> 대규모기업집단으로 통제했을 경우의 누적평균주식수익률

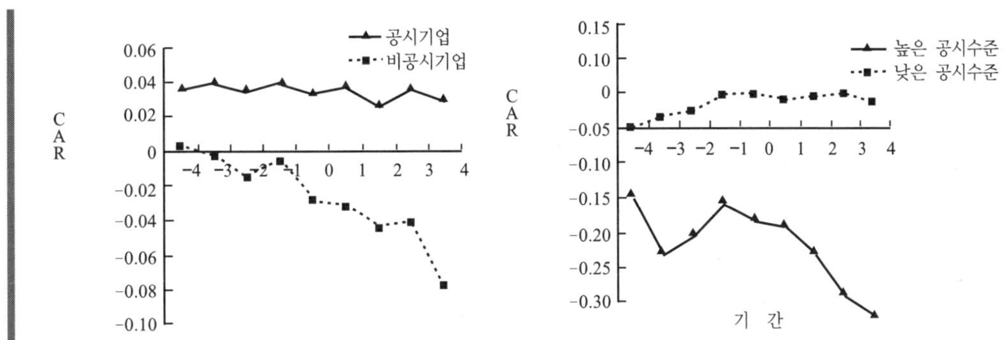

<표 14>는 가설 5-1과 5-2를 검증한 결과로써, 환경회계정보 공시여부와 공시수준이 자본시장에 미치는 영향을 설명한 것이다. ROE와 PER가 평균이상인 집단으로 통제한 후, 환경회계정보의 공시여부와 공시수준에 따라 기준일을 중심으로 −4주부터 +4주까지 누적평균주식수익률의 차이를 검증한 결과이다.

첫째, ROE와 PER가 평균이상인 집단에 속하는 기업의 환경회계정보 공시여부를 기준으로 누적평균주식수익률을 −4주부터 +4주까지를 살펴본 결과, 분석기간 전체를 통해서는 두 집단간의 누적평균주식수익률에 유의한 차이가 발견되지 않았다. 물론 −1주(1.8293)와 +4주(1.6973)에 누적평균주식수익률의 차이가 0.1 수준에서 유의한 차이를 보이기는 하였으나 전반적으로 ROE와 PER가 평균이상인 집단에서의 환경회계정보 공시여부에 따른 누적평균주식수익률의 차이는 발생하지 않았다.

둘째, ROE와 PER가 평균이상인 집단으로 통제한 후, 환경회계정보의 공시수준을 기준으로 두 개의 집단으로 구분하여 누적평균주식수익률의 차이를 살펴보았다. 공시수준은 평균을 기준으로 하여 2 이하를 낮음으로, 3 이상을 높다고 가정하였다. 분석기간 전체의 누적평균주식수익률의 차이를 살펴보면, 기준일(1.650)과 +4주(1.6863)로 0.1 수준에서 유의한 차이를 보이기는 하였으나 기준일 이후 지속적이지 못하여 환경회계정보의 공시수준에 의해 두 집단간

에는 차이가 있다고 판단하기는 어렵다.

검증결과를 요약하면, ROE와 PER가 평균이상인 집단에 속하는 기업의 환경회계정보에 대한 자본시장의 반응은 부분적으로 환경회계정보의 공시여부에 긍정적 반응을 보이고 있으나 전체적으로는 그렇지 않았고, 환경회계정보의 공시수준에도 마찬가지의 반응을 보이지 않고 있다.

<표 14> 가설 5의 분석결과

구 분	연 도	-4	-3	-2	-1	0	1	2	3	4
ROE PER 공시 여부 (Y-N)	전체	0.3931	0.2774	0.5345	1.8293*	1.4964	1.5144	-0.7823	-0.0402	1.6973*
	1998	-0.4455	0.2771	1.3726	2.2020**	-0.0835	0.2745	-0.1474	0.3406	-0.8675
	1999	-0.9226	2.3847**	-0.5157	0.4945	3.2837***	0.5079	1.1751	-0.3862	-0.3297
	2000	2.2112**	-0.2702	0.3047	1.1330	1.9596*	2.3311**	-0.9655	0.1334	1.7481*
ROE PER 공시 수준 (H-L)	전체	1.4198	0.3654	1.3935	-0.1054	1.6580*	0.8582	0.5390	0.4019	1.6863*
	1998	2.0803*	1.8812*	-0.3462	0.9918	0.5937	1.1014	1.5197	1.6123	0.2571
	1999	0.0797	-0.5111	-0.6581	-0.5277	1.2204	1.0005	0.1894	0.0483	-0.1627
	2000	-0.0201	0.0259	2.0391**	0.3796	0.7581	-0.4811	0.620	0.0918	1.7650*

수치는 t-값

* 0.1 수준에서 유의　　** 0.05 수준에서 유의　　*** 0.01 수준에서 유의

이와 같은 현상이 나타난 이유로 투자효율성을 나타내는 ROE와 기업의 단위당 이익발생능력(수익가치)에 대한 증권시장에서의 평가수준을 나타낸 PER를 기준으로 표본집단을 구분함에 있어 이미 이들 집단 자체가 평균이상의 재무적 성과치를 갖고 있어 그 영향이 자본시장에 반영되었기 때문에 환경회계정보의 공시여부와 공시수준에 따른 추가적 수익률의 증가는 발생하지 않았기 때문에 이러한 결과가 나타난 것으로 보인다.

<그림 5>는 ROE와 PER가 평균이상인 집단에 속하는 기업으로 통제했을 경우, 환경회계정보를 공시한 기업과 공시하지 않은 기업의 누적평균주식수익률 및 공시수준이 높은 기업과 공시수준이 낮은 기업의 누적평균주식수익률을 그래프로 나타낸 것이다.

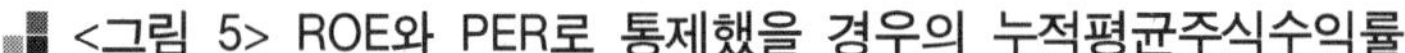

<그림 5> ROE와 PER로 통제했을 경우의 누적평균주식수익률

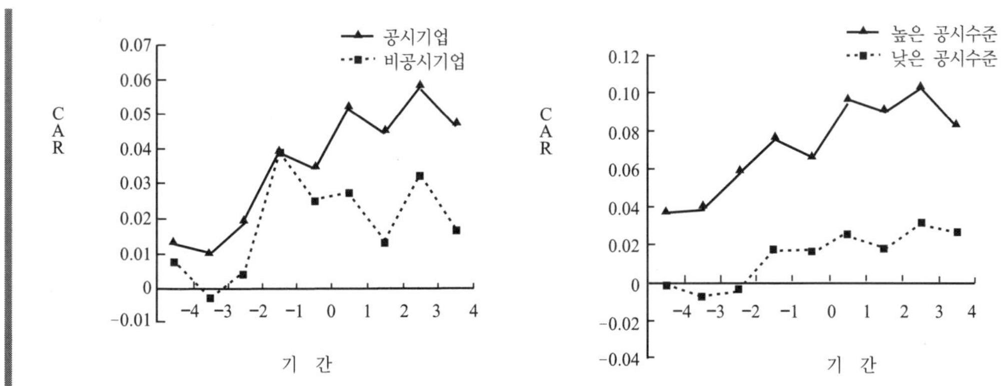

논문의 연구 결과를 요약하면 다음 <표 15>와 같다.

<표 15> 연구결과 요약

	가 설	채택여부
1	• 환경회계정보 공시여부와 공시수준은 주식수익률에 양(+)의 영향을 미친다.	기각
2-1	• 환경회계정보를 공시한 환경친화기업과 그렇지 않은 기업과의 주식수익률에는 차이가 있다.	기각
2-2	• 환경회계정보 공시수준이 높은 환경친화기업과 낮은 기업과의 주식수익률에는 차이가 있다.	
3-1	• 환경회계정보를 공시한 환경민감기업과 그렇지 않은 기업과의 주식수익률에는 차이가 있다.	기각
3-2	• 환경회계정보 공시수준이 높은 환경민감기업과 낮은 기업과의 주식수익률에는 차이가 있다.	부분수용
4-1	• 환경회계정보를 공시한 대규모기업집단의 기업과 그렇지 않은 기업과의 주식수익률에는 차이가 있다.	부분수용
4-2	• 환경회계정보 공시수준이 높은 대규모기업집단의 기업과 낮은 기업과의 주식수익률에는 차이가 있다.	기각
5-1	• ROE와 PER가 높은 기업이 환경회계정보를 공시한 경우, 그렇지 않은 기업과 주식수익률에 차이가 있다.	기각
5-2	• ROE와 PER가 높은 기업의 환경회계정보 공시수준이 높을 경우, 낮은 기업과의 주식수익률에는 차이가 있다.	

환경회계정보에 대한 자본시장의 반응을 요약하면, 전체적으로 환경회계정보는 자본시장의 주식수익률을 설명하는 유의한 변수가 아님을 검증하였지만, 환경회계정보 공시수준이 높은 환경친화기업과 낮은 기업의 누적평균주식수익률은 부분적으로 차이가 나타났다. 또한 환경회계정보를 공시한 환경민감기업과 그렇지 않은 기업과의 주식수익률에도 부분적으로 차이를 발견하였다.

그러나 전반적으로 환경회계정보가 주식수익률을 설명하는 유의한 변수가 아니라고 본 연구의 분석결과에서 나타나고 있는데, 이는 적절한 환경보고서지침의 부재와 환경회계정보 공시의 자율성과 임의성, 그리고 정량적 정보보다는 정성적 정보가 더 많음으로 인해 환경회계정보가 투자자들의 의사결정에 유용한 정보가 되기에는 한계가 있기 때문이라 사료된다.

결론적으로 본 연구결과를 종합해 볼 때, 1996년에 도입된 환경회계정보의 공시제도는 나름대로 의미는 있다고는 할 수 있으나 아직까지는 우리나라 자본시장에 충분히 반영될 수 있는 주요 변수는 아니라는 것이다.

연구결과를 바탕으로 향후 환경회계의 발전방안을 제시하면 다음과 같다.

첫째, 환경비용, 자산 및 부채의 인식과 측정에 관한 구체적 지침을 마련하고 이러한 회계기준을 통한 환경회계정보 공시의 확대를 추진하여야 할 것이다.

둘째, 보충적 주석사항을 통한 공시의 현실적 문제로, 보충적 주석사항의 부실은 감사지적사항이 아니므로 기업들은 환경정보의 공시를 강제조항으로 받아들이지 않고 있을 뿐만 아니라 자체적으로 발간하는 환경보고서상의 정보도 검증받지 않은 자료이다. 따라서 연차보고서에 공시되는 환경정보에 대한 정확한 기준을 마련해야 할 것이고 이에 따라 작성된 정보는 외부감사인의 검증을 거치도록 하는 것이 옳을 것이다.

셋째, 규제기관이나 민간환경단체들은 기업들에게 연차보고서 및 감사보고서에 환경정보를 공시하는 것과는 별도로 환경보고서를 발간하도록 유도하여야 할 것이다. 기업 환경활동의 상세한 공시가 장기적으로 정보이용자와의 관계를 향상시키고 기업이미지 제고에 도움이 될 것이라는 확신을 기업들에게 주지시키고, 정보이용자들에게도 환경회계정보의 중요성에 대한 지속적인 홍보활동을 해야 할 것이라고 사료된다.

부 록

- 경실련 좋은기업상 소개
- 좋은기업상 평가결과 보고
- 설문지

경실련 좋은기업상 소개

경실련 좋은기업상 소개

[제정취지문]

한국 자본주의의 건전한 발전을 위하여 국민으로부터 사랑과 존경을 받는 기업像을 정립하고자 이 賞을 제정한다. 한국경제가 발전하고 21세기에 선진국으로 발돋움하기 위해서 국민으로부터 존경받고 정의로운 기업이 많아 져야한다는 것이 우리의 신념이다. 아울러 국내에서 평가받고 뿌리를 내린 국민적 기업이 세계적으로도 평가받고 성공할 수 있다고 확신한다.

국민으로부터 존경받는 기업, 혹은 정의로운 기업이 되기 위해서는 창의와 혁신으로 사적 이윤을 추구함과 동시에 사회적 공헌도가 높아야 한다. 사회적 공헌도란 기업활동이 건전, 공정하고 국가경제발전에 기여하며, 종업원기여, 환경오염 예방과 소비자를 포함한 사회복지부문의 총체적 기여도를 높이는 것을 말한다. 이러한 일에 노력을 경주하는 기업을 사회적 공헌도가 높은 기업이라 본다.

이 賞은 어떻게 하면 그러한 국민적 기업이 될 수 있는가를 형상화하려는 노력의 하나이다. 그렇게 함으로써 그 동안 사회 일반의 기업에 대한 일부 부정적 시각을 바로 잡고, 이제는 당당한 세계시민기업으로서 기업과 근로자, 소비자 그리고 이들로 구성되는 사회 공동체는 물론 인류전체의 무한한 발전을 도모하고자 함이다.

[수상기업 선정 기준]

당 연구소에서는 '91년도부터 기업윤리와 사회적 책임을 강조하기 위하여 「KEJI 경제정의지수모형」을 기초로 다음의 10가지 기준에 의거하여 [경실련 좋은기업상] 수상기업을 선정합니다.

기업가가 건전한 기업관, 사회관과 국가관을 갖고,

1. 기업주의 소유집중을 완화하고 경영을 전문화하는 기업
2. 공정거래질서와 기업관련 법규를 성실히 지키는 기업
3. 생산성향상을 도모하며 재무구조를 건전하게 유지하는 기업
4. 창의와 기업가정신으로 기술혁신을 강화하는 기업
5. 종업원 능력개발, 복지증진과 산재를 방지하며 노사화합을 이루는 기업
6. 산업공해 예방과 환경오염을 개선하는 기업
7. 재테크와 불건전지출을 지양하며 본업에 충실하는 기업
8. 효율적 고용증대와 국제화로 경제발전에 기여하는 기업
9. 기업정보를 성실히 공개하며 고객만속에 힘쓰는 기업
10. 사회복지 · 문화 · 지역사회지원 등 사회공동체역할을 성실히 수행하는 기업

[수상기업 선정 원칙]

1. 경실련 좋은기업상 大賞 수상기업은 향후 4년간 대상 및 업종별 수상에서 제외한다.
2. 업종별 경제정의기업상 수상기업은 2년간 업종별 수상에서 제외한다. (단 大賞은 가능)
3. WORST 기업은 당분간 발표하지 않는다.

경실련 좋은기업상(구 경제정의기업상)의 취지와 발전방안

□ 경실련 좋은기업상(구 경제정의기업상)의 취지 : 경제정의는 분배정의이다. 기업이 윤리경영을 바탕으로 사회공동체에 대한 책임의식을 갖고 사회 환원에 앞장서 보다 성숙한 시민기업이 될 수 있는 풍토를 조성하고자 제정됐다.

□ 미국의 「경제최우선 협의회(Council Economic Priorities)」의 CEP Index와 일본의 아사히 재단의 지수 및 유럽 등지의 윤리지수의 평가들이 우리의 대비되는 평가들이다.

□ 경실련 좋은기업상 경제정의지수(KEJI)의 강점

1) 역사성

- 1991년 12월 ‘ 1회 경제정의기업상’을 시작으로 20여년의 오랜 역사와 전통을 자랑하고 있으며 지난 2012년부터는 ‘경실련 좋은기업상’으로 명칭을 변경해 역사성을 이어오고 있다.
- 경제정의연구소에서 자체 개발한 경제정의지수(KEJI)는 국내 최초로 기업의 사회적 책임을 재무적 성과와 함께 객관적인 수치로 나타내는 객관적인 평가 모델이다.

2) 시민의 입장에서 보는 객관적이고 공정한 평가

- 다른 시상제도와는 달리 윤리경영, 사회적 책임을 객관적이고 공정한 지표에 의해 평가한다는 점에서 독자적인 차별성을 지니고 있다.
- 기업의 재무적 성과, 사회적 성과 외에도 근로자 복지, 환경 경영, 소비자 만족 등 다양한 측면에서 평가하고 있다.

3) 좋은 취지의 평가 및 시상

- 국내기업의 윤리경영 및 사회적 책임 등을 제고하기 위해 시민단체에서 대가성 없는 좋은 취지에서의 평가 및 시상을 진행한다는 것이 큰 의의라고 할 수 있다.

□ 경실련 좋은기업상의 발전방안

1) 수상기업과의 포럼구축을 통한 기업의 사회적 책임(CSR) 제고

- 경실련 좋은기업상, 바른외국기업상(평가방법 및 지표개선을 위해 시상 중단) 역대 수상 기업들을 대상으로 좋은기업 포럼 구축
- 포럼에서 경실련 좋은기업상의 발전방안에 대한 토론, 국내 및 외국인투자기업들간의 윤리경영, 사회적 책임 사례 발표 및 공유. 기업의 사회적 책임 활성화를 위한 방안 토론
- 무엇보다 좋은기업상 시상식에 그치지 않고, 향후 꾸준히 한국사회에 기업의 사회적 책임이 활성화 될 수 있도록 공론의 장을 형성한다는 것이 중요

2) 업종의 개선 및 외국인투자기업에 대한 평가방법과 지표개선

- 좋은기업상은 현재 5개 업종으로 구분되고 있으나, 연구를 통해 보다 관련성 있는 업종으로 통합 및 분류 할 수 있는 방안 강구
- 현재 일시적으로 중단하고 있는 외국인투자기업에 대한 평가방법과 지표개선, 경실련 좋은기업상의 외국인투자기업 부문으로 포함시킬 수 있는 방안 강구

3) 연구자료에 기여할 수 있는 중장기적 일관성 있는 지표 개발

- 현재 좋은기업상 평가자료는 연구자들에게 널리 활용되어지고 있음. 따라서 중장기적으로 일관성 있는 지표를 개발하여 한국사회에 기업의 사회적 책임을 활성화 시키는 연구에 기여

경제정의지수(KEJI Index)에 의한 기업의 사회적성과 평가모형

(1) 건전성(제조 및 비제조 25점, 금융업 35점)

항 목	평가항목	지 표	세부지표	배 점	
				정량평가	
				제조및비제조	금융업
건전성	지배구조의 건전성	내부지분율		3	4
		전문경영인정도		2	3
		사외이사 활동	사외이사 비율	1	2
			이사회 참여	1	2
	투자지출의 건전성	소비성 지출		2	2
		연구개발 지출		2	1
		설비투자		2	2
	자본조달의 건전성	위험성	부채비율	1.5	해당없음
			고장이하여신/자산비율 (은행, 증권, 종금)	해당없음	4
			위험가중자산비율 (보험)	해당없음	
			회사채신용등급	1.5	3
		관계사출자		1.5	3
		관계사채무보증		2	3
합 계				25	35

(2) 공정성(제조 및 비제조 20점, 금융업 20점)

항 목	평가항목	지 표	세부지표		배 점	
					정량평가	
					제조및비제조	금융업
공정성	공정성	경제력집중	대규모기업집단지정		2	2
			공정거래법 준수	시장지배적지위남용	5	2
				기업결합		
				경제력집중억제 (상호출자위반등)		
				부당한 공동행위 담합		
				불공정거래행위		
				사업자단체금지행위 (판매조건결정 등)		
				부당한 지원 행위		
		협력사관계	불공정하도급거래행위		3	해당없음
			재판매가격유지행위			
		금융관련법규 준수	자본시장과 금융투자업에 관한 법률 준수		해당없음	5
			은행법 준수			
			보험업법 준수			
			전자금융거래법 준수			1
		금산분리	비금융회사의 금융자회사 보유 금융회사의 비금융자회사 보유		4	4
	투명성	불성실공시			2	2
		사업보고서 적정성			1	1
		감사위원회 운영			2	2
		투표제 실시(집중투표, 서면투표, 전자투표)			1	1
합 계					20	20

(3) 사회공헌도(15점)

<table>
<tr><th rowspan="2">항 목</th><th rowspan="2">평가항목</th><th rowspan="2">지 표</th><th rowspan="2">세부지표</th><th>배 점</th></tr>
<tr><th>정량평가</th></tr>
<tr><td rowspan="8">사
회
공
헌
도
(15)</td><td rowspan="4">고용평등 및 확대</td><td colspan="2">장애인 고용비율</td><td>1</td></tr>
<tr><td colspan="2">여성 채용비율</td><td>1</td></tr>
<tr><td colspan="2">고용인력 증가율</td><td>4</td></tr>
<tr><td colspan="2">고용관련 정부포상</td><td>1</td></tr>
<tr><td rowspan="3">사회공헌 활동</td><td colspan="2">기부금</td><td>4</td></tr>
<tr><td rowspan="2">사회복지지원</td><td>전담조직 및 추진조직</td><td>1</td></tr>
<tr><td>사회봉사 프로그램</td><td>1</td></tr>
<tr><td>국가재정기여</td><td colspan="2">조세납부</td><td>2</td></tr>
<tr><td colspan="4">합 계</td><td>15</td></tr>
</table>

(4) 소비자보호(15점)

항 목	평가항목	지 표	세부지표	배 점	
				정량평가	
				제조및비제조	금융업
소비자 보호 (15)	소비자 권리보호	고객만족관련 인증	서비스품질우수기업 인증	1	1
			소비자중심 경영제도 인증	1	1
		고객만족 관련수상		1	1
		소비자불만 상담건수		4	3
		금융소비자보호	금융분쟁조정신청	해당없음	3
			금융회사별 민원발생평가	해당없음	3
	소비자관련법 준수	불공정약관		5	2
		전자상거래소비자보호법령 위반			
		청약확인 등 통지의무 위반			
		구매등 서부의사표시에 대한 구매등 강요행위			
		방문판매등에관한법령 위반관련			
		가맹사업거래의공정화에관한법령 위반관련			
		표시광고 공정화에 관한 법률 위반			
	소비자 안전	품질 및 소비자안전 인증		3	1
합 계				15	

(5) 환경경영(제조 및 비제조 10점, 금융업 제외)

항 목	평가항목	지 표	세부지표	배 점
				정량평가
환경 경영 (10점)	환경개선노력 (5)	환경경영보고		1
		에너지효율		1
		환경투자	투자실적	2
			경영방침	
		환경보호프로그램		1
	환경친화성 (2)	환경관련 인증 및 수상		2
	위반 및 오염실적 (3)	수질, 대기분진, 특정유해물질 오염실태		3
합 계				15

(6) 직원만족(15점)

항 목	평가항목	지 표	세부지표	배 점	
				정량평가	
				제조및비제조	금융업
직원만족 (15)	작업장 보건 및 안전	산재다발 및 중대사고발생		3	해당없음
		작업장 보건 및 안전관련 인증 및 수상		0.5	해당없음
	인적자원	1인당 교육훈련비		1	2
		교육훈련비 증가율		1	2
	임금 및 복리후생	임금보상수준		1	1
		복리후생		0.5	1
		근속연수		0.5	1
		사내근로복지기금		0.5	1
	노사관계	노사분규 발생여부		3	3
		비정규직 비율		3	3
		노사관계 개선 프로그램		1	1
합 계				15	15

정량평가 지침

□ 매년 다음과 같은 평점화 지침을 작성하여 평가의 객관성 및 평가과정상의 공정성을 제고시킴으로써 경제정의기업상의 위상을 높이고자 한다.

1. KEJI 평가의 기본절차
   ① 주어진 산식에 따라 해당지표의 실제값 계산
   ② 지표별 실제값을 평점화 지침에 따라 100점 만점 평점으로 전환
   ③ 지표별 평점 가중비율에 따라 최종 득점으로 계산

2. 지표별 평점화 방식

지표별 평점화의 방식으로 표준화방식과 등급화방식을 채택한다. 각각의 내용 및 세부 평가지침은 아래와 같다.

1) 표준화 방식

특 징	- 지표의 실제값 중 기준 이상을 넘는 이상치를 제외한 정상 범위내의 실제값의 분포특성을 그대로 이용해 Min(0~25), Max(85~100)의 평점으로 전환하는 방식
적용항목	- 지표의 특성상 반드시 분포특성을 그대로 유지해야 하는 지표 - Missing Values가 적으며, 동시에 통계적으로 정규분포에 가까운 분포특성을 지니는 지표
적용 예	- 건전성 항목 중의 내부지분율 등 - 경제발전기여도 항목 중의 수익성, 연구개발지출, 설비투자 등

① 보간법을 적용해 실제치를 평점값으로 전환

(계산논리)

실제치 범위 : 실제최소치(Rmin) 대상실제값(X) 실제최대치(Rmax)

평점화 범위 : 최소평점(Emin) 평점화값(Y) 최대 평점(Emax)

$$\text{평점값 } Y = \text{최소평점} + \frac{(\text{최대평점} - \text{최소평점}) \times [\text{실제값}(X) - \text{실제최소치}]}{(\text{실제최대치} - \text{실제최소치})}$$

② 표준화방식의 적용 사례 : 복지후생

계산식 기초값	최대평점	실제최대값	실제최소값
	100	10	1.0
	최소평점	10 이상인 경우는 모두 10으로 recod	1.0이상인 경우는 모두 1로 recode
	25		

$$\text{평점값 } Y = 25 + \frac{(100 - 25) \times [\text{실제값}(X) - 1]}{(10 - 1)}$$

2) 등급화 방식

(1) 등급화방식의 의의

특 징	- 지표의 실제값을 분포특성 및 지표특수성을 고려해 A, B, C, D, E의 5단계 또는 4단계나 3단계 등 등급으로 전환하는 방식
적용항목	- 특성상 분포특성을 그대로 이용하기 힘든 지표 - Missing Values가 많거나, 분포가 한쪽으로 지나치게 쏠리는 지표 - 사횢거 규범상 등급별 평가가 유용하거나 필요한 지표
적용 예	- 건전성 항목 중의 전문경영인 비율 - 공정성 항목 중의 사업보고서의 적정성 - 환경보호 항목 중의 에너지효율

(2) 등급화방식의 적용 절차

① 표준화방식을 적용하지 못하거나, 지표의 특수성으로 인해 등급화방식을 적용할 필요성이 있는 지표를 선정

② 분포특성 및 지표특성을 고려해 정률 등급, 정량 등급, 서술 등급의 3가지 방식 중 하나를 선정하고, 해당지표의 등급단계(2 ~ 5단계)를 설정

[참조] 5단계 등급화방법의 예시

등 급	정률법 예	정량법 예	서술법 예
A	상위 10% 미만	0건	감사의견 적정
B	상위 10 ~ 30%	1건	감사의견 한정
C	30 ~ 70%	2건 ~ 3건	적정후 수정제출
D	하위 10 ~ 30%	4건 ~ 6건	감사의견 부적정
E	하위 10% 미만	7건 이상	부적정 + 금감원 지적
적용 예시	소비성 지출 보유부동산	특허 및 장영실상 경제력 집중	전문경영인 정도 사업보고서 적정성 약관의 정당성

③ 평점화의 범위 설정

지표의 성격을 고려해 최소치와 최대치에 부여할 최소/최대 평점 결정

 경실련 좋은 기업상 평가 절차

1. 대상기업선정 : 2018년 거래소 코스피 상장기업(뮤추얼펀드 및 REITs 등 제외)

2. 평가대상기업 선정원칙에 의한 정량평가 대상기업 선정

* 평가대상기업 선정원칙(아래에 해당되는 기업은 제외)

- 3개년 순이익 적자회사 / 자본잠식업체 / 이자보상배율 1.0미만 기업 / 합병회사 / 결산기 변경사 / 신규상장사 / 관리 및 자료 미제출사 등 총 383개사 선정
- 금속 · 비금속 · 화학업 : 110개사
- 금융업 : 23개사
- 비제조 · 서비스업 : 93개사
- 식약 · 섬유 · 종이업 : 84개사
- 전기전자 · 기계업 : 73개사

3. 경제정의지수(KEJI)에 의한 정량평가

4. 정성평가 및 최종평가 결과

수상내용	기업명
비제조 · 서비스업	서울도시가스주식회사
금속 · 비금속 · 화학업	휴켐스주식회사

* 나머지 업종은 수상기업 없음

경실련 좋은기업상 평가결과 보고

정량평가 200개사 점수

○ 정량평가점수 상위 200개사, 가나다순

회사명	업종분류	건전성 (25/35)	공정성 (20)	사회 공헌 (15)	소비자 보호 (15)	환경 경영 (10/0)	직원 만족 (15)	총점 (100)
BGF리테일	비제조/서비스업	18.52	15.65	9.63	7.40	7.35	9.11	67.67
CJ씨푸드	식약/섬유/종이업	15.51	16.15	9.58	10.85	5.60	8.55	66.24
CJ헬로	비제조/서비스업	17.43	14.65	10.50	7.40	5.30	11.37	66.64
DB금융투자	금융업(증권)	25.66	17.30	6.62	10.40	0.00	7.89	67.87
DB손해보험	금융업(보험)	26.94	17.00	9.05	8.05	0.00	8.92	69.96
DB하이텍	전기전자/기계업	19.71	17.00	5.67	10.25	7.35	10.40	68.14
F&F	식약/섬유/종이업	16.85	14.75	8.02	8.45	5.60	8.52	65.03
JW중외제약	식약/섬유/종이업	16.71	17.60	8.20	9.65	5.95	9.80	67.47
KSS해운	비제조/서비스업	15.01	17.15	8.66	10.40	6.75	10.27	67.95
KTB투자증권	금융업(증권)	27.44	16.85	7.00	10.85	0.00	6.91	67.16
KTcs	비제조/서비스업	16.69	14.95	7.95	9.65	5.60	10.00	64.33
LG유플러스	비제조/서비스업	18.49	14.45	8.69	7.25	7.25	8.16	65.48
LG화학	금속/비금속/화학업	16.46	15.65	8.82	10.40	7.65	11.34	70.32
LIG넥스원	금속/비금속/화학업	18.00	15.65	4.88	9.65	6.55	10.27	66.21
LS산전	전기전자/기계업	15.55	16.85	9.05	9.65	8.25	8.80	66.95
NH투자증권	금융업(증권)	24.27	15.65	8.62	10.55	0.00	8.36	66.55
NICE	비제조/서비스업	16.17	14.75	10.03	9.65	5.00	9.37	67.08
S&T모티브	전기전자/기계업	15.13	16.85	5.77	9.65	6.75	9.43	63.58
S&T중공업	전기전자/기계업	15.59	16.85	4.26	9.65	6.75	10.92	64.01
SIMPAC	전기전자/기계업	13.27	16.85	9.09	9.65	5.60	10.24	64.71

회사명	업종분류	건전성 (25/35)	공정성 (20)	사회 공헌 (15)	소비자 보호 (15)	환경 경영 (10/0)	직원 만족 (15)	총점 (100)
SKC	금속/비금속/화학업	17.23	15.65	7.48	10.25	6.80	10.17	67.58
SK하이닉스	전기전자/기계업	19.88	15.95	8.81	9.80	7.25	11.43	73.12
S-Oil	금속/비금속/화학업	17.18	15.65	9.23	10.25	7.15	10.68	70.14
경동나비엔	비제조/서비스업	15.85	15.85	8.57	8.50	7.65	8.84	65.25
경동도시가스	금속/비금속/화학업	17.21	15.35	6.37	10.60	7.05	9.12	65.70
경보제약	금속/비금속/화학업	17.77	15.65	7.12	9.65	6.60	10.73	67.53
경인양행	금속/비금속/화학업	17.82	15.35	8.95	9.65	5.60	9.06	66.44
계룡건설산업	비제조/서비스업	14.59	16.85	10.63	10.25	7.25	8.60	68.17
계양전기	전기전자/기계업	16.72	16.85	7.36	10.25	5.60	9.23	66.01
고려아연	금속/비금속/화학업	17.27	15.65	7.28	10.25	6.80	10.06	67.32
광명전기	전기전자/기계업	16.46	16.60	4.76	10.25	6.30	10.46	64.84
국도화학	금속/비금속/화학업	18.60	15.35	6.31	10.25	6.60	9.92	67.03
국제약품	식약/섬유/종이업	18.73	17.15	7.26	9.65	5.60	10.82	69.22
그린케미칼	금속/비금속/화학업	15.56	15.35	6.05	10.25	6.60	9.73	63.55
금강공업	금속/비금속/화학업	16.50	15.35	7.94	10.25	5.60	9.38	65.02
금호석유화학	금속/비금속/화학업	16.78	16.85	6.17	10.25	7.35	9.97	67.36
기아자동차	전기전자/기계업	16.91	13.25	9.49	8.00	7.35	10.08	65.09
기업은행	금융업(은행)	21.58	13.00	10.29	10.15	0.00	8.38	63.39
남양유업	식약/섬유/종이업	17.63	15.35	7.72	9.65	5.35	8.24	63.93
넥센타이어	금속/비금속/화학업	17.54	16.85	6.11	7.25	5.95	9.68	63.38
노루페인트	금속/비금속/화학업	17.19	15.35	5.48	10.25	6.60	9.14	64.01
녹십자	식약/섬유/종이업	16.20	15.65	10.09	9.65	5.60	9.09	66.27
농심	식약/섬유/종이업	17.00	16.85	7.70	10.15	6.15	10.13	67.97
다스코	전기전자/기계업	16.32	17.15	6.96	9.65	6.40	9.10	65.59
대덕전자	전기전자/기계업	18.29	15.35	6.34	10.25	6.95	8.84	66.02
대성에너지	비제조/서비스업	16.70	17.15	7.42	10.40	6.75	9.69	68.11
대신증권	금융업(증권)	28.70	11.45	7.62	10.40	0.00	7.50	65.67
대영포장	식약/섬유/종이업	16.07	15.35	5.38	10.25	5.60	10.80	63.45
대웅제약	식약/섬유/종이업	18.17	15.35	5.17	9.65	5.95	10.76	65.05
대원제약	식약/섬유/종이업	20.20	16.85	9.46	9.65	5.35	9.24	70.74

회사명	업종분류	건전성 (25/35)	공정성 (20)	사회 공헌 (15)	소비자 보호 (15)	환경 경영 (10/0)	직원 만족 (15)	총점 (100)
대유에이텍	전기전자/기계업	16.53	12.95	8.00	9.65	6.75	9.98	63.86
대한유화	금속/비금속/화학업	15.76	15.35	8.93	10.25	6.75	9.21	66.26
대한제분	식약/섬유/종이업	15.98	15.35	7.32	10.25	5.00	10.17	64.07
덴티움	전기전자/기계업	18.55	15.35	7.05	9.65	5.00	10.66	66.26
도화엔지니어링	비제조/서비스업	17.00	15.35	5.96	10.25	5.90	9.58	64.05
동서	비제조/서비스업	16.67	15.35	7.95	9.65	5.00	9.09	63.71
동아에스티	식약/섬유/종이업	18.58	16.85	7.71	10.00	6.55	10.99	70.67
동화약품	식약/섬유/종이업	18.35	16.85	6.75	10.25	5.60	9.42	67.21
두산중공업	전기전자/기계업	15.03	16.15	8.57	10.25	7.65	9.84	67.48
디아이	전기전자/기계업	17.56	15.35	6.42	10.85	5.90	10.14	66.22
롯데손해보험	금융업(보험)	25.86	14.65	7.47	9.20	0.00	8.20	65.38
롯데정밀화학	금속/비금속/화학업	17.06	14.15	7.55	10.25	7.55	8.95	65.51
롯데칠성음료	식약/섬유/종이업	16.84	15.65	10.25	10.25	7.35	9.58	69.92
롯데케미칼	금속/비금속/화학업	17.81	15.65	8.74	9.65	7.35	9.95	69.16
롯데푸드	식약/섬유/종이업	18.72	15.65	9.86	10.85	7.35	9.92	72.35
롯데하이마트	비제조/서비스업	18.71	15.95	8.95	7.55	6.15	9.79	67.10
만도	전기전자/기계업	18.92	16.85	6.27	9.05	7.35	10.12	68.55
모토닉	전기전자/기계업	17.59	15.35	7.43	10.25	5.60	10.29	66.51
무림P&P	식약/섬유/종이업	16.03	13.25	8.60	9.65	7.00	9.83	64.37
무림페이퍼	식약/섬유/종이업	14.82	17.15	6.63	9.65	7.00	8.99	64.25
미원상사	금속/비금속/화학업	18.20	14.45	7.61	10.25	5.60	10.88	67.00
미원에스씨	금속/비금속/화학업	17.61	15.35	7.74	9.65	5.80	10.80	66.95
미창석유공업	금속/비금속/화학업	16.81	15.35	4.72	10.25	5.60	11.20	63.93
백광산업	금속/비금속/화학업	16.13	15.35	9.07	10.25	5.60	9.15	65.55
벽산	금속/비금속/화학업	15.25	15.35	8.08	10.25	5.60	9.19	63.72
보락	금속/비금속/화학업	17.40	15.35	5.76	10.25	5.80	10.10	64.66
부국증권	금융업(증권)	26.31	12.95	6.79	13.85	0.00	6.59	66.48
부산도시가스	비제조/서비스업	16.45	14.15	8.94	9.80	7.30	8.75	65.39
빙그레	식약/섬유/종이업	17.38	15.35	8.93	10.55	5.95	9.27	67.44
사조씨푸드	식약/섬유/종이업	14.42	17.15	7.00	10.25	5.95	10.77	65.53

회사명	업종분류	건전성 (25/35)	공정성 (20)	사회 공헌 (15)	소비자 보호 (15)	환경 경영 (10/0)	직원 만족 (15)	총점 (100)
삼성SDI	전기전자/기계업	17.18	13.25	10.29	10.25	7.65	8.86	67.47
삼성SDS	비제조/서비스업	19.19	13.25	4.94	11.00	6.15	11.12	65.65
삼성전기	전기전자/기계업	17.18	13.25	8.60	10.25	7.35	11.40	68.03
삼성전자	전기전자/기계업	18.48	12.25	8.13	9.40	7.95	10.50	66.71
삼성증권	금융업(증권)	28.46	9.65	7.06	10.55	0.00	7.81	63.53
삼아알미늄	금속/비금속/화학업	17.29	15.35	8.30	10.85	6.60	9.72	68.11
삼양사	식약/섬유/종이업	13.83	15.35	7.69	10.25	7.15	9.52	63.79
삼영전자공업	전기전자/기계업	17.70	15.35	5.57	10.25	6.60	8.67	64.15
삼익THK	전기전자/기계업	15.83	15.35	7.69	10.25	6.75	10.12	65.99
삼진제약	식약/섬유/종이업	18.93	16.85	6.60	9.65	5.60	10.01	67.64
삼천리	비제조/서비스업	18.25	14.45	8.36	9.70	6.35	10.33	67.43
삼호	비제조/서비스업	14.64	14.15	8.88	10.25	6.95	8.50	63.37
삼화왕관	금속/비금속/화학업	16.34	15.35	7.11	10.25	5.80	8.52	63.37
삼화전기	전기전자/기계업	17.09	15.65	6.67	9.65	6.40	10.58	66.04
삼화콘덴서공업	전기전자/기계업	16.98	15.65	6.99	10.25	7.15	9.18	66.20
삼화페인트공업	금속/비금속/화학업	17.67	15.35	4.96	10.25	7.35	8.72	64.30
상신브레이크	전기전자/기계업	15.28	16.35	7.46	10.25	6.40	10.36	66.10
서울도시가스	비제조/서비스업	16.18	16.85	10.77	10.00	5.60	10.69	70.08
서원	금속/비금속/화학업	15.29	15.85	5.99	10.25	5.95	10.89	64.23
서흥	금속/비금속/화학업	16.35	15.35	6.51	9.65	5.00	10.67	63.54
성보화학	금속/비금속/화학업	14.73	15.65	8.02	9.65	5.60	9.88	63.53
세방전지	전기전자/기계업	17.44	16.85	5.59	10.25	5.95	9.32	65.40
세우글로벌	비제조/서비스업	16.48	15.65	7.29	9.65	5.60	11.44	66.11
신도리코	전기전자/기계업	17.93	16.85	4.41	10.60	7.35	9.48	66.61
신세계건설	비제조/서비스업	16.19	15.95	6.65	10.25	5.90	8.38	63.32
신세계 인터내셔날	비제조/서비스업	17.80	15.95	10.57	7.85	6.75	10.28	69.19
신세계푸드	비제조/서비스업	20.26	15.95	9.21	10.25	5.95	10.26	70.88
신영증권	금융업(증권)	24.27	10.95	6.71	13.85	0.00	7.71	63.49
쌍용양회공업	금속/비금속/화학업	17.47	16.85	6.05	10.25	7.35	9.72	67.69
아모레퍼시픽	금속/비금속/화학업	18.04	16.85	8.58	8.30	7.65	9.08	68.49

회사명	업종분류	건전성 (25/35)	공정성 (20)	사회 공헌 (15)	소비자 보호 (15)	환경 경영 (10/0)	직원 만족 (15)	총점 (100)
아세아	비제조/서비스업	16.74	15.35	7.43	9.65	6.40	10.91	66.48
아세아시멘트	금속/비금속/화학업	16.35	15.35	5.03	10.25	7.65	10.25	64.88
아세아제지	식약/섬유/종이업	16.64	15.35	6.44	10.25	7.00	10.55	66.23
아이에스동서	비제조/서비스업	16.94	15.95	8.82	10.25	5.95	9.50	67.41
에스원	비제조/서비스업	18.39	11.75	9.12	10.70	6.25	8.71	64.92
엔씨소프트	비제조/서비스업	19.22	16.85	10.05	7.25	5.00	9.44	67.80
엔에스쇼핑	비제조/서비스업	15.39	15.45	9.41	8.20	5.95	9.41	63.82
영원무역	비제조/서비스업	15.56	16.85	7.87	9.65	6.15	8.89	64.97
오렌지라이프	금융업(보험)	24.76	12.75	7.68	12.50	0.00	8.42	66.11
오리온	식약/섬유/종이업	17.32	14.75	5.60	9.80	5.95	10.18	63.60
우리들제약	식약/섬유/종이업	18.10	15.65	5.42	9.65	5.00	9.62	63.44
유나이티드	식약/섬유/종이업	17.44	15.65	8.03	9.65	5.35	10.94	67.05
유니온머티리얼	비제조/서비스업	18.15	14.15	6.05	10.25	5.60	9.77	63.97
유니켐	식약/섬유/종이업	17.25	15.35	6.63	10.25	5.60	10.14	65.21
유니퀘스트	비제조/서비스업	16.25	17.15	7.60	10.25	5.60	9.80	66.65
유엔젤	비제조/서비스업	16.87	15.35	5.30	10.25	5.60	10.06	63.43
유유제약	식약/섬유/종이업	17.50	16.85	7.82	9.65	5.95	10.76	68.54
유진증권	금융업(증권)	25.44	14.75	6.93	10.40	0.00	7.01	64.53
유한양행	식약/섬유/종이업	18.71	15.35	9.00	9.95	7.35	10.13	70.49
율촌화학	금속/비금속/화학업	18.83	15.35	4.46	10.85	6.20	10.18	65.87
이수페타시스	전기전자/기계업	15.50	15.35	7.95	9.65	7.00	9.07	64.51
이연제약	식약/섬유/종이업	16.60	13.25	9.62	9.65	5.00	10.56	64.68
인지컨트롤스	전기전자/기계업	17.08	15.35	6.53	9.65	5.80	10.95	65.35
인천도시가스	비제조/서비스업	16.45	15.35	7.39	10.25	5.60	9.32	64.36
일동제약	식약/섬유/종이업	17.70	15.10	7.59	9.65	5.95	9.72	65.71
일신석재	비제조/서비스업	15.47	15.35	8.90	10.25	5.60	8.23	63.80
잇츠한불	금속/비금속/화학업	15.04	16.85	7.25	10.25	5.60	9.97	64.97
제일약품	식약/섬유/종이업	16.95	16.85	6.16	9.65	5.60	10.32	65.53
조비	금속/비금속/화학업	16.79	15.35	6.51	9.65	5.00	10.43	63.73
조흥	식약/섬유/종이업	17.47	15.35	6.13	10.25	5.00	9.29	63.49

회사명	업종분류	건전성 (25/35)	공정성 (20)	사회 공헌 (15)	소비자 보호 (15)	환경 경영 (10/0)	직원 만족 (15)	총점 (100)
종근당	식약/섬유/종이업	17.83	15.35	9.62	10.00	7.00	10.55	70.35
종근당바이오	식약/섬유/종이업	17.49	15.65	6.41	9.65	5.80	10.65	65.65
진양 폴리오레탄	금속/비금속/화학업	16.01	16.10	5.90	10.25	5.60	10.90	64.76
카프로	금속/비금속/화학업	18.49	15.65	5.99	9.65	6.60	8.98	65.35
케이씨	전기전자/기계업	16.25	15.65	9.11	10.60	6.90	10.25	68.76
케이씨씨	금속/비금속/화학업	16.47	15.65	6.35	10.25	7.75	9.23	65.70
케이씨텍	전기전자/기계업	19.09	15.65	7.38	10.25	6.60	10.07	69.04
케이씨티시	비제조/서비스업	14.84	15.35	10.26	10.25	5.60	10.46	66.76
케이티 스카이라이프	비제조/서비스업	16.93	15.95	8.43	9.65	5.35	10.25	66.57
케이티앤지	식약/섬유/종이업	18.20	15.95	9.08	9.95	7.35	9.98	70.51
코스맥스	금속/비금속/화학업	16.69	15.65	7.60	10.25	5.60	10.44	66.23
코스모신소재	금속/비금속/화학업	19.28	16.90	4.09	10.25	5.60	9.93	66.05
코오롱인더	금속/비금속/화학업	18.06	14.15	9.35	8.20	7.05	10.02	66.83
코오롱플라스틱	금속/비금속/화학업	16.89	14.45	7.98	10.25	5.60	10.34	65.51
크라운제과	식약/섬유/종이업	18.95	15.65	5.93	10.25	5.60	10.30	66.68
키움증권	금융업(증권)	27.15	14.45	9.01	13.40	0.00	7.80	71.81
태광산업	금속/비금속/화학업	16.17	15.35	10.57	10.25	5.95	10.00	68.30
테이팩스	금속/비금속/화학업	17.04	16.35	6.03	10.25	5.60	10.21	65.49
토니모리	금속/비금속/화학업	16.93	15.65	7.33	9.65	5.60	8.85	64.01
티에이치엔	전기전자/기계업	15.23	15.65	6.19	9.65	6.75	9.87	63.34
퍼시스	식약/섬유/종이업	17.54	15.35	6.01	9.65	6.40	10.27	65.23
포스코강판	금속/비금속/화학업	17.91	13.90	8.76	10.25	7.35	9.96	68.12
포스코 인터내셔널	비제조/서비스업	16.06	15.95	7.72	10.25	7.35	10.25	67.58
풍산	금속/비금속/화학업	18.30	17.15	9.13	10.25	6.60	9.33	70.76
필룩스	전기전자/기계업	15.61	15.65	7.22	10.25	6.70	9.32	64.75
하나투어	비제조/서비스업	17.05	14.75	9.72	8.05	5.00	9.20	63.76
한국공항	비제조/서비스업	17.51	14.15	8.95	9.65	6.00	8.33	64.59
한국단자공업	전기전자/기계업	18.95	15.65	6.84	10.25	5.60	9.11	66.40

회사명	업종분류	건전성 (25/35)	공정성 (20)	사회 공헌 (15)	소비자 보호 (15)	환경 경영 (10/0)	직원 만족 (15)	총점 (100)
한국석유공업	금속/비금속/화학업	16.12	15.65	6.56	10.25	6.95	10.78	66.32
한국수출포장 공업	식약/섬유/종이업	16.09	15.35	5.91	10.25	6.60	10.80	65.00
한국쉘석유	금속/비금속/화학업	15.96	15.65	7.23	10.25	7.15	9.06	65.30
한국카본	전기전자/기계업	18.19	15.65	6.70	10.25	6.40	9.13	66.32
한국타이어앤 테크놀로지	금속/비금속/화학업	17.45	14.75	7.12	9.80	7.35	10.75	67.22
한미글로벌	비제조/서비스업	16.52	15.40	7.51	10.25	5.95	8.86	64.49
한미반도체	전기전자/기계업	17.64	15.65	5.57	10.25	5.60	9.43	64.14
한미약품	식약/섬유/종이업	18.60	16.85	10.26	9.65	7.35	9.22	71.94
한세실업	식약/섬유/종이업	16.60	16.85	6.50	9.65	6.75	8.45	64.80
한솔케이칼	금속/비금속/화학업	19.43	16.85	7.18	10.25	6.95	8.97	69.63
한솔피엔에스	비제조/서비스업	16.16	15.40	6.57	10.25	5.60	9.83	63.80
한솔홈데코	식약/섬유/종이업	18.87	15.65	6.90	9.65	5.60	10.83	67.49
한화생명	금융업(보험)	29.28	11.75	9.50	8.30	0.00	8.68	67.51
한화손해보험	금융업(보험)	25.52	12.55	8.58	8.75	0.00	8.04	63.44
한화케미칼	금속/비금속/화학업	16.54	13.75	7.68	10.25	7.45	9.76	65.42
한화투자증권	금융업(증권)	27.79	10.05	7.13	13.00	0.00	7.04	65.00
해성디에스	전기전자/기계업	16.83	16.85	7.89	7.10	6.95	8.49	64.11
해태제과식품	식약/섬유/종이업	15.59	15.65	7.00	9.65	5.00	11.07	63.97
현대글로비스	비제조/서비스업	14.71	16.15	8.59	10.25	7.15	10.34	67.19
현대리바트	식약/섬유/종이업	18.70	14.15	7.99	8.20	5.60	9.59	64.23
현대비앤지스틸	금속/비금속/화학업	17.81	14.15	6.70	9.65	6.75	9.17	64.23
현대약품	식약/섬유/종이업	17.57	16.85	7.33	11.20	5.95	11.05	69.96
현대엘리베이터	전기전자/기계업	16.99	14.45	6.89	10.60	7.65	9.35	65.93
현대중공업지주	금속/비금속/화학업	16.47	15.65	6.53	9.65	6.95	8.91	64.16
화성산업	비제조/서비스업	15.22	17.15	10.37	10.25	7.35	8.23	68.57
화승 엔터프라이즈	식약/섬유/종이업	15.00	17.15	6.80	9.65	5.00	9.72	63.32
화인베스틸	금속/비금속/화학업	13.99	16.85	6.97	10.25	6.40	9.64	64.10
환인제약	식약/섬유/종이업	17.56	16.85	6.03	9.65	5.00	9.42	64.50

회사명	업종분류	건전성 (25/35)	공정성 (20)	사회 공헌 (15)	소비자 보호 (15)	환경 경영 (10/0)	직원 만족 (15)	총점 (100)
후성	금속/비금속/화학업	17.63	15.65	7.44	10.25	5.60	9.91	66.48
휴니드 테크놀러지스	전기전자/기계업	18.27	15.35	5.46	9.65	6.0	9.92	65.06
휴스틸	금속/비금속/화학업	16.38	16.85	6.81	10.25	6.60	9.41	66.31
휴켐스	금속/비금속/화학업	18.07	15.35	6.08	10.25	7.00	10.97	67.72

 수상기업 평가 결과

◎ 수상기업 평가 결과

기업명	건전성 (25)	공정성 (20)	사회공헌 (15)	소비자보호 (15)	환경경영 (10)	직원만족 (15)	총점 (100)
서울도시가스(주)	16.18	16.85	10.77	10.00	5.60	10.69	70.09
휴켐스(주)	18.07	15.35	6.08	10.25	7.00	10.97	67.72

* 점수는 소수점 두자리 반올림

◎ 업종별 수상기업

수상부문	기업명	대표이사
비제조 · 서비스업 최우수기업	서울도시가스(주)	박근원, 김진철
금속 · 비금속 · 화학업 최우수기업	휴켐스(주)	최금성

- 나머지 업종은 수상기업을 선정하지 않았음

설 문 지

Ⅰ. 다음은 환경보전에 관한 사회적 책임의 일반적인 사항입니다.

1. 다음은 환경보전에 관한 사회적 책임의 수행항목입니다. 귀사는 다음의 항목을 어느 정도 수행하고 있다고 생각하십니까?

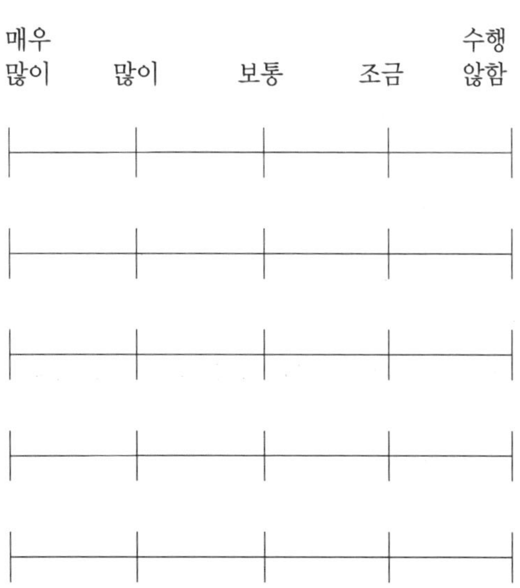

① 환경오염을 방지하기 위한 현대적 설비의 설치 및 계획

② 환경에 대한 연구 및 기술적 개발

③ 정부기관과 협동하여 공동처리 시설설치 및 환경보호시스템 개발

④ 자원의 재활용을 위한 효과적 프로그램 개발

⑤ 지역사회 · 소비자와 협조하여 환경문제 극복

2. 다음은 환경보전에 관한 사회적 책임영역입니다. 귀사는 다음의 항목이 어느 정도 중요하다고 생각하십니까?

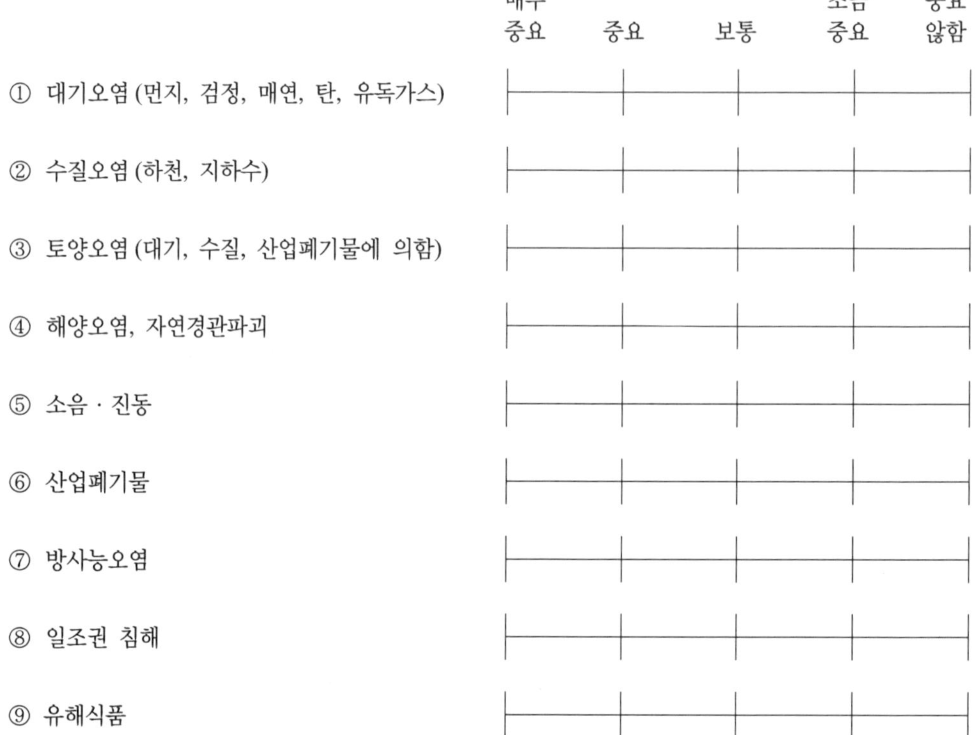

	매우 중요	중요	보통	조금 중요	중요 않함
① 대기오염 (먼지, 검정, 매연, 탄, 유독가스)					
② 수질오염 (하천, 지하수)					
③ 토양오염 (대기, 수질, 산업폐기물에 의함)					
④ 해양오염, 자연경관파괴					
⑤ 소음 · 진동					
⑥ 산업폐기물					
⑦ 방사능오염					
⑧ 일조권 침해					
⑨ 유해식품					
⑩ 식수부족(공업단지 유치, 오염 등에 의함)					

II. 다음은 환경보전비용 측정에 대한 사항입니다.

1. 다음은 환경보전비용입니다. 귀사는 다음 각 항목의 측정이 어느 정도 필요하다고 생각하십니까?

환경보전 비용항목	매우많이 필 요	많 이 필 요	보 통	조 금 필 요	전 혀 불필요	각 항목에 포함될 수 있는 세부항목
환경오염 방지비						공장녹지화비 현존오염의 제거비 원재료전환비 및 오염회피비 무오염관계 PR비 환경오염관계 교육훈련비 환경오염 측정비 환경오염방지 시설비, 운영비
폐기물 처리비						폐기물 소각 처리비 폐기물 매몰처리비 고체성 물체의 처분에 관련된 비용
환경오염 보상비						사망자피해보상비 신체피해보상비 동 · 식물 및 재산피해보상비
환경오염 연구 개발비						제조방법개선연구비 오염감소연구비 부산물, 연산품 개발연구비 에너지자원의 보존 및 개발
사업자 부담금						국가 · 지방자치단체의 환경관련 사업에 사업자가 부담하는 비용(계획조사비 · 본 공사비 및 부대공사비, 유지관리비, 장비비, 사무관리비, 부대비)
환경오염 벌과금						환경오염 벌금 환경오염 과태료
환경오염 부과금						배출부과금 오염권 구입비
기타 환경비용						환경오염 보험료 환경오염방지 조직관리비 환경오염 방지 준비금 전입액

2. 다음은 환경보전비용의 측정이유입니다. 귀사는 다음 각 항목의 측정이 필요하다면 그 이유는 어느 것이라고 생각하십니까?

환경보전 비용항목	매우많이 필요	많이 필요	보통	조금 필요	전혀 불필요	각 항목에 포함될 수 있는 세부항목
환경오염 방지비						공장녹지화비 현존오염의 제거비 원재료전환비 및 오염회피비 무오염관계 PR비 환경오염관계 교육훈련비 환경오염 측정비 환경오염방지 시설비, 운영비
폐기물 처리비						폐기물 소각 처리비 폐기물 매몰처리비 고체성 물체의 처분에 관련된 비용
환경오염 보상비						사망자피해보상비 신체피해보상비 동 · 식물 및 재산피해보상비
환경오염 연구 개발비						제조방법개선연구비 오염감소연구비 부산물, 연산품 개발연구비 에너지자원의 보존 및 개발
사업자 부담금						국가 · 지방자치단체의 환경관련 사업에 사업자가 부담하는 비용(계획조사비 · 본 공사비 및 부대공사비, 유지관리비, 장비비, 사무관리비, 부대비)
환경오염 벌과금						환경오염 벌금 환경오염 과태료
환경오염 부과금						배출부과금 오염권 구입비
기타 환경비용						환경오염 보험료 환경오염방지 조직관리비 환경오염 방지 준비금 전입액

3. 다음은 환경보전비용의 부담방법입니다. 귀사는 다음 각 비용지출항목의 가장 적합한 부담방법은 어느 것이라고 생각하십니까?

환경보전 비용항목	제품원가에 부담	원가절감을 통하여	매출액에 따라 부담	정부지원에 의존	순이익을 희생	각 항목에 포함될 수 있는 세부항목
환경오염 방지비						공장녹지화비 현존오염의 제거비 원재료전환비 및 오염회피비 무오염관계 PR비 환경오염관계 교육훈련비 환경오염 측정비 환경오염방지 시설비, 운영비
폐기물 처리비						폐기물 소각 처리비 폐기물 매몰처리비 고체성 물체의 처분에 관련된 비용
환경오염 보상비						사망자피해보상비 신체피해보상비 동·식물 및 재산피해보상비
환경오염 연구 개발비						제조방법개선연구비 오염감소연구비 부산물, 연산품 개발연구비 에너지자원의 보존 및 개발
사업자 부담금						국가·지방자치단체의 환경관련 사업에 사업자가 부담하는 비용(계획조사비·본 공사비 및 부대공사비, 유지관리비, 장비비, 사무관리비, 부대비)
환경오염 벌과금						환경오염 벌금 환경오염 과태료
환경오염 부과금						배출부과금 오염권 구입비
기타 환경비용						환경오염 보험료 환경오염방지 조직관리비 환경오염 방지 준비금 전입액

4. 환경보전비용의 측정상 가장 큰 문제점은 무엇이라고 생각하십니까?

① 환경보전 관련비용의 항목인식 구분곤란

② 환경보전 관련비용의 귀속기간결정곤란

③ 환경보전 관련비용의 발생의 희소성

④ 환경보전 관련비용의 비화폐적 · 비정량적 성격

Ⅲ. 다음은 환경보전비용의 공시에 대한 사항입니다.

1. 귀사는 환경보전비용을 공시해야 가장 큰 이유는 어느 것이라고 생각하십니까?

① 환경오염에 대한 사회적 책임인식의 고조

② 환경보전비용지출에 대한 정부의 규제 강화

③ 환경보전비용지출의 증대

④ 기업의 사회적 이미지 개선

2. 다음은 환경보전비용공시의 유용도에 관한 질문입니다. 귀사는 환경보전비용공시가 다음 각 분야에 어느 정도 유용할 것이라고 생각하십니까?

	매우 유용	유용	보통	조금 유용	유용 않함
① 경영자의 경영정책결정					
② 투자자의 투자의사결정					
③ 채권자의 여신의사결정					
④ 정부의 기업지원정책결정					
⑤ 소비자의 구매의사결정					
⑥ 종업원의 근로의욕 고취에 영향					
⑦ 기업의 사회적 이미지 개선					

3. 다음은 환경보전비용의 측정상 문제점으로 인한 공시의 난이도입니다. 귀사는 각 항목의 공시가 측정상의 문제점 때문에 어느 정도 어렵다고 생각하십니까?

환경보전 비용항목	매우 어렵다	어렵다	보 통	조금 어렵다	어렵지 않다	각 항목에 포함될 수 있는 세부항목
환경오염 방지비						공장녹지화비 현존오염의 제거비 원재료전환비 및 오염회피비 무오염관계 PR비 환경오염관계 교육훈련비 환경오염 측정비 환경오염방지 시설비, 운영비
폐기물 처리비						폐기물 소각 처리비 폐기물 매몰처리비 고체성 물체의 처분에 관련된 비용
환경오염 보상비						사망자피해보상비 신체피해보상비 동 · 식물 및 재산피해보상비
환경오염 연구 개발비						제조방법개선연구비 오염감소연구비 부산물, 연산품 개발연구비 에너지자원의 보존 및 개발
사업자 부담금						국가 · 지방자치단체의 환경관련 사업에 사업자가 부담하는 비용(계획조사비 · 본 공사비 및 부대공사비, 유지관리비, 장비비, 사무관리비, 부대비)
환경오염 벌과금						환경오염 벌금 환경오염 과태료
환경오염 부과금						배출부과금 오염권 구입비
기타 환경비용						환경오염 보험료 환경오염방지 조직관리비 환경오염 방지 준비금 전입액

4. 다음은 환경보전비용을 산출하는데 있어서 시간적 노력과 비용의 과다로 인한 공시의 난이도입니다. 귀사는 다음 각 항목의 공시가 어느 정도 어렵다고 생각하십니까?

환경보전 비용항목	매우 어렵다	어렵다	보 통	조금 어렵다	어렵지 않다	각 항목에 포함될 수 있는 세부항목
환경오염 방지비						공장녹지화비 현존오염의 제거비 원재료전환비 및 오염회피비 무오염관계 PR비 환경오염관계 교육훈련비 환경오염 측정비 환경오염방지 시설비, 운영비
폐기물 처리비						폐기물 소각 처리비 폐기물 매몰처리비 고체성 물체의 처분에 관련된 비용
환경오염 보상비						사망자피해보상비 신체피해보상비 동 · 식물 및 재산피해보상비
환경오염 연구 개발비						제조방법개선연구비 오염감소연구비 부산물, 연산품 개발연구비 에너지자원의 보존 및 개발
사업자 부담금						국가 · 지방자치단체의 환경관련 사업에 사업자가 부담하는 비용(계획조사비 · 본 공사비 및 부대공사비, 유지관리비, 장비비, 사무관리비, 부대비)
환경오염 벌과금						환경오염 벌금 환경오염 과태료
환경오염 부과금						배출부과금 오염권 구입비
기타 환경비용						환경오염 보험료 환경오염방지 조직관리비 환경오염 방지 준비금 전입액

5. 다음은 환경보전비용을 보고함으로서 발생하는 정보유출위험으로 인한 공시의 난이도입니다. 귀사는 다음 각 항목의 공시가 어느 정도 어렵다고 생각하십니까?

환경보전 비용항목	매우 어렵다	어렵다	보 통	조금 어렵다	어렵지 않다	각 항목에 포함될 수 있는 세부항목
환경오염 방지비						공장녹지화비 현존오염의 제거비 원재료전환비 및 오염회피비 무오염관계 PR비 환경오염관계 교육훈련비 환경오염 측정비 환경오염방지 시설비, 운영비
폐기물 처리비						폐기물 소각 처리비 폐기물 매몰처리비 고체성 물체의 처분에 관련된 비용
환경오염 보상비						사망자피해보상비 신체피해보상비 동 · 식물 및 재산피해보상비
환경오염 연구 개발비						제주방법개선연구비 오염감소연구비 부산물, 연산품 개발연구비 에너지자원의 보존 및 개발
사업자 부담금						국가 · 지방자치단체의 환경관련 사업에 사업자가 부담하는 비용(계획조사비 · 본 공사비 및 부대공사비, 유지관리비, 장비비, 사무관리비, 부대비)
환경오염 벌과금						환경오염 벌금 환경오염 과태료
환경오염 부과금						배출부과금 오염권 구입비
기타 환경비용						환경오염 보험료 환경오염방지 조직관리비 환경오염 방지 준비금 전입액

6. 귀사는 환경보전비용공시의 가장 적합한 방법은 무엇이라고 생각하십니까?

① 기존재무제표를 이용한 계정추가

② 기존제무제표를 이용한 상세한 해설(주석 · 주기)

③ 기존 재무제표에 부속명세서를 추가

④ 영업보고서에 설명식으로 추가

⑤ 기존회계시스템으로 사회적 책임보고서를 별도로 작성공시

7. 귀사는 환경보전비용의 감사형태로 가장 적합한 것은 무엇이라고 생각하십니까?

① 주식회사의 외부감사에 관한 법률에 의한 외부감사인의 감사

② 상법상의 내부감사인에 의한 감사

③ 별도의 독립된 사회회계감사인에 의한 감사

④ 사회단체에 의한 감사

⑤ 기업내외의 이해관계자들이 모두 참여하여 감사

Ⅳ. 다음은 인구사회학적인 사항입니다.

1. 귀사의 업종은?

① 음식료품 ② 섬유 · 의복 ③ 제재 · 가구

④ 종이 · 인쇄 ⑤ 석유 · 화학 ⑥ 비금속광물

⑦ 제 1 차 금속 ⑧ 조립금속 · 기계 ⑨ 기 타( )

2. 귀하의 직위는?

① 사장 ② 이사 ③ 부장 ④ 과장 ⑤ 대리 ⑥ 기타

3. 귀하의 근무년수는?

① 5년 이하 ② 5－10년 ③ 10－15년 ④ 15－20년 ⑤ 20년 이상

찾아보기

E

G

H

I

K

M

N

O

P

R

S

T

W

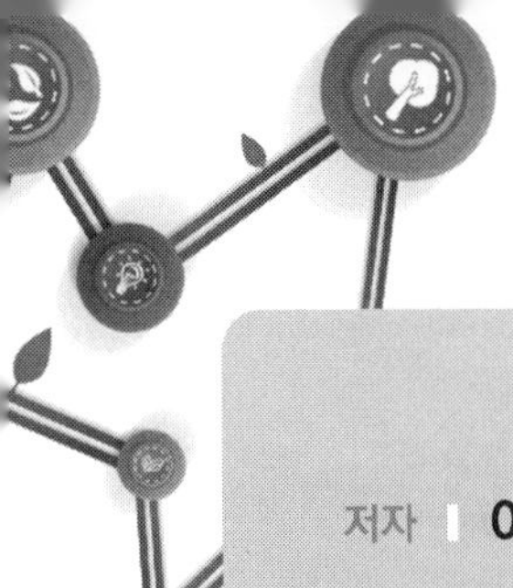

저자 | 이윤규

약 력 경기대학교 경영학박사
Michigan State University 교환교수
(현) 경기대학교 회계세무전공 교수
한국전통상학회 회장
사단법인 경기지역사회경제 연구소장
경실련 경기도협의회 공동대표
사단법인 수원미래포럼 이사장
(전) 경기대학교 재무처장, 기획처장, 교육대학원장, 교학부총장

저 술 기초적 회계이론, 원가회계, Compact 회계원리 외
진화하는 환경경영(역서: 도꼬로 노부유끼 저)
환경보전비용의 측정과 공시에 관한 연구
회계범죄에 관한 연구
토정 이지함의 상업관에 관한 연구 외

환경사회회계(제4판)

지 은 이 · 이 윤 규
펴 낸 이 · 최 재 범
펴 낸 곳 · 도서출판 탐진
등록 1-996호(倫). 1990. 1. 12.
서울시 마포구 신수로 27-1
Tel. 715-1092 ~ 3 / Fax. 701-6391
E-mail. tamjin1990@hanmail.net / Homepage. www.tamjin.co.kr

저자와의 협의 하에 인지를 생략함

2010. 2. 20. 초 판 발행
2022. 2. 28. 제4판 발행

ISBN 978-89-5540-690-0 93320 정가 23,000원